城市·空间·行为·规划丛书|柴彦威主编

中国城市的单位模式

Danwei Model on Urban China

刘天宝　著

U0837721

东南大学出版社
SOUTHEAST UNIVERSITY PRESS

南京·2017

内容提要

本书是中国城市地理学界有关城市单位研究的专著，旨在以单位为视角解读新中国成立以来中国城市发展模式演进的基本逻辑和具体表现。研究将中国城市的发展过程划分为单位模式和去单位模式，分别从城市制度和城市空间两个层面探讨了不同模式的具体特点，解析了不同发展模式下城市制度的知识内核与具体规则、城市空间的物质与社会表现。最后，在辩证评析单位模式和去单位模式优缺点的基础上，本书从生活空间的角度提出了未来城市发展模式的组织架构。

本书可供城市管理与规划人员、企事业单位管理人员，以及从事单位相关研究的专业人员学习与参考。

图书在版编目(CIP)数据

中国城市的单位模式 / 刘天宝著. —南京：东南大学出版社，2017.10

(城市·空间·行为·规划丛书 / 柴彦威主编)

ISBN 978-7-5641-7379-1

Ⅰ.①中… Ⅱ.①刘… Ⅲ.①城市地理学-研究-中国 Ⅳ.①C912.81

中国版本图书馆 CIP 数据核字(2017)第 192725 号

书　　名：中国城市的单位模式

著　　者：刘天宝

责任编辑：孙惠玉　徐步政　　邮箱：894456253@qq.com

出版发行：东南大学出版社　　社址：南京市四牌楼 2 号(210096)

网　　址：http://www.seupress.com

出 版 人：江建中

印　　刷：南京新世纪联盟印务有限公司　　排版：南京布克文化发展有限公司

开　　本：787 mm×1092 mm　1/16　　印张：10.75　字数：248 千

版 印 次：2017 年 10 月第 1 版　　2017 年 10 月第 1 次印刷

书　　号：ISBN 978-7-5641-7379-1　　定价：49.00 元

经　　销：全国各地新华书店　　发行热线：025-83790519　83791830

总序

进入21世纪，地理流动性越来越成为塑造人—地关系的核心要素，物流、能量流、人流、资金流和信息流形成的流动性网络正在改变着我们生活的世界。当信息化、全球化、机动化逐渐成为城镇化与城市发展的重要推力时，“变化的星球与变化的城市”就越来越成为科学界的共识与焦点。地理学长期关注不断变化的地球表层以及人类与环境之间的相互关系，因此，其日益成为当今科学和社会的核心内容——一个地理学家的时代正在到来。

经过20世纪的几个重要转向，人文化和社会化已然成为当今地理学科发展的重要特征之一，人文地理学的研究重点正在从人—地关系研究转向人—社会关系研究。解释人文地理现象的视角从自然因素、经济因素等转向社会因素、文化因素、个人因素等，研究的总趋势从宏观描述性研究走向微观解释性研究以及模拟与评估研究。与此同时，地理学研究的哲学基础从经验主义和实证主义转向行为主义、结构主义、人本主义及后现代主义等。可见，在以人为本及后现代思潮的大背景下，人与社会的实际问题越来越受到关注。

在学科发展整体转向的大背景下，城市空间研究也经历了深刻的转型。基于时空间行为的个体研究正在成为理解城镇化与城市发展、城市空间社会现象的关键所在。分析挖掘时空间行为本身的规律与特点及其对城市环境和决策制定的影响已成为当下城市空间研究的重要视角和热点问题。时空间行为决策与时空资源配置、日常活动空间、城市移动性、生活方式与生活质量、环境暴露与健康、社会交往与社会网络、社会空间分异、移动信息行为等新的城市研究思路，正指向一个更加人本化、社会化、微观化以及时空整合的城市研究范式。可以说，基于个体时空间行为的城市空间研究范式蔚然出现，并向地理信息科学、城市交通规划、城市社会学、健康与福利地理学、女性主义等领域跨界延伸，在交叉融合中不断拓展学科的研究边界与张力，在兼收并蓄中不断充实城市空间与规划研究的学科基础与理论建构。

以时间地理学和行为地理学等为核心的时空间行为研究，注重现实物质性的本体论认识，突出对“区域与城市中的人”的理解，强调制约与决策的互动影响，通过时空间框架下的人类空间行为研究，深化了“人、时间与空间”的认识，建构了以地理学为基础的城市研究与规划应用的时空哲学和方法论。随着时空间行为数据采集、计算挖掘、三维可视化及时空模拟等理论与技术的不断革新，时空间行为研究在研究数据与方法、理论与应用等多个方面展现出新的转向与可能性。

改革开放以来，中国城市经历了社会、经济、空间等的深刻变革。由于全球化和信息化的影响，中国城市空间正处在不断重构的过程中。城市空间的拓展与重组、郊区的形成与重构、社会空间的显现与极化、行为空间的扩展与隔离、信息空间的形成与异化等成为近几十年来中国城市空间研究的热点。单位制度解体与快速城镇化等促进了城市生活方式的多样化和个性化，移动性大大增强，并呈现多元化和复杂化的趋势，交通拥堵、长距离通勤、生活空间隔离、高碳排放、空气污染、公共设施分配不平衡等城市病已经成为政府部门和学术界急需解决的重大问题，也成为影响城市居民生活质量的关键因素。因此，如何科学地把握居民各种空间行为的特征与趋势，引导居民进行合理、健康、可持续的日常行为，建立重视居民个人生活质量的现代城市生活方式，已经成为中国城市研究与规划实践的当务之急。

中国正在打造经济社会发展的升级版，转变社会经济发展方式、推动人的城镇化与城市社会的建设、加大公共服务和民生保障力度、遏制环境污染等已成为发展的重点所在。城市发展逐步从大尺度的宏观叙事转向小尺度的空间调整，从扩张性的增量规划转为政策性的存量规划，对城市规划的公共性、政策性与社会性提出了新的发展要求。面对转变城镇建设方式、促进社会和谐公正、提高居民生活质量和保护生态环境等目标，城市研究与规划工作者应在考虑土地利用、设施布局、交通规划等物质性要素的基础上，更加重视居民时空间行为的数据采集与挖掘，探索城市居民时空间行为规律与决策机制，提供实时性、定制化、个性化的信息服务与决策支持，加强城市规划方案与居民行为响应的模拟评估。通过基于人的、动态的、精细化的时间政策与空间政策的调整，减缓对居民时空间行为的制约，提高时空可达性，促进社会公正。通过城市时空间组织与规划、生活方式与生活质量规划、个人行为规划与家庭移动性规划等重新建构城市的日常生活，从而回归到以人为本的核心价值表述。

2005 年以来，以城市地理学、城市交通学、城市社会学等学科为主的学者组成了一个跨学科的“空间行为与规划”研究会，聚焦于人的行为的正面研究，企图建构基于行为的中国城市研究与规划范式。该研究会每年举行一次研讨会，聚集了一批同领域敢于创新的年轻学者，陆续发表了一些领先性的学术成果，成为行为论方法研讨的重要学术平台。

本丛书是时空间行为研究及其城市规划与管理应用的又一重要支撑平台，力求反映国内外时空间行为研究与规划应用的前沿成果，通过系列出版形成该领域的强有力支撑。在时空间行为研究的新框架下，将城市、空间、行为与规划等完美衔接与统合，其中城市是研究领域，空间是核心视角，行为是分析方法，规划是应用出口。

本丛书将是中国城市时空间行为研究与规划的集大成，由时空间行为的理论与方法、城市行为空间研究和城市行为空间规划等三大核心部分组成，集中体现中国城市时空间研究与规划应用的最新进展和发展水平，为以人为本的城市规划与行为规划提供科学支撑。其理论目标在于创建中国城市研究的行为学派，其实践目标在于创立中国城市的行为规划。

柴彦威

2013 年秋于北京大学燕园

前言

肇始于 19 世纪中叶的现代化强国入侵开启了中国后发外生型的现代化历程，然而直到百年之后才实现了政治共同体的重建，并为国内和平环境下的现代化建设创造了前提条件。受国内外多重因素的作用，中国选择了计划经济作为现代化建设实施的途径，并在城市中表征为单位模式的主导作用。1970 年代末开启的市场化渐进转型则是对新中国成立后第一个三十年所形成发展模式的调整，这一过程既展现了单位影响的延续与隐形作用，也体现了市场机制从尝试到展开和不断深化的过程中发挥的作用。第二个三十年的转型发展既触发了经济的快速增长、增强了社会的流动性，也造成了社会构成的群体分化和一系列社会问题的出现与累积。这些变化逐步消解了单位模式的城市空间结构，相应的社会问题也通过空间的固化转变为下一阶段发展的掣肘。这些问题的理解与解决有赖于在以人为本和新型城镇化的新语境中，对新中国成立六十余年来城市发展模式的再审视，以便从中厘清发展脉络，辨明问题根源，明确未来取向，形成对历史经验的扬弃，进而对未来城市的发展有所助益。

基于此，本书以单位模式作为理解中国城市发展模式的透镜，选择结构主义作为解析中国城市发展模式具体表现与深层制约的方法论基础，循着中国城市发展模式形成、演变与再调整的历史轨迹，探求中国城市发展模式演变的内部逻辑及其未来趋势，并在批判与继承不同阶段模式的基础上，讨论了未来城市空间的组织结构。在具体研究中，将中国城市的发展模式划分为计划经济体制下的单位模式和市场转型期的去单位模式，并分别从城市制度和城市空间两个方面展开剖析。城市制度的分析在借鉴社会学制度主义概念的基础上，从深层的知识体系和表层的制度安排两个层次进行解读，并进一步对城市制度演变的内部逻辑和演变过程进行了分析。城市空间的分析运用空间生产和资本循环理论，从物质空间和社会空间两个维度进行解读，涵盖了空间的基本属性、空间生产的模式、物质空间的典型类型以及社会空间的架构和相应的资本循环等内容。关于未来城市的发展模式，认为“十二五”以来强调发展状态和方式的转变，尤其是以人的城镇化为核心的新型城镇化战略的实施，预示着中国城市发展的一个新阶段。在新的发展模式下，城市发展的重心将向居民生活转移，并基于此，提出了以生活为中心的城市空间再组织的基本内容。在研究的最后，从构建中国城市的单位理论的角度，探讨了进一步拓宽和延伸单位模式研究的内容。

本书选择以结构主义为基础解读中国城市发展模式的演进，从方法论角度丰富了实证主义主导的研究现状。其次，对中国城市发展模式的贯通性解读及单位模式与去单位模式的阶段划分，延长了中国城市发展模式解读的周期。再者，制度与空间的双重解读，在展现城市发展模式具体现象的基础上，剖析了模式形成与演变的内部逻辑，深化了对中国城市发展脉络的理解。最后，面向以人为本的未来城市发展需求，探讨了以生活为中心的城市空间组织结构，为提升可持续的城市发展质量提供了理论参考。

本书共由 9 章构成，前 3 章属于单位模式研究的铺垫，包括研究问题的阐释、相关研究的述评以及单位模式研究的概念说明及方法介绍。第 4 章和第 5 章分别从城市制度和城市空间两个方面对单位模式展开解析，是对新中国成立后第一个三十年的中国城市发展模式的现象与结构的论述。第 6 章和第 7 章则是对去单位模式的解析，是对新中国成立后第二个三十年的中国城市发展模式的解读。第 8 章是对中国城市发展模式六十年演进的贯通性理解和评价，并在此基础上探讨了对未来城市发展的启示。第 9 章是对全书内容的总结，并对未来单位模式研究进行了适度的展望。

在单位模式多年的研究过程中，笔者得到了很多人员与机构的帮助与关照。首先要感谢我的导师柴彦威教授。感谢柴老师在研究问题的提出、研究框架的确定、研究方法的选择、研究结论的提炼等方面给予的高屋建瓴和细致入微的指导。其次，感谢在北京、兰州、克拉玛依、武汉等地开展相关调查研究中给予支持的各级政府、相关企业、街道办事处及居委会、物业管理委员会等，感谢参与调查与深度访谈的单位干部、职工与居民。最后，感谢给予我学术指导与交流的许多前辈与同行，尤其感谢澳大利亚悉尼大学社会学系薄大伟教授、美国伊利诺伊州大学厄巴纳—香槟分校地理及地理信息科学系关美宝教授、清华大学公共管理学院刘志林副教授的指导。

最后，特别感谢国家自然科学基金委员会与国家社会科学基金委员会的大力支持。感谢东南大学出版社的鼎力支持，感谢徐步政与孙惠玉编辑的指导与帮助。

刘天宝

2017 年春于辽宁师范大学

目录

1 单位模式研究的时代意涵

自1970年代末改革开放以来，在新的发展模式引领之下，中国城市在短短30余年的时间里发生了深刻、广泛而复杂的变化。从发展机制来说，告别了传统的计划经济模式，市场机制逐步明确并深入和完善。同时，政府、企业、居民个体及社会整体之间的相互关系彻底调整，主体之间互动增强，发展活力得到了释放。就成效而言，经济快速增长，消费品供给告别了短缺时代，居民物质消费水平显著上升。同时，随着城市大门的打开，城市化迅速展开，中国城市社会已然来临。但在此过程中，也产生了一系列发展中的问题，涉及经济发展的可持续性、社会的分化与隔离、发展模式对环境的冲击等等。对这些关系城市社会经济发展可持续性及其应对的思考已成为学术界重要的研究内容。其中，回顾、再审视中国城市改革开放的前后过程，总结其中的不足、汲取其中的经验，从而形成未来发展的启示是一种重要的思路和方式。

本章是全书的开端，在内容上将首先回顾中国城市发展模式的切换与空间的相应变迁，并概括影响城市可持续发展的多重问题。然后以此为基础，在未来发展需求的语境中阐述单位模式研究在中国城市研究中的时代意涵。最后，将进一步对单位模式研究的目标、内容、框架以及本书的内容安排进行说明。

1.1 中国城市空间的重构及其问题

1.1.1 城市发展模式的调整

1）城市发展的经济转向与地方分权

1966年5月—1976年10月的"文化大革命"，使党、国家和人民遭到新中国成立以来最严重的挫折和损失①。"文革"结束之后，"四个现代化"得以重启[1]。1978年5月，《理论动态》发表了题为《实践是检验真理的唯一标准》的文章，之后实用主义逐渐赢得了胜利。同年年底，十一届三中全会召开，明确指出把党的工作重心转移到社会主义现代化建设上来②。同时，还指出了经济管理体制过于集中的问题，明确了向地方和企业分权，精简经济行政机构，利用价值规律的发展方向。

为了促进地方发展的积极性，从1980年代初开始，国家向地方进行了财政、经济管理等方面的分权。前者包括1980年2月开始实施的《关于实行"划分收支，分级包干"财政管理体制的暂行规定》，俗称"分灶吃饭"。另外一次影响深远的调整是1994年分税制的实施。此外，在经济管理、审批以及社会事务方面也向地方分权。在此过程中，行政级别更高的城市和对外开放城市获得了更多的权限。总体而言，发展重心的转移和地方分权是一个去政治化的过程，全能主义的国家逐步消退，意识形态日益淡化。

以发展经济为中心，同时向地方分权的结果是地方政府多重身份的出现，作为地方经济利益的主体得以形成。在地方政府企业化的背景之下，地方与城市之间的竞争"锦标赛"与"诸侯经济"等现象出现[2-3]，并深刻地影响了城市发展的轨迹。

2）经济体制的市场化变革

中国市场经济体制的建立是一个循序渐进的过程。1984 年之前，强调计划经济为主、市场经济为辅。1984 年《中共中央关于经济体制改革的若干决定》强调对整个经济体制进行改革，明确了社会主义计划经济是公有制基础上的有计划的商品经济。这就认可了对市场的需求和渴望[4]。1992 年中共十四大明确了经济体制改革的目标为社会主义市场经济体制。2003 年又发布了《中共中央关于完善社会主义市场经济体制若干问题的决定》，将其进一步推进。此后，经济体制的变革进一步在这一基本方向上延伸。

在经济体制市场化变革的总体背景下，国有企业改革逐步展开、非公有制经济逐步发展壮大、商品及要素市场不断发育。其中，国有企业改革首先开始的是企业自主权的扩大，以及后来向现代企业制度转变的努力[5]。而对个体、私营等非公有制经济的发展态度经历了开始的不推崇、不宣传、不禁止的"三不"政策，到后来的肯定和鼓励[4]。商品市场的建立是伴随价格体系的改革、非公有制经济的发展逐渐形成的，而价格"双轨制"是其中的过渡阶段[6]。粮食领域则表现为从 1984 年开始，持续大约 10 年时间直到统购统销制度的取消[7]。劳动力市场的形成是随着计划经济统包统配的就业制度向市场作为主要配置方式的就业制度转变而形成的[8]。中国资本市场的发展始于改革开放初期的股份制改革，1992 年成立证监会，全国性资本市场开始形成；1998 年《证券法》颁布，资本市场进一步规范[9]。土地使用制度经历了从使用权的无偿、无限期向有偿、有限期使用的转变[10]。这一过程始于 1979 年《中外合资经营企业法》中关于土地使用权的规定，到 1988 年《宪法》和《土地管理法》进行了相应的调整，及至 1990 年国家颁布了《中华人民共和国城镇国有土地使用权出让和转让暂行管理办法》，有偿使用全面展开[11]。

3）社会构成多元化与流动性的增强

改革开放以来，中国的社会结构整体上经历了从总体性社会向分化性社会的转变[12]，以职业为基础的新的社会阶层分化机制逐渐取代过去以政治身份、户口身份和行政身份为依据的分化机制，社会阶层多元化不断发展[13]。与此同时，随着户籍制度的调整、就业制度的改变和城市化的加快，中国社会的流动性不断增强[14-15]。无论是在就业、居住等长期行为的选择上，还是在日常出行、休闲旅游等短期行为上都体现出了越来越强的流动性。

中国城市住房制度改革是在原来以福利形式分配住房的模式中引入市场机制而展开的[16]。与新建住房主要以市场机制进行分配相对应的另一面是原有公共住房的私有化[17]。在住房制度改革过程中，户籍制度、单位和市政房管机构都发挥作用，导致了住房供给与需求的多样化和差异化。这不仅体现在外来人口和本地人口之间、郊区农民和城市居民之间，还体现在单位之间。商品化改革还造成了商品房与公房之间以及不同商品房类型之间的差距，在不同类型住房之间相互影响以及居民流动的基础上，形成了多样化的居住形式和邻里关系，包括外来流动人口的集聚地、农村村落、老住宅区和单位大院、“残余化的”单位大院，以及各种不同的商品房——经济适用房、普通商品房、豪华公寓和别墅等等[18]。

单位制度的退出与上述住房制度改革、就业变革和居民流动一起重塑了基层社会管理的局面。为了适应新的社会治理需求，包括应对流动人口，并向城市的贫困、下岗和老年群体提供帮助，基层社会治理模式发生了变化，市、区、街道、居委会模式产生[19]。始于1990年代的社区建设成为其中重要的组成部分[20]，城市管理及服务从纵向的单位制转向了以地方政府为主导的模式。

1.1.2 城市空间的复杂重构

1）内城区更新

1980年代末开始的城市土地使用制度改革是转型期以来中国城市更新的重要转折点，因其改变了城市更新的运行机制，实现了从福利提供向创造效益的改变[21]。城市更新的影响因素、区位选择、目标取向等方面都发生了根本性的变化[22]。土地利用的市场化改革，尤其是1991年《城市住房拆迁管理条例》和2001年《国有土地上房屋征收与补偿条例》的实施为市场化运作的城市更新改造创造了有利的条件[21]，房地产开发成为基本的运作模式。在此过程中，土地用途从老旧住宅、工业用地等向CBD、高档消费中心、高档商品房等形式转变，并与居住和工业的郊区化同时发生、相互影响。

CBD被认为是中国城市向国际大都市发展不可或缺的组成部分[23]。不仅许多城市努力建设CBD，而且在部分城市不止有一个CBD。以北京为例，对CBD建设感兴趣的至少有朝阳区、西城区和海淀区[10]。最初的金融中心安排在二环路以外的朝阳区，但后来西城区又努力创建一条“金融街”，形成了双中心结构[24]。另外，通过对老城区历史和建筑的符号化开发利用，形成高档的文化、消费空间也是城市更新的重要内容，比较典型的有上海的新天地[25]和北京的798艺术区等[26]。再者，高档居住区和购物中心也是城市更新的重要发展目标。前者表现为绅士化的过程[27]，导致了居住空间分异的强化；后者是商业化发展需求的产物，有不同的发展类型，如北京的王府井是在传统商业街改造的基础上形成的[28]，深圳的华强北路商业区则是工业区改造的结果[29]。

中国的城市更新是在改革开放后的市场机制中展开的，呈现出参与主体多元化和利益诉求多样化的格局，并在以房地产为主要形式的综合开发过程中展现出来[21]。在此过程中，地方政府、地产开发商以及其他企业成为更新过程的主导者，而居民个体则相对弱势。城市经营、产业升级、商业开发、环境提升等是首要的关注点，而对社会成本关注不足。更新过程往往规模大、速度快，对历史遗产的保护、发展的长远效益等考虑不够充分[30]。

2）城市空间扩张与郊区化

在内城区不断更新的同时，随着开发区、产业园区、大学城建设以及工业和居住郊区化的快速推进，中国城市空间迅速扩张，蔓延明显[31-32]。1992年邓小平南巡之后和2000年亚洲金融危机后复苏是城市空间扩张的两次高潮[21]。以杭州市为例，建成区面积在1990年只有69 km^2，到2000年时就达到了177 km^2，到2009年更达到了393 km^2[33]。

中国城市从1980年代开始出现郊区化现象[34]。以北京市为例，20世纪80年代开始出现郊区化，90年代有所加速，表现为中心区人口减少，近郊区人口快速增长、远郊区人口低速增长的格局。在人口"近郊化"为主体的同时，多核心结构有所发育[35]。上海、广州、杭州、武汉、大连、天津等城市也出现类似的郊区化现象[36-39]。居住郊区化的形成既有政府政策的影响，也有居民自我选择的结果[21]，并表现为多样化和差异化的郊区居住区类型[18]。豪华别墅与公寓、普通商品房和经济适用房及其他政策性住房往往彼此相邻，在某些区域还穿插着外国人居住区[40]。这些城市性的住宅又与居住大量外来人口的城中村相邻，构成了复杂的郊区居住景观。

工业郊区化的最初动力来源于对城市中心地段企业污染的治理，并在土地使用制度改革和城市"退二进三"产业升级的政策下得到强化[41]。与工业郊区化相对应的是始于1980年代的开发区建设，以容纳外迁的工业企业，并为外资和新的工业项目提供发展空间[42]。在与城区互动的过程中，开发区成为城市空间结构调整的主要载体，同时也是外商投资密集的地区，进而构成了经济增长的主要空间[43]。2001年国家级高新区(不含中关村科技园区)平均开发规模为832 hm^2，省级以上开发区规划平均规模为17.25 km^2，整体规模过大，与国际水平相比，效益不高[44]。另外，大学城建设也是城市空间扩张的重要组成部分。最早的大学城始于1999年的廊坊东方大学城，到最近总计有55座[45]。以广州大学城为例，规划面积为45 km^2，可建设用地为36 km^2，目前有10所大学。在大学城的建设中往往存在面积过大、占用大量耕地、效率不高、变相进行房地产开发等问题[21, 45]。

在人口与居住郊区化的吸引力、交通与私人汽车快速发展的推动力、城市中心区的竞争压力以及规划引导等作用下，商业郊区化开始出现[21, 46]。以北京市为例，1990年以来，全市零售额总增长量的三分之二出现在近郊区，占全市比重也从1984年的24.6%增长到2010年的63.5%[46]。在商业郊区化的过程中，大型超市、区域性购物中心的作用明显，推动了商业多中心结构的发展[47]。此外，办公业郊区化也有一定程度的发展[48]，环境、租金及交通条件等是主要的影响因素[49]。

1.1.3 空间重构引发的多重问题

1) 城市空间蔓延与土地资源大量消耗

随着中国进入快速城市化阶段，在城市空间不断扩张的过程中，蔓延现象开始出现[50]。土地市场、税收制度变革导致的地方政府出让土地的意愿以及经济改革过程中的分权、产业结构升级、交通条件改善、国内外投资、新住房消费等是导致蔓延和郊区化出现的主要因素[51-52]。虽然随着城市化进程，耕地使用的非农化是不可避免的趋势，但对中国这样粮食安全具有特殊意义的国家来说，必须重视城市发展过程中的人地矛盾[53]。从数量来看，我国耕地从1979年到1999年，每年减少26.3万 hm^2。而2000年以来有所加速，1999年到2003年，每年减少145.1万 hm^2[54]。

这一情况反映到城市中，就是人均用地面积的增加。1990年代以来，城市人均占地很快达到了110—130 m^2 的水平，是大多数人均耕地资源比我国多几倍乃至十多倍的发达国家的水平[55]。这种"冒进"型的发展，势必给长远的城市发展埋下隐患。

2) 空间错位、通勤时间延长及碳排放的增加

随着单位制解体以及郊区化的发展，以单位大院为基础的职住接近的空间模式日

益消解，职住分离和空间错位开始出现[56]，不仅表现在郊区与内城区之间，还表现在内城区内部[57]。但整体而言，中心区域职住分离情况好于郊区，问题最突出的表现在某些重点建设的郊区大型居住区[58-59]。以北京市的天通苑和回龙观为例，居民搬迁前后上班平均距离从 7.51 km 增至 11.95 km[60]。平均而言，北京市居民的出行距离从 2000 年到 2005 年增长了 13%[61]。从住房类型来说，职住分离从低到高依次是单位社区、胡同社区、新建商品房社区、政策性住房社区[62]，空间错位对低收入群体更加不利[63]。

空间错位最突出的影响就是通勤时间的增加。以北京市为例，市区居民的平均通勤时间从 2005 年的 38 分钟增加到 2010 年的 43.6 分钟，通勤时间增长显著[64]。对天通苑和回龙观的居民来说，平均通勤时间达到了 54 分钟[60]，而单位社区由于部分保留了职住接近的优势，通勤时间最短[65]，平均时间为 26.7 分钟[62]。虽然不同的研究与调查之间在具体的时间上不一定具有可比性，但基本能反映通勤时间增加的变化趋势。另外，从通勤的方向来讲，以向心流为主，但同时存在一定比例的逆通勤[58]。

另外，城市空间蔓延和交通量增长还造成了大量的二氧化碳和污染物排放[66]。具体来说，土地利用功能单一、空间结构松散以及家庭汽车作为生活方式的一部分是最直接和根本的原因。交通与建筑、工业及森林减少一道成为二氧化碳排放增加的四大因素，其中交通占 17.5%[67]。城市空间结构的纠偏和土地利用模式的调整将是未来低碳城市建设，实现"适应""脱钩"发展模式的必然选择[68]。

3）居住空间分异与社会公正不足

改革开放以来中国城市虽然没有出现西方国家城市内大范围的社会空间分异，但随着住房商品化改革，社区内部均质化和社区之间异质化的两种趋势正同步发生，市场因素正成为影响社会空间重构的主要因子[69]。在市场化机制的作用下，不同类型的住房在建设成本、使用群体等经济因素的作用下表现为空间分异。以北京市 2003 年的住房竣工面积为例，普通商品房主要分布在四环到六环之间，占 50.4%；面向旧城拆迁户和低收入阶层的经济适用住房主要分布在五环到六环之间，占 79.2%；公寓主要分布在中关村科技园区、CBD 及金融街等地区及其周边区域；别墅主要分布在居住环境好、人口密度低的区域，如北京西山、小汤山等[70]。这反映出了由收入高低体现的社会阶层的居住隔离，高收入阶层集中居住在近郊高档住宅区或者交通方便、环境优美的较远地区，而低收入阶层则居住在交通不便、相对偏远的地区[57]。

与居住区空间分异相伴而生的是居住环境和配套服务的差异。高档居住区生活服务配套齐全、环境优美，但门禁特征鲜明；而低端居住区往往配套不全、环境较差，非正规居住区往往基础设施不完善，还有"脏、乱、差"的特点[21, 31]。居住环境的差异性在居民的主观层面则表现为人居环境满意度的差异。以广州市为例，满意度与居民的收入和居住社区环境紧密相关，低收入群体的满意度最低[71]。另外，居住空间分异和交通出行方式的差异进一步表现为可达性与空间活动范围的社会分异，并进一步形成社会公共服务供给的社会群体分异。这方面也往往对低收入群体不利，并可能产生代际传递效应。

4）邻里关系破坏与社区建设迟缓

在单位制退出以及公有住房私有化的影响下，单位大院居住区人口构成不断杂化[18, 72]，进而导致了邻里关系和居民归属感的破坏。在城市更新以及居住搬迁过程中，城市居民不断重组（reshuffling）[21]，居民原有邻里关系受到深度破坏[73]。而对于正在经历城市化的外来人口来说，从农村到城市意味着从地缘和血缘的熟人社会向陌生人的城市社会转变。在此过程中，空间隔离、对城市归属的缺失等成为其融入城市的重要障碍[74]，其实质是现代化过程中的地方—空间紧张（place-space tension）[75]。

为了应对基层管理的全新局面，社区建设以及新的基层管理模式开始出现[19-20]。在复杂、彻底的社会转型背景下，社区是社会管理与服务的最终落地之处，即所谓“上面千条线，下面一根针”。由此，社区被赋予了多种多样的功能，至少涉及公共服务、协调稳定、民主自治和交往合作等。但当前，我国社区建设还远未实现期待的目标，普遍存在“参与冷漠症”“居委会困境”和“共同体困境”等问题[76]。相对现实需求，社区建设仍然任重而道远。

5）生活方式转变与健康问题

随着城市空间重构，居民居住、就业、购物及休闲空间的关系重新调整与组合，与出行和居民生活方式相关的健康问题开始出现。在所有的影响因素中，除饮食、文化外，空间设计是重要因素，包括空间蔓延和低密度导致的出行距离增加、汽车依赖以及对自行车和步行的不利环境等[77]，如研究发现拥有汽车的群体有更高的肥胖发生率[78]。另外，空间污染及室外暴露等也是与当前城市发展相关的重要健康问题。

对居民来说，城市空间结构重构导致的是生活方式的改变。步行和自行车等“积极交通方式”（active transportation）大幅度减少[79]，长距离通勤、活动量下降[80]等已经内化为日常生活的一部分，进而形成对居民健康潜在和长期的负面影响。

1.2 中国城市可持续发展中的单位命题

1.2.1 以人为本的城市发展新定位

改革开放以来，城市向以经济增长为中心的发展转向取得了巨大的成效。国内生产总值从 1978 年的 3 645.2 亿元增长到 2011 年的 472 881.6 亿元③，超过日本，居世界第二位。但同时，发展也付出了巨大的代价，造成了人与人之间和人与自然之间矛盾的紧张。基于此，“和谐社会”④、“科学发展观”⑤、共享发展⑥等理念被提出，以调整社会的发展模式和基本取向。具体到城市发展领域，以 2014 年发布的《国家新型城镇化规划（2014—2020 年）》为标志，以人的城镇化为核心的新型城镇化成为核心指引。2015 年年底召开的中央城市工作会议进一步强调了尊重城市发展规律，通过多方面统筹提高城市发展的持续性和宜居性。相对于 1970 年代末的城市发展转型，上述发展理念在定位、目标取向和发展模式等根本问题上的调整构成了城市发展的“二次转型”[81]，或社会化转型。从市场与社会的“双向运动”关系来说，则是要将“脱嵌”的市场重新嵌入社会伦理关系中[82]。无论是对城市化模式的调整[83]、强调城市规划“回归原点”[84]，还是未来制度体系建设[85]都属于这个范围内的讨论。而已有的社会保障、住房等领域的改革构成了社会化转型的行动开端[86]。

在社会化转型的视角下，“人”的多元需求以及城市发展的社会效果将超越 GDP 崇拜，成为最终目标。因此，就需要从人出发，思考人的人本、经济、社会等多维属性，人与人（社会群体之间）的关系，代际之间的关系，人与自然的关系等根本性的问题，以人的需求为最终导向，推动城市的可持续发展。

1.2.2 城市可持续发展的关键问题

转型期中国城市空间的重构是按照经济增长的需求，或者说以市场经济体制为导向的逻辑进行的。以经济为中心、效率优先的原则导致市场机制对社会领域的渗透，在空间上主要表现为蔓延、错位、隔离、地方—空间紧张等几个根本问题。因此，社会化转型在空间方面就是要解决这些问题，具体包括：

（1）从蔓延到紧凑与功能混合。空间蔓延导致土地利用效率低下，耕地被大量占用。实现土地利用紧凑和功能混合就是要提高土地利用效率，改变土地功能单一的现状，在土地综合高效开发的同时促进城市发展。

（2）从空间错位向职住平衡转变。空间错位导致长距离通勤、汽车依赖、高碳化、健康等问题。实现职住平衡将从根本上改变居民出行方式与城市空间的关系，进而调整居民的生活方式，促进城市低碳和健康发展。

（3）从空间极化向空间公正转变。居住与公共服务的市场化配置是导致居住隔离和公共服务可达性社会分异的根本原因。空间公正就是要调整住房与公共资源的配置模式，实现空间的均等化，促进社会的和谐与成果的共享。

（4）从邻里破坏到地方重塑。空间对地方的侵蚀导致居民归属感的缺失，并对个人的生活质量和幸福感造成负面影响，对社会造成公共性的缺失和社会大众的冷漠。地方的塑造就是要通过居民的参与和互动，培育“地方”，提升居民在城市的归属感。

1.2.3 中国城市研究的单位命题

西方城市为了应对可持续发展的问题，对城市发展模式进行了反思[87]，进而提出了精明增长、新城市主义、紧凑城市等理论[88-89]。对中国城市来说，不仅需要合理借鉴西方城市的理论成果，更需要从城市发展历史中汲取营养。因此，对中国城市研究的一个新需求就是对新中国成立以来中国城市发展的再审视与反思。目的包括总结发展过程中的成功做法与失败的教训，然后将其置于中国城市发展的社会化转型的语境中进行评价与考虑，明辨其中的有益因素，并探讨其相应的实践方式。计划经济时期，单位制度主导了中国城市的发展运行。在转型期，单位制度逐渐解体，其影响总体上逐渐式微。但单位制度的影响及相应的现象一直延续存在，并表现出新的方式和形态。因此，以单位为视角解读中国城市的发展演变以及未来趋势便构成了中国城市研究新需求的时代命题[90]。

整体而言，单位视角的中国城市研究具有“长周期”“跨学科”和“多维度”三个基本特点。长周期指研究的视野应是新中国成立以来直至下一时期中国城市发展的基本趋势这一跨越计划经济时期、市场化转型期以及下一阶段展望的历史时段。其相对于很多已有的关注中国城市转型的研究而言，具有长周期的特点。跨学科指对中国城市发展的起落与模式的转变进行多角度的考虑，具体内容包括制度体系、空间模式、经济发展、社会结构分析以及居民心理响应等多个方面，涉及社会学、地理学、规划学等不同学科。这样方能对这一阶段中国城市形成一个总体性的认知和理解。多维度指对城市发展过程进行客观、多维度的评价与反思，是对中国城市发展过程进行跨学科研究的延续和深化。多维度的评价包括经济成效、空间模式、社会发展、心理感知和环境效应等几个方面，以形成对发展过程客观、全面的评价，避免"一刀切"式的简单化处理和线性思维，从中更好地发掘对中国城市未来发展的有益元素。

1.3 单位模式的研究目标与研究内容

1.3.1 研究目标

单位模式研究是单位视角下中国城市研究的具体表现，目的是从单位视角再审视新中国成立以来中国城市发展模式在计划经济体制下和向市场经济体制转轨过程中两个阶段的状况，形成对中国城市未来发展的有益启示。具体研究目标包括：

1）分析中国城市制度的体系构成

城市发展实践的展开是相关制度共同作用的结果。对城市发展制度的分析是从总体上和系统的角度理解制度整体在城市发展中的作用，包括制度体系的构成、不同部分在其中的作用及相互关系、制度体系的基本特征等具体内容。

2）识别中国城市制度的演进阶段

新中国成立以来，中国城市总体上经历了两个大的发展阶段。制度演进阶段的识别在于对这两个阶段进行更细的划分和判断，从过程的角度理解城市发展制度的演进，从而更清晰地透视城市发展过程的变迁。

3）理解中国城市物质空间的生产特性

结构主义视角下，城市物质空间是城市发展模式在实体空间层面的表现。从空间生产的视角理解城市物质空间形成及变迁的方式，从而把握城市空间变化背后的机制和作用，理解城市空间现象产生的结构性根源。

4）解读中国城市社会空间的组织模式

城市社会空间是社会经济组织模式及其运行方式在空间方面的展现。社会空间组织模式的分析是在物质空间分析的基础上，解读社会经济组织及其运行的空间表达，查看城市空间的社会属性及其基本特征。

5）挖掘中国城市发展过程的经验启示

单位模式研究的实践意义在于通过对城市发展过程的理解寻求对未来城市发展的启示。这一目标包括对过去发展模式正反两方面的经验总结和对未来城市发展的启示。前者在过去的背景中分析，后者在未来的需求中总结。

1.3.2 研究内容

1）城市制度的组成体系及其变化调整

本研究以结构主义为视角，将城市发展制度视为城市空间模式中的结构性因素，是空间形态演变的形塑力量。对城市制度的分析将从三个方面展开。首先是制度的构成。由于城市发展并非某一领域中单一制度作用的结果，而是土地、资源配置、社会管理等多方面的制度体系共同设定了不同主体在城市发展中的角色。城市制度的构成将分别探讨每种具体制度的特点及形成过程，并分析其在城市发展中所起的作用。

其次是城市制度的逻辑结构。这部分旨在理解不同制度如何相互作用进而形成一个体系性的整体来形塑城市的发展。具体分析包括不同制度之间的相互关系、互动方式以及在整体上的架构等内容。如果说第一部分逐一以单个制度为分析对象，这部分要关注的则是制度体系中的结构、不同制度之间的关系，关注的是制度体系中的网，而不是其中的单个节点。

最后是城市制度的演进过程。城市制度涉及不同的领域，每一部分又有其演变的背景和过程。但这部分要分析的是作为一个整体性的制度模式的形成和演变过程，而不是每一部分的形成和变迁。因而，演进过程的分析是对不同部分变化的汇总和综合，分析其在城市发展中的总体作用，从而对其划分不同的阶段，并判断每个阶段最重要的变化，进而形成城市制度的一个过程性解读。

2）城市空间的形成方式及其组织模式

本研究将城市空间及其变迁视为城市发展模式的空间向度，从而通过空间来解读城市发展模式及其变化。对其研究包括两个方面，并分别从不同的发展阶段进行分析。首先是城市物质空间形态。城市发展模式以空间生产的方式形构了与其相适应的空间形态，从而空间成为整个城市运行的一个部分。物质空间形态的分析在于透过空间理解城市发展的模式。具体分析的展开将通过空间生产的理论展开，包括在城市发展模式中空间的属性、空间生产的基本原则以及空间生产所形成的主要类型。

其次是对城市社会空间的解读。社会空间是在物理空间的基础上，从空间的视角理解社会的组织运行。具体展开从城市社会的组织架构和资本循环两个方面进行。城市社会的组织架构将分析社会整体的组织框架，识别政府、企业（资本）及居民在其中的相互关系，理解不同主体之间的互动规则。资本循环从资本运转的角度，分析社会经济运行的总体组织及其对城市空间的影响。

3）城市发展的经验总结及其未来启示

通过对城市发展模式从制度和空间演变过程两个方面的梳理，寻求对未来城市发展的启示，包括城市发展目标、城市空间特性及城市空间组织等方面。城市发展目标在对比不同阶段城市发展目标的基础上，解读未来城市发展以人为本及可持续发展的涵义，从而细化和加深对城市未来发展指向的理解。接下来，在城市发展目标的导向下，理解城市空间的特性，解释在未来城市发展的需求下，城市空间的符号价值、使用价值以及交换价值等属性的相互关系及其在城市发展中的作用。城市空间组织则是对城市发展目标和模式落实的理解，在对过去城市发展不同组织模式对比的基础上，分析未来城市发展目标所需求的城市空间组织模式，从而形成对于城市系统活动在空间布置方面的启示。

1.4 单位模式的研究框架与内容安排

1.4.1 单位模式的研究框架

中国城市的单位模式研究以单位为视角理解新中国成立以来城市发展模式的两个基本阶段，并从中获取对未来城市发展的经验总结（图 1.1）。中国城市发展的两个阶段分别为计划经济体制阶段和经济体制市场化转型阶段，并分别对应城市发展的单位模式和去单位模式。后者是前者的延续和解构过程，同时也是新模式逐步形成的过程。

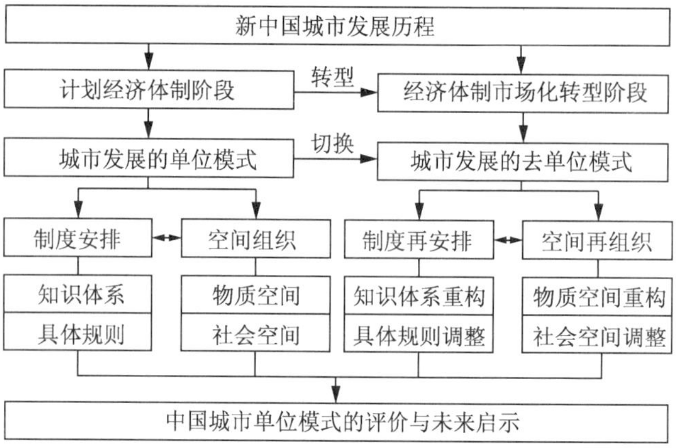

图 1.1　中国城市单位模式的研究框架

对两个阶段发展模式的分析从制度体系和空间表征两个方面展开。制度的分析包括知识体系和具体规则,空间的分析包括物质空间和社会空间。在单位模式中,城市制度是围绕国家发展的工业化赶超战略而安排的。主导制度安排的核心理念是经典的社会主义思想,其中包括了苏联的经验以及中国革命经历的总结。而在具体制度的安排上,按消费服务于生产的总体性框架进行组织,从而有利于工业化的进行。空间方面,则是发展项目主导的空间布局。在物质空间方面,使用价值和社会主义符号价值主导了城市空间的属性,单位大院、工人新村、工业组团等是典型的表现形式。社会空间方面则是生产和生活嵌入政府逻辑的结果,并表现为政府组织的生产和生活。

在去单位化模式中,制度安排的指向转向了经济增长。主导新时期制度安排的理念是社会主义市场经济思想,而在具体安排上则引入了市场竞争的制度规范,从而导致了企业之间的竞争与合作以及居民消费的逐渐分异。在空间方面,新的发展模式引致了经济效益导向的空间重构,既包括基于生产和消费竞争的存量更新,也包括空间范围的扩张和郊区化的产生。这些变化体现的是空间交换价值的作用,并在其中充满了大量的资本竞争符号。从社会空间来看,经历了政府、企业和社会一定程度的分离,互动关系逐渐增强。

基于上述分析,在最后对中国城市单位模式的两个阶段进行总结和对比,在未来城市发展新的需求和环境中,探讨过去的发展经验和教训,从而形成有益的启示。

1.4.2　本书的内容安排

中国城市的单位模式研究共包括 9 个章节。其中,前 3 章是单位模式研究的准备。具体来说,第 1 章提出中国城市单位模式的研究问题,第 2 章对单位模式的相关研究进行梳理和概括总结,第 3 章从理论基础、基本概念、数据来源和研究方法等方面为单位模式研究的展开奠定基础。

第 4 章和第 5 章分别从制度和空间的角度对计划经济体制下城市发展的单位模式展开分析和解读。单位模式下的城市制度分析包括制度体系的构成、制度的具体规则、制度的组织逻辑以及制度的形成过程等。同时也将对制度的总体性特征进行总结。单位模式下的城市空间分析包括空间的基本属性、物质空间形式和社会空间特征等内容,最后对空间的特性进行概括。

第 6 章和第 7 章则是对去单位模式下城市制度和城市空间的分析。城市制度的分析围绕原有城市制度的调整和再安排展开，包括知识体系的重构以及具体制度安排的调整。同时，也将对制度再安排的过程进行阶段的划分和特征的总结。城市空间的分析是对去单位模式在空间方面的表现进行解析，包括空间属性的调整、物质空间的重构以及社会空间组织的调整等内容。

第 8 章是对单位模式和去单位模式的总结与提升。内容首先对两种发展模式的优点和缺点进行总结和对比，然后在梳理中国城市发展模式演进逻辑的基础上，指出未来以人为本的城市发展应该从中借鉴的经验。最后一章是对研究的总结。具体包括单位模式研究的主要发现、本研究的主要创新点和未来研究进一步展开的方向等内容。

注释

①《关于建国以来党的若干历史问题的决议》中对“文革”的总结。

② 参见 1978 年 12 月 22 日通过的《中国共产党第十一届中央委员会第三次全体会议公报》。

③ 数据来源于《中国统计年鉴 2012》。

④ 和谐社会在 2006 年 10 月的中共中央十六届六中全会审议通过的《中共中央关于构建社会主义和谐社会若干重大问题的决定》中正式提出。

⑤ 科学发展观于 2003 年提出，并在 2007 年中国共产党十七大报告中得到详细阐述。

⑥ 2016 年国家“十三五”规划提出了创新、协调、绿色、开放、共享五个理念，指导新时期的社会经济发展。

2 单位模式的相关研究进展

自 1980 年代以来，中国城市单位研究已经持续了 30 多年的时间。作为中国计划经济在城市的具体实现形式，其独特性引起了国际学者的很大兴趣。社会学者、地理学者和规划学者从不同的角度对其进行了分析和解读。从表现来说，一度出现了“国外热、国内冷”的研究局面。近年来，随着国内学者对中国城市发展过程理解的深入和未来发展需求的思考，单位研究在国内逐渐增温，影响也逐步扩大。在具体研究中，不同学科背景的学者在关注点上有所不同。社会学者主要从制度和组织的角度进行研究，而地理和规划学者多从空间的角度展开研究。就研究内容而言，单位研究的成果涵盖了多个方面：从单位的起源到制度的变迁，从空间规划的思想到空间实践的操作和空间形态的变迁，从基层社会治理的单位化到转型期治理模式的调整，从居民的迁居到日常行为的空间特征，等等。

本章为单位模式相关研究的综述，目的在于对单位视角下的中国城市研究进行较为细致的梳理，以形成对相关研究的整体把握和单位模式研究的启示。具体来说，在介绍梳理框架的基础上首先从起源、变化及影响方面对单位制度的研究进行梳理；然后，从物质空间、社会空间和空间的保护与优化等方面对空间方面的研究进行评述；接下来从社会基层治理的转型以及城市社区建设的角度对单位社会方面的研究进行概述；最后，对单位模式相关研究的总体特征和不足进行概括和总结。

2.1 中国城市单位研究的梳理框架

将单位作为一种跨学科的、具有综合性的社会现象，着眼于对单位进行整体性的思考，从而形成对中国城市发展全面反思的思路构成了单位研究的一个新框架[91]。该框架主张在历时性的背景中展开单位制的研究，将其视作由单位制的形成（单位化）、单位制的解体（去单位化）和单位实践及其影响的扬弃与再生（新单位主义）等阶段构成的历史过程，从制度性、空间性和社会性的角度解读单位制的形成与变迁，并探讨将单位制度与实践中的积极因素用于未来发展的实践性研究。

单位的制度性是单位社会现象的结构性要素，对单位空间和社会具有规定性。具体研究内容包括单位制度形成的思想、逻辑及组成单位制度的具体规范。单位的空间性是单位社会现象的载体，构成单位社会实践发生的场所。第一空间的研究针对单位的物质空间展开，包括设施、空间结构及其演变等。第二空间主要围绕单位的空间职能及具体的长短期行为展开。第三空间则主要针对单位空间的优化与改造进行。单位的社会性是单位社会现象的内容，是制度性的表征，构成单位空间性的主体。具体研究内容包括社会的整体状况、单位社区及其转型和单位人的个体生命历程等内容。实践性指单位制的合理因素在未来城市发展中的运用。

从过程来看：单位化作为一个时段，指计划经济时期单位主导城市发展的阶段；去单位化指转型期以来，单位体制退出和市场经济体制明确和发展的阶段；新单位主义阶段则针对下一时期的城市发展而言。该框架为中国城市发展过程的整体性反思提供了较好的平台。本书的单位模式相关研究综述将以此为框架，从单位的制度性、空间性和社会性三个方面展开梳理①。

2.2 单位的制度研究

2.2.1 单位制度的起源

1）单位原型的探讨

单位的原型或者说单位的内核是单位形成、发展及其演变过程中相对固定和不变的部分，也是单位起源不可回避的问题。但整体而言，学界对"单位到底是什么，其原型应该一般化或者说抽象到何种程度"这一问题讨论不多，态度也不是十分明确。从空间角度来讲，单位的原型既有对中国传统空间的追溯，也有对西方城市空间模式的探究[92]。前者有古代皇城和居民四合院的分析，后者有空想社会主义的新和谐村和苏联的社会浓缩器，但作者并没有明确指出单位空间的原型到底是什么。从组织角度来讲，单位的原型被认为是企业办社会[93]。具体来说，在国外有英美的工人模范村与公司镇、苏联的 Mono Town、以色列的基布兹，国内则有晚清、民国及抗战时期的部分企业。但中国计划经济时期的企业并不是通常意义上的企业，一定程度上只是国家的代理。因此，单位办社会和之前国内外企业办社会还是存在本质的区别。总体而言，单位的原型仍旧有进一步探讨的空间。

2）路径依赖视角

单位体制成因有两种相对影响较大的解释，分别为路径依赖效应和资源约束影响[94]。前者主要强调了共产党革命经验的影响和传统文化中权威观念的作用[95]。此外，东北老工业基地"典型单位制"的起源和推广对单位制形成的作用也得到了关注[96]。但路径依赖视角的分析只强调了这些因素与单位相似的一面，没有指出单位与这些因素在目标、构建主体、具体制度、空间思想以及社会生活方面的本质差别，从而不能很好地明确单位与它们之间的确切关系。

3）资源约束视角

该视角的分析主要强调了新中国成立后我国物质资源不足的现实对于单位制形成的影响[97]。虽然从总量上来说是一种"绝对短缺"的状态，但这种物质资源短缺也具有人为效果，是工业模式需求和社会经济现实条件之间的矛盾造成的[98-99]，从而具有"相对短缺"的特征。另外，新中国成立后特殊的国际背景是推动中国实现全国动员，建设单位制的重要因素[100]。但资源约束视角的分析以理论推测为主，没有指出其与单位制度形成的直接联系，进一步的研究需要从相关政策和制度的制定过程进行分析，从而找到这些约束条件与单位形成之间的确切关系。

4）未来建构视角

前述两种视角从历史和现状条件的角度解释了单位制度的起源，而未来建构视角则从发展需求的角度说明单位制度形成的动因。该视角的分析主要集中在因社会经济发展需求而作出的制度安排上，尤其是对社会整体组织动员和整合需求的回应方面。其中，从工业主义和社会革命双重需求角度的分析提供了更为全面的认识[101]。另一方面，也有学者注意到了因未来发展需求而对过去实践模式进行调整并促使单位制度形成的现象。比较有代表性的是对国企"一长制"这一苏联元素进行调整的分析[102]。总体来说，未来建构视角的分析还局限于单位制度的局部，而将单位制度的形成与未来社会整体建构与想象的分析还很欠缺。

5）多因素视角

基于社会学视角的多因素分析发现单位制的形成主要受到了新中国政治关系的历史特点、工业化模式和社会经济条件的矛盾以及"文革"对官僚体制和法制的破坏三方面作用的影响[99]。同时单位制作为一种社会现象其逻辑起点、历史起点、理论起点和实践起点[103-104]各不相同，但这些分析并没有涵盖单位空间和单位社会。更宽广的综合视野发现中国古代的建筑与文化、共产党革命的实践和空间规划思想三个方面构成了单位制产生的原因[92]。该研究强调了空间视角，并将单位形成的影响因素在时间和空间两方面进行了延展，但对于影响因素和单位制之间产生联系的方式和机理分析还不够，确切性不足。同时，多因素的分析对于不同因素之间关系的探讨也需要加强。另外，从社会思想演化的历史过程[105]和结构主义视角的解读[106]丰富了单位制的起源研究。总体而言，单位制的起源研究大多从制度入手，从多方面探究了其影响因素。一方面，这些影响因素需要一个框架进行整合，以增强理论的系统性；另一方面，还需要将单位制视为一个综合体，对其起源进行跨学科的探索。

2.2.2 单位制度及其变迁

1）单位体制形成及演化的阶段

单位制在计划经济时期产生，但其直接影响因素在新中国成立之前，间接影响因素则更为久远。同时，计划经济时期复杂多变的环境增加了单位阶段划分的复杂性。关注的时间段既有转型前的长时段，也有 1949—1957 年这个特殊阶段。在阶段划分上，既有三个阶段的解构，也有四个阶段的解剖[99，100，103]。这些研究关注的仍然是单位制度，并从新中国成立后开始考虑，划分的标准也从制度安排出发，而从多维视角并将新中国成立前后联系起来的阶段划分还很欠缺。

2）单位体制及其变迁

对单位制度的研究存在着宏观制度结构的研究和强调单位内部权力关系及行动逻辑的微观研究两个方面[107]。前者将单位视作一个整体，分析其制度框架、变化等；后者将单位打开，分析其内部的社会关系及行为方式。宏观方面，社会组织的视角将单位的组织形式定位为"单位体制"[108]，并强调了单位在构建国家—单位—个人的体系中所具有的重要作用[109]，同时形成了国家—民众的二层次结构[110]。单位制度体系本身的形成和变迁过程则进一步细化了单位体制的研究[111]。另外，将单位制定义为当代中国城市社会的基本单元，探讨其等级、结构、功能及变化引发了对城市社会组织模式的思考[104]。这些研究直接面对单位制度的体系，而对单位制度与计划经济等国家层面制度之间的关系探讨相对不足。

转型期以来，中国的单位体制发生了一系列重要的变化，在对这些变化进行分析和评价的过程中形成了不同的观点。单位自主性、“内部人控制”与法团主义等的分析发现了单位制度的显著变化[110]，但没有发生实质性的变化的那部分也是很重要的[112]，需要进一步的梳理和总结。总体认为，单位组织和非单位组织将并存并相互影响，且短期内不会彻底改变[113]。基于相应变化，“新单位制”的概念被学者抛出[114]，其实质是传统单位体制中由外部化管理的、以再分配为主的全民所有制转变为以内部化管理为主的特定的行业集团所有制[94]。另外，国家与社会、个人与群体、人与单位之间的关系以及单位的社会福利功能都发生了明显的变化[115-119]。更有意思的是在分析海淀区高科技企业的过程中发现了单位制度特征的再生[120]。但由于具体单位类型的多样性和转型过程的复杂性，转型期单位之间分化明显，因而要想弄清楚单位制度的变迁方向就需要从单位类型入手，展开大量的案例分析。另外，已有研究多侧重于单位制度变迁的描述性研究，注重现象而弱化了机理。

3）单位内部组织及其变迁

单位内部组织和权力关系的研究可以从新制度主义和文化决定论两种取向进行分析[94]。前者主要指华尔德的新传统主义分析[121-122]，但该视角的分析假定领导是一个意见一致的行动整体，忽视了普通群众对领导的限制[94]。另外，新传统主义之后需要讨论的问题也值得关注[123]。后者的研究是自下而上对普通成员在制度约束下行动选择的关注[124]。如果能实现两方面的结合，对单位内部权力关系较为完整的认识将会形成。

从资源与交换的角度发现了中国单位组织中的依赖性结构[125-128]，但不同单位类型和组织形式对单位成员的行为取向具有差异化的影响[129]。加入空间概念后，则发现了单位内部的权力结构和职能部门独特的分布特征[130]。另外，单位意识及其变迁也得到了探讨[131]。更具人本色彩的分析从单位组织中依赖结构的主观层面分析了单位成员的不满意度和相对剥夺感[132-134]以及单位内部的劳动纪律[135]和师徒关系[136]等具体内容。但除此之外，单位成员的感受和心理是多方面的，研究还需要进一步扩展。

对去单位化背景下单位内部权力和行为研究的总结后形成了两种不同的观点[94]。一种认为制度环境的改变必然带来单位内部权力结构和行为方式的变迁[116，137-138]。另一观点认为基于中国人自我行动的逻辑，虽然制度环境发生了变化，但庇护主义和派系结构并存的基本格局仍然没有发生变化[139-140]。实证研究更倾向于第一种视角的分析[141-144]。当然，由于转型期不同类型单位之间的分化鲜明，需要对不同的单位区别对待。不同类型企业下岗名单的研究证实了这种差别[145]。而对于单位内部的关系、活动的宣传和组织以及住房搬迁等的调查研究则反映了单位内部权力和行为变迁的复杂性[146-149]。单位制度变迁下单位内部的权力结构必然发生变化，但需要将已发生的变化和未发生的变化进行对比，同时关注变化的程度以及不同类型单位之间的差别，才能准确理解和把握变迁的走向。

4）单位制度及其变迁的影响

单位制度及其变迁对社会产生的影响是多维和深刻的，其中社会分层受到的关注最多，并形成了不同的解释理论。转型期之前，单位是影响社会分层的重要因素[150-151]，同时关系、党员身份和就业政策等也发生作用[152]。但由于数据获取以及历史问题研究难度的影响，对于分层的程度及其造成的影响等方面的研究还存在不足。此外，国际比较的视角发现中国单位之间的流动性很低[153]，而单位性质和单位级别对集体抗争具有分割效应[154]，单位制度对社会资本形成会产生制约[155]。再者，单位作为一种制度构建的初始意图和意外后果也受到了关注[156]。这些研究将构建单位制度的思想与单位的实践结合起来，加深了对单位制度的理解，但对单位制度作为整体所产生影响的研究还不够全面和深入。

转型期以来，中国社会结构正在经历从总体性社会向分化性社会的转变[12]，社会多元化日渐鲜明。在此背景下，社会分层引发了一场大的争论，分歧在于对制度变迁机制解释的不同思路[157]，争论围绕市场变迁理论展开[151]，争论的总体情况在 2008 年得以总结[158]。相关研究不仅涉及了单位与分层的关系，还从更广泛的社会经济背景中分析了社会结构的变迁及机理，加深了对社会转型的认识。但百家争鸣的状态也说明了现有的研究还不够成熟。另一方面，中国的转型本身就是一个复杂的过程。虽然，转型过程是一个市场化的过程，但政府职能除了退出还有加强[19]，市场力量强化的同时，再分配及单位的作用仍然巨大[159-162]。因此复杂的中国转型、单位变革和社会结构变迁的研究必定也是复杂的，需要复杂的理论模型和制度分析[163]。

单位制度变革过程中住房制度的改革对城市居民生活造成了多重影响。不仅涉及单位之间、人群之间的差异，还涵盖了通勤、公共服务等，并造成代际传递[164]。在此过程中，不同的社会阶层对住房制度产生了差异性的评价[165]。转型期住房供给模式的变化多从土地市场、资金投入、住房分配等方面形成解释[166]，但理论性总结还有所不足。进一步的研究一方面需要从不同类型的单位入手，摸清转型中住房提供模式的具体情况；另一方面从社会发展的大背景出发，探讨适合社会需求的住房提供模式。另外，单位制度变革及市场机制的发育所导致的体制内外差异、第二职业以及居民对基层治理的态度、与单位的疏离感等也被学者关注[167-169]。基于这方面问题的出现，有研究认为在利用工业主义数字化等优点的同时，需要继承单位制度在集体情感等方面的良好传统[170]。再者，单位制度变化导致单位作为社会个体利益表达的缓冲层缺失，个人直接面对政府被认为存在一定的社会风险[171]。单位制度及其变迁影响的其他方面包括国家与社会的关系、就业、男女平等、住房等等[172]。中国社会原子化动向和公共精神生活的衰落及自由职业者也得到了学者的关注[173]。随着单位制度的变革，就业中的平等问题也被讨论[174-175]，但相关的研究还比较初步，需要在实证和理论总结方面加强。总体来说，单位制度变迁的影响是多维和相互交织的，并且随着转型的深入，会出现新的发展变化。已有研究从不同方面进行了程度不同的解释，这一研究过程将随着转型的进行以及新问题的出现而进一步深入，并带来新的系统、具体和精确的分析[107]。

2.3 单位的空间研究

单位空间是单位作为一种社会现象得以存在的载体，其研究主要涉及地理、建筑、规划及受空间转向思想影响的社会等学科。其中，单位制度对于解释中国城市转型意义的提出具有重要的导向性作用，强调从制度变迁透析城市空间的演变，涉及土地利用、居住空间和行为空间等方面[176-177]。另外，从空间本体论角度，分三个空间展开探讨的研究内容和尺度提升了单位空间研究的系统性[178]。借鉴其三个空间分类的思路，这里从物质空间、社会生活空间以及空间的保护与利用三个方面对已有研究展开梳理。

2.3.1 物质空间及其变化

从规划思想来说，单位空间是多种理念的体现，既有对传统空间思想和革命性空间理念的隐形继承，也有对现代规划思想的直接应用。后者包括功能分区、邻里、职住接近以及大街坊和小区等[93]。单位物质空间的研究从城市和单位大院两个尺度展开，前者不仅指出单位空间是城市空间构成的基本单元和城市空间扩展的动力[177]，还发现其塑造了城市的形态和肌理，包括单位空间分布的秩序与规律性和单位对城市天际线的影响等[179]。从效果上来说，单位大院的不同组合对街道产生差异化的影响，既有单调闭合的院墙，也有热闹的生活空间。在街区和城市尺度上既有混乱的一面，也有其内在的秩序与规律[180]。但单位用地割据却造成了土地浪费、不公平竞争、效率低下，并妨碍了空间要素的优化配置[181]。因此，单位大院分解、融入城市空间就成为一种必然趋势[182]。但也可能遇到包括居住、交通、行为习惯等方面的困难，因此需要从制度建设和规划策略方面推动这一过程[181, 183]，实施的原则包括市场化、整体性、开放性等[184]。在此过程中，如何保持单位的亚文化特色以及协调单位空间与城市空间的关系构成了值得进一步思考的问题[184]。但单位空间的组织模式并非没有优点，研究者在对比了单位制社区和分区制的空间后，提出了借鉴单位职住接近的理念，构建低碳城市空间的构想[185]。另外，单位制社区与 TOD 社区的空间结构与组织比较也有类似的发现，认为单位作为空间组织模式包含了对城市发展积极合理的因素[186]。

相对而言，单位大院尺度的物质空间研究更加具体，案例丰富。研究内容包括单位大院的空间形态、结构、变迁的模式和过程等方面，但机理性解释还不够充分。单位空间整体具有封闭性、复合性和复杂性等特点。单位大院的空间结构研究涉及了空间分区和轴线。单位空间主要包括前院（生产区）和后院（生活区），从前院到后院单位空间逐渐变得私密性更强，同时重要性也有所下降。基于此，认为单位大院继承了古代诸如衙门、学府等空间布局的特点[187]，但与皇城相比则具有开放性和接近群众的特点[92]。轴线是单位的主入口、广场、主要建筑等构成的直线型空间布局特征，有些单位大院还具有次轴线。

计划经济时期，尤其是转型期以来，单位空间从整体到局部都在不断发生变化。从单位空间与城市空间的关系来看，其变化有膨胀扩张、蚕食缩小和向外搬迁等模式[188]，单位的院墙也随着单位开放性的增强而逐渐虚化，甚至拆除，导致围合度不断下降[189]。单位大院内部则有增建新建、拆旧建新等活动发生[187]。从边界来看，单位内部则随着产权关系的变化，整体性的空间出现了分割与再墙化②[93]。另外，从垂直角度来看，优势区位的底商有加密现象的存在。而对居民个体来说，随着自主意识的强化和个体利益的重视，则有大量非正规建设与改造[93]。与此同时，土地利用的结构也不断调整，如有些单位工业仓储减少而居住商服增加，土地利用的混合度也有所提高[189]。当然,这些变化过程在单位之间差异显著,与单位的职能、区位等有直接关系[184,190]。有些单位空间得到了继承,有些则不断弱化,有些甚至完全消失。集而言之,物质空间的已有研究侧重描述,解释不足。今后研究,一方面需要从历时性的视角对其变迁进行细致刻画,另一方面需要从规划、管理及政治经济视角对其进行解释,从而加深对城市空间组织模式的理解。

2.3.2 社会生活空间及其调整

对现实空间的理解包括两种基本视角:一种从功能和意义的角度理解空间,理解空间的社会性与社会的空间性及其相互关系;另一种打破了静态的方法论,认为空间由各种流组成,并对其空间特征进行分析。基于此,对于单位社会生活空间研究的梳理也从两个方面展开:第一方面为居民生活与交往空间,分析单位空间的组织及其社会性特征;第二方面为居民行为空间,涉及单位居民长期的迁居行为和短期的日常行为。

1)居民生活与交往空间

居民生活及交往方面的研究涉及社会空间的特征、机理及其变化等方面,总体上成果较少。研究发现,单位在给城市居民提供了相对丰富的物质性和社会性资源的同时极大地限制了居民自主选择生活的权利和机会,并形成了一种封闭、狭隘的社会生活空间[191];但另一方面,这种相对封闭的空间促进了居民的交流与互动,对于维权等集体行动具有明显的促进作用[192]。这种封闭性和内部互动的特征在城乡之间的三线建设单位中表现得更加明显[193]。单位作为一种综合的社会空间是在决策权高度集中、以行政命令实施资源配置的计划经济体制以及土地公有和重工业优先发展的战略下形成的,既是生产的单元,也是社会管理的单元,同时具有深刻的意识形态烙印[194]。相对而言,面向单位社会空间本体的研究则还没有,诸如单位社会空间的职能和结构是怎样的,空间关系与社会关系如何相互影响,社会空间与居民行为之间有怎样的互动模式等问题还有待回答。从城市的尺度来看,以单位为基本单元的空间组织形成了三个层级的生活圈,即由单位构成的初级生活圈、同质单位构成的低级生活圈和以区为基础的高级生活圈[195]。

转型期以来,中国城市空间逐渐从均质走向异质和多元,单位空间的复杂转型则是此过程的重要内容[196]。研究发现,一方面单位空间和社区特点对于构建退休者社区和基于新单位制的低碳城市空间组织具有积极意义;另一方面,单位居民的迁居对于重塑城市社会空间具有重要影响[197]。对于单位社区来说,过滤与残留有重要的塑造作用。计划经济时期只存在单位内部的过滤,转型期则出现了西方意义上的过滤现象,但单位社区的过滤具有复杂性和多方向性[72]。影响残留的不仅有单位居民个人的社会经济属性,单位的类型也有重要影响[198]。作为一种结果,单位社区在转型的形塑下,人口逐渐杂化,住房产权逐渐多样化,同时服务设施不断外向化[199],单位社区不断融入所在的城市空间;但在此过程中,单位的作用依旧存在,在为单位人员提供服务的过程中,围绕单位形成了以单位为中心的“泛单位圈”[200]。

另外,从社会治理的角度来看,单位制和社区制构成了我国两大重要模式[201]。单位制空间是国家政权的全能空间,透过单位制,国家的政治空间弥漫于整个社会,构成了“单元化隔离”的间接治理模式。社区空间是国家与社会的合作空间,围绕政府与社区自身力量的互动关系形成政府主导型、社区自治主导型和混合型的治理结构。从单位制空间到社区制空间是国家与社会关系的重新组合。从城市为居民提供产品和服务的供给角度看，随着单位制的解体，服务供给的空间模式也发生了调整。但从对合肥市部分单位居民的调查发现，单位作为就业地的核心作用依然有所体现，其典型模式为“核心—外围圈层”结构[202]。

2）居民行为空间

单位居民的行为空间包括短期的日常出行和长期的迁居两个方面。研究发现，单位居民的通勤距离相对较短，更多使用非机动通勤工具，通勤时间也相对较短[203]。由于职住接近、土地紧凑和设施完备等特点，单位居民的日常出行具有低碳的特征[204-205]，而随着单位制度解体，单位居民的通勤距离和出行总量都有所增加[206]。以上研究主要采用了定量模型的分析方法，而定性角度的分析发现了单位空间对居民行为空间的限制作用，认为单位空间中的时间利用、单位设施的供给以及单位空间的管制等是主要因素[133]。从对比的角度来看，转型期以来，单位居民的个体行为空间发生了明显的调整，行为空间更多地融入城市空间，与之互动明显。而背后机制的分析则以“企划”为工具展开[207]。从个体生命历程来看，长短期互动的研究则很好地展示了社会变迁对居民日常生活模式的影响，基于口述史的研究更增加了该类研究内容的生活性[208]。另外，作为长期行为的迁居研究发现单位居民的迁居经历了以住房资格为中心的单位主导迁居和以需求及支付能力为取向的市场引导迁居两个阶段[209]，得出的分析框架对于理解居民行为模式的变迁具有重要意义。

2.3.3 空间的保护与优化

1）单位遗产保护

单位遗产保护的研究主要从工业遗产保护的视角展开，并将其置于中国现代工业遗产的整体中展开探讨[210]。该部分的研究不仅强调了保护工业遗产的重要性和紧迫性，还对工业遗产的内涵、范围、工业发展阶段的划分等展开了讨论。而工业遗产的评价办法为遗产的评估和保护提供了具有可行性的操作标准[211]。从保护的形式来说，有城市开放空间模式、旅游度假地模式、博览会与会展中心模式和创意产业园等[210]。另外，工业遗产的分级保护、保护区域从工业建筑扩大到工业区域甚至更大的工业景观的理念被提出[212]。此后，随着认识的深入，研究者开始强调保护的范围从建筑景观等物质性内容向制度、心理等文化内容的转变[213]。

2）单位空间的优化改造

单位空间的优化改造包含两种面向的研究。一种基于前述工业遗产的保护，向开发和利用延伸，可以说是一种经济导向的优化和改造，如强调工业遗产的旅游价值[214]。这方面的研究还探讨了工业遗产的旅游价值、开发中存在的问题，并提出了相应的对策。除了旅游外，工业遗产通过产业升级作为创意产业空间也是重要的研究内容，如北京的 798 和京棉二厂生产区改造形成的莱锦创意产业园等。

另一种研究面向社会发展，尤其是社区建设及居民日常生活的优化改造，如通过对单位社区宜老性的研究，来探讨单位社区作为老年人社区的可行性[215]。研究从设施供给与老年人生活需求的互动方面展开，认为单位社区存在有利于老年人生活的特性，但在设施供给和资源争夺等方面也存在不足。这方面的研究更多地秉持了单位的视角，但整体来说研究成果的数量比较少。

3）单位空间合理因素的再应用

该部分的研究在探讨单位空间组织的基础上认为其中的职住接近、有秩序的生活圈等积极理念和因素应该被应用到未来中国城市的可持续发展过程中，并提出了相应的实施策略。其中新单位主义是一个重要的组成部分[216]。在正式提出新单位主义之前，该视角的研究在低碳的语境下对比了单位制和分区制，认为单位制职住接近的空间布置更有利于低碳城市的发展[185]。而新单位主义的提出则面向中国城市下一时期的可持续发展，在低碳的基础上还关注了生活质量以及社会公正等议题，主张通过日常生活圈体系的重构实现以居住为核心的空间可持续性改造[217-218]。《中国城市的单位透视》一书则在前述研究的基础上，对新单位主义的思想理念进行了集中、系统和更为深入的阐述[90]。另外，还有基于单位后勤服务的分析，提出泛单位圈城市的规划思想[200]，认为在未来城市的发展中，以企事业单位为中心，通过市场化机制，以就业中心为核心来构建城市的细胞。但总体而言，单位空间合理因素的应用研究目前还处于起步阶段，在理论体系以及实施路径等方面还有待于进一步深化，尤其是需要在实践中不断完善。

2.4 单位的社会研究

单位社会研究是在我国城市居民居住及管理体制从单位制向社区制转向的背景中展开的，主要涉及历时性的发展过程研究，从单位制到社区制转变所涉及的组织、管理、社会整合等研究和社区建设研究等几个方面。在具体研究中，不同学者理解与用词有所差别。对基于单位制的城市居民居住及管理称为单位或单位社区；对当前正在建设的基于城市的属地化管理和居民自治相结合的居住及管理模式称为社区或城市社区。在这里，将前者称为单位社区，后者称为城市社区。

2.4.1 从单位制到社区制的基层治理转向

一种分析认为新中国成立以来社会基层管理是从单位制、街居制到社区制的发展转变过程[20]。单位制在发挥政治动员、经济发展和社会控制的过程中产生了总体性社会和依赖性人格等制度性后果。街居制则经历了新中国成立初期的创立阶段、“大跃进”时期的膨胀阶段、“文革”时期的曲折阶段及1980年代的恢复和发展阶段，但街居制并不能满足社会发展的需求，面临职能超载、角色尴尬等问题。这样，社区制作为对单位制和街居制的超越和重整浮出水面。另一种分析将街居制归入社区制的范畴，认为当前社区建设是单位制向社区制的回归[219]。从单位制与社区制的关系来看，1950年代单位制和社区制齐头并进，六七十年代单位制社区化和社区单位化双向发展，法定社区被边缘化，而90年代以来则是社区向主导地位回归的第三阶段。

差异化对待街居制的分析方式说明对单位社区、街道居委会和城市社区的认识还不够清楚，之间的确切关系还有待进一步梳理。这些问题的回答又涉及当前中国提倡的社区建设和西方城市社区有何异同。因此，需要面向单位社区、街居制和城市社区的本体，将其置于中国的历时性语境中进行分析，进而明确其组织结构、管理结构、居民角色等关键问题。

此外，从社会整合、以人为本、党政分开以及和谐社会建设的需求来看，城市社区发展具有必然性和合理性[220]。单位社区被认为是非现代的城市要素，所形成的亚文化是反城市性的，只有社区才能实现真正意义上的城市化[221]。虽然城市社区的发展方向被认可，但如何防止将社区建设成为新的单位以及避免社区自发分化有可能导致的公共性衰落等一系列社会问题也是值得担忧的问题[93，222-223]。

2.4.2 基层治理模式转型的多维过程

从单位社区到城市社区的转变是一个多维、非线性过程。首先，是治理主体及空间响应的转变[207]。从单位社区治理转向城市社区治理是一个主体多元化的过程，空间方面则随着治理主体和城市社区建设形成了相应的变化。其次，这是社会整合机制的转变，触及了中国社会的最基本结构[224]。在此过程中，双重体制会导致失范效应，需要从社会服务、政府管理等方面促进转型的顺利进行。再次，这一转变是社会生活组织模式的重建。但有观点认为向街道放权就可以顺利实现单位向社区的组织重建，这是十分幼稚和片面的[225]。另外，这也是社会调控方式的转变，将实现从政府的单线调控到以“行政区—社区”为基础的政府与社会双线调控的转变，其中的双线平衡是社区发展的关键[226]。在其中，基于新时代背景的社区“新公共性”的培育具有重要意义[227]。从社区治理结构来看，这一转变过程是社区管理单位化向国家、市场和社会三体联动，共同参与社区管理模式的转变过程[228]。这种复杂的转变过程与新近出现的网格化管理相叠加，表现为国家与社会相互交织和基层社会治理与运行机制的“重层性”特征，并为探索新的治理模式提供了空间与可能[229]。最后，这一转变还是公共物品供给模式和社会支持网络模式变迁的过程[230-231]，期间可能出现公共产品供给短缺等问题，而解决之道在于多元治理模式的构建[232]。

从微观个体视角来看，单位社区向城市社区的转变过程是单位人向社会(区)人的转变过程[233]。另外，对于东北老工业基地这样特殊的区域来说，社区发展与国企改革同等重要，共同构成了老工业基地振兴的两项核心内容[234]。但与中国进行社区建设的现实需求相比，上述研究还不足以指导城市社区的发展。一方面需要回答我们建设的社区应该是怎样的，即目标的问题；另一方面需要梳理和总结单位社区向城市社区转型的路径，发现问题，并找到纠正的办法，即道路的问题。上述两方面相互关联，是推动单位社区向城市社区转型必须回答的问题，也是实现从转变的“共识”向转变的“现实”跨越的关键环节。

2.4.3 社区建设的路径与问题

城市社区建设的策略多与现有社区发展中的问题分析相关。东北老工业基地社区建设存在推动力不足、“逆非单位化”现象和社会“公共空间”进程缓慢等问题，因此，社区建设需要行政力量的主导作用[233]。资源枯竭型城市社区建设中“单位记忆”根深蒂固，而“社区记忆”缺失是社区建设的障碍，需要调动物质、人力和社会资本来重建社区记忆[235]。行政机制制约、法律建设滞后等问题的解决需要协调政府、企业和非政府组织之间的关系，构建多元共治模式[236]。随着城市社区建设，单位型社区向阶层性社区转化，以及单位社区底层化也是重要的问题[237-238]。此外，在单位社区向城市社区整体转型的过程中，原有居民日益老龄化，依托社区的养老问题日益重要，在转型中需特别关注社区的“宜老性”[215]及相应的适应性改造[239]。而针对棚户区改造后社区治理盲区的问题，有研究认为需要挖掘单位在组织动员等方面的优势，重塑社区认同以取得更好的治理效果[240]。另外，武汉市江汉区社区建设的实践过程及经验也得到了总结和梳理，包括目标模式、制度创新和可行性等几个方面[241]。

值得强调的是，不同类型的单位社区面临差异化的转型路径，案例分析是总结经验、梳理模式的重要途径。但目前案例研究比较分散，在研究数量和挖掘深度方面都需要加强。进一步的研究需要一个包括案例选择、路径分析、模式总结、效果评价、问题查找、原因探究和策略分析在内的理论性架构来进行统领，以便从整体上把握社区建设的情况，站在更高的层次上指导城市社区的发展。

2.5 单位模式相关研究的特征与不足

1）聚焦于去单位化阶段，长周期的研究相对不足

总体而言，中国城市单位模式的相关研究聚焦于市场化转型期以来单位制度、空间及社区等方面的变化。从研究的指向来说，这属于以单位为切入点，理解中国城市发展的转型研究，而非纵观新中国成立以来中国城市发展整体历程的研究。虽然也有部分研究面向了计划经济体制下的单位状况，但较少与后来的发展对接，呈现为一种历史性的研究。这种状态不利于形成对新中国成立以来城市发展的总体状况和发展脉络的把握，也不利于形成对未来城市发展更深刻的启示。

2）重在揭示现象，面向应用的实践性研究相对匮乏

从内容来看，中国城市单位研究虽然涵盖了很广泛的内容，但大都是在做以理解社会现象为目标的研究。无论是制度研究中“新单位制”的提出，还是空间形态的扩张与收缩以及社区的过滤等等，都从理论的角度解释了社会已经发生的现象。但在此基础上，更进一步地提出未来城市发展的建议和策略的就很少了。只有少部分研究从低碳和通勤距离的角度总结了单位模式中空间组织的优点。如能站在未来城市可持续发展需求的角度，对过去城市发展中的经验和教训进行全面的总结，并提出相应的策略和建议，将直接形成对城市未来发展的帮助。

3）单位制度研究成果较多，空间与社会方面的研究相对滞后

相对空间和社会方面的研究，单位的制度研究有更多的成果，包括起源、制度的构成、单位组织的作用和单位制度的变迁及其影响等多个方面。其中，又以后两方面最多。空间方面的研究多集中于单位的实体空间，从设施构成、空间结构和变迁的角度理解单位。社会空间方面的解读还很匮乏，主要集中在居民日常生活空间方面，从出行范围和日常生活圈等方面展开解读，但在未来的城市发展中如何借鉴并落地实施还有待于进一步深入。社区转型方面在转型的路径、问题的梳理，尤其是未来城市社区的建设上还存在比较明显的不足。

4）方法论集中于实证主义，结构主义、行为主义和人本主义的分析相对欠缺

整体而言，中国城市单位研究以实证主义的方法为主，包括制度的形成与变革、空间的形态以及社区的调整等多个方面。少部分结构主义的分析主要从治理的空间化分析了单位空间的形成。行为主义的分析集中在居民的迁居以及日常行为空间方面。人本主义的分析更加少见，主要是对居民心理的探讨，集中在单位情结和心理归属方

面。未来的研究需要在实证主义的基础上更多运用结构主义的分析进行理解的深化，运用行为主义的分析丰富研究的视角和维度，运用人本主义的分析加强对居民心理的解读并服务于未来城市发展模式的调整。

注释

① 单位的实践性研究数量较少，而且集中在空间的改造与空间组织模式的调整两个方面。前者相对零散，后者主要集中在《中国城市的单位透视》一书中，在此将其纳入单位空间的分析中予以梳理。

② 在转型期，部分单位大院内具体空间的权属和使用者发生变化，导致部分主体以栅栏、建筑墙等形式将大院空间重新分割。

3 单位模式的基本概念与研究方法

在对现有中国城市单位模式相关研究梳理的基础上，本书将以结构主义为分析的方法论，以单位模式为解读对象，从历时性的过程解读中国城市的发展变化与对未来的启示。具体研究内容包括城市制度的组成及其变化、城市空间结构及其变迁和不同阶段发展模式演进的逻辑及其对未来的启示。对于制度的分析，将运用社会学制度主义的概念展开。空间的分析运用空间生产和资本循环理论进行。从方法上说涉及质性研究方法、历史文献法和案例分析法，数据包括政府报告、相关政策文件、统计数据等多个类型。

本章将从整体上对单位模式研究的基本概念和研究方法进行解释和说明。具体来说，将首先从定义和特点对单位模式进行解说，然后对单位模式研究的理论基础和研究所使用的具体概念进行阐述，最后对单位模式的研究方法和数据来源进行说明。

3.1 中国城市发展研究的单位模式

3.1.1 单位模式作为研究的视角

从大的发展过程来讲，新中国成立后的中国城市发展经历了计划经济时期和以市场化为导向的转型期两个阶段，目前正处于以人为本的城镇化发展的起步和探索阶段。从城市发展模式来说，两个阶段差异明显。从本书研究的需求来说，所选择的研究视角要能够贯穿这两个阶段，既要体现城市发展从计划到市场的连续性与过渡性，也要能反映城市发展从计划到市场的变迁性。而且，这一视角还需要能够综合地反映制度变迁、空间表达、社会组织以及背后的机制与逻辑。

从对中国城市发展的影响来说，单位贯穿了新中国成立至今的几十年时间。在计划经济时期的中国，城市发展是通过单位模式下的具体制度实施的。从具体时间来说，以计划经济在1950年代迅速建立为节点，单位开始主导中国城市的发展。从对单位的理解上来说，它是一个跨学科的概念。从组织学角度看，单位是国家管理公有体制内人员的组织形式；从经济学角度看，单位一直是控制国家经济命脉、保障和容纳文化与物质生产力的重要实体；从社会学角度看，单位是标志城乡区别的社会集团，是城市生活的核心[111]，而且单位还有其独特的空间模式。从实践来说，单位则是计划经济在中国城市的实现形式。从国内外对比来看，单位概念是一种更具地方性和针对性的表达。围绕单位形成的具体概念有对社会形态概括的单位社会[100]、对相关现象进行描述的"单位现象"[116，242]、对居住区进行概括的单位社区以及体制和管理角度的单位制[96，201]、社会个体角度的"单位人"[233]等等。而"单位化"这一概念既是对这一时期社会经济某方面特征变化的概括，如单位化企业[243]，也是对实现这种状态的变化过程的总结，如社区单位化[219]。此外，中国从计划经济体制向市场经济体制的转型是一个渐进的过程。对单位来说，其影响是逐渐式微和退出历史的。在经历了30余年的变革之后，单位模式下制度体系的相关变革还在继续，单位在很多领域依旧清晰可见，尤其是在变化滞后的空间和居民心理方面。因此，向市场化转型的过程也被称为"去单位化"[244-246]的过程，而经历了转型重塑的阶段也被称为后单位时期[247]、后单位社会[111]等等。上述概念的运用反映了中国城市社会的连续性和变化性，而且更加贴合中国城市的实际状况。

基于单位在中国城市发展过程中的独特作用，面向本研究的具体目标和内容，本书以单位为切入点，将单位模式作为具体的研究视角。相对于理解中国城市总体发展历程的单位视角，单位模式更加具体，目的在于更直接和细致地从制度变迁和空间演进两个方面解读中国城市的发展模式，并探寻未来的发展具体启示。

3.1.2 单位模式的涵义与构成

从具体理解来说，不同的学科以及不同的学者由于研究视角的不同，对单位有不同的定义，如：社会学将单位视为一种组织[124]，认为单位是进行社会控制、资源分配和社会整合的组织化形式，承担着包括政治控制、专业分工和生活保障等多种功能[94]；规划学者认为单位是国家政治、经济和社会结构的基本组成细胞和运行单元[180]；地理学者认为单位是工作单位(work unit)的略称[195]，也是个人基本的社会生活空间和象征[176]，同时也是一个社区[248]。在上述多学科理解的基础上，有研究者提出了更加综合性的理解中国城市长周期和综合发展的新框架[91]。该框架较好地反映了中国城市发展变化的连续性，同时研究内容具有综合，跨学科的特点。

但上述框架着眼于单位的整体性和综合性，旨在为面向未来城市发展的单位研究提供覆盖更广和融合性更强的研究框架，与相对非常具体的单位模式研究存在比较大的差异。因此，本书以这一总体框架为指导，面向具体研究的需求，提出了单位模式的概念性框架(图3.1)。在该框架中，单位是计划经济时期城市中生产管理、社会服务和空间形成的组织模式，是城市空间发展模式的总体性概括，也是计划经济模式在城市得以实施的手段和具体化。从具体构成来说，单位模式是一个包含三个阶段、两个内容和两种机制的综合性概念。三个阶段指单位模式阶段、去单位模式阶段和未来城市发展阶段；两个内容指制度和空间，其中的制度是结构性因素，是单位形成的规则，空间是城市发展实践的载体，是外在表现[106]；两种机制指计划经济体制和市场经济体制。

三个阶段是单位模式的历时性主线。单位模式对应的是计划经济时期的中国城市发展阶段，去单位模式对应的是市场经济转型期的中国城市发展阶段，也可以称为市场化的去单位模式。在将来的发展中，市场机制将进一步完善，城市将更加可持续，从而形成可持续的发展模式。目前来看，以人为本的调整是这一转变的核心。这一模式是对市场化的去单位模式进行矫正的结果，也是对市场失灵的应对。在中国，这一阶段始于对发展模式转变的强调，这里将"十二五"的实施作为标志。"十二五"发展战

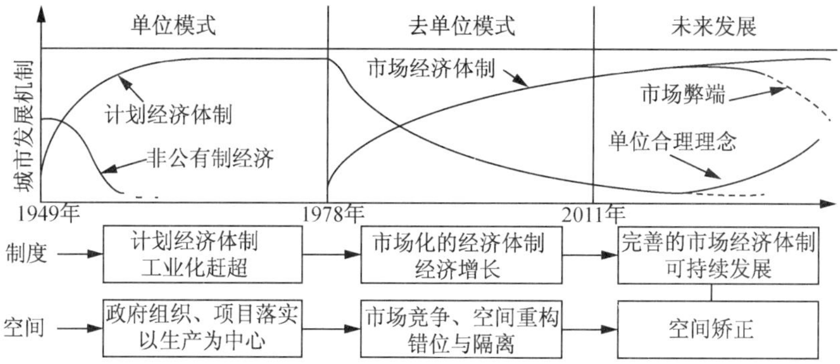

图 3.1　中国城市单位模式的概念图

略中提出转方式、调结构、惠民生的发展战略转变，此后进一步发展成为中共十八大会议对社会建设的强调和五位一体①的发展要求。在城市领域，最直接的体现是向新型城镇化②发展方式的转变。

两个内容是单位模式的具体表现。单位模式下的城市制度安排围绕(重)工业化战略展开，强调工业增长和产品的生产。在去单位模式下，经济增长成为核心目标，相应的生产和消费制度按新的逻辑被逐步调整。在未来的城市发展中，市场机制将进一步完善，包括社会、空间及环境等方面的可持续发展将成为目标。单位模式的空间是计划生产的结果，到了去单位模式中，城市空间经历了包括城市更新与郊区化扩张在内的空间重构，未来的城市空间将针对这一过程中出现和累积的问题进行城市空间的优化和再调整。

两种机制是单位模式形成与演变过程中的结构性因素。计划经济体制形成于新中国成立后，尤其是社会主义改造阶段，而在市场化转型启动之后逐渐式微。市场经济体制发轫于"文革"之后的拨乱反正，并以渐进的形式逐渐增强。在城市发展的单位模式阶段，随着计划经济体制的建立，非公有制经济成分逐渐通过改造的形式向公有制转变，并逐渐淡出了在中国城市发展中的作用。在去单位化的过程中，尤其是起始阶段，计划经济的形式同样存在，形成了独特的双轨结构，从而在传统的体制内外形成了不同的运行模式。但随着体制内成分的变革，计划经济体制的影响日益收缩。但对未来城市的可持续发展而言，计划经济体制下的单位模式并不是一无是处，某些积极的理念、合理的操作方式可以再次运用；而去单位模式的弊端与问题则要在此过程中逐渐被修正。这是新单位主义研究的核心指向，也是本研究从单位模式视角理解中国城市发展所希望得到启示的基本来源。

3.1.3　单位模式研究的基本特点

单位模式作为理解中国城市发展演进以及未来趋势的视角，具有一些比较明显的优势和特点。首先，单位模式研究能够比较好地反映中国城市发展长周期中的连续性。虽然新中国成立以来中国城市发展经历了显著不同的发展阶段，但不同发展阶段之间由于历史惯性、城市自身发展的规律性等原因，城市发展并不是进行简单的静态切变，而是处于连续变化的过程。即使在同一个大的发展阶段内，城市同样是不断调整变化的。因此，想更准确地理解中国城市就需要采取"过程"的视角。单位模式作为影响中国城市发展的概念，贯穿了新中国成立以来城市发展的全部过程，能够比较好地体现中国城市发展演变的过程性特点，展现城市变化的谱系状况。

其次，单位模式研究能够比较好地反映中国城市发展的独特性。新中国成立以来，中国城市的发展虽然同样属于国家现代化的发展表现，但由于中国选择了与西方国家不同的现代化道路[98]，因而城市发展表现出了不同的表象与机理。因此，面向中国城市发展的长周期审视必然要求与其相适应的概念和框架。目前，研究中国城市的视角主要有现代化视角、世界体系视角、社会主义转型视角以及行为主义方法的视角[90]等。但这些视角在反映中国城市的内生性规律方面都存在明显的不足，而继承了单位视角的单位模式研究则可以避免这些视角的缺陷。单位模式的概念有些类似于社会学领域提出的“实践社会学”[249]，强调对市场转型的具体实践过程的研究。需要强调的是单位模式研究会积极使用但明确反对简单照搬西方概念和理论的使用，目的在于发现中国的故事，同时又能形成国际性的理论，正如在分析保加利亚社会转型时“不良公共性”的概念被提出一样[250]。

最后，单位模式研究能够比较好地反映中国城市发展的复杂性和综合性。城市本身是复杂的综合体，对其发展现象和规律的解读越来越需要综合的跨学科视角。中国城市发展过程的长周期审视更进一步强化了这一需求。单位模式从研究内容上涵盖了城市制度与城市空间两个基本方面，将城市发展的机制与表现进行了综合，为全面理解中国城市发展的过程与特点提供了框架基础。从学科来说，单位模式的具体研究涉及社会学、管理学、地理学以及城市规划等学科，展现了比较好的综合性优势。

3.2 单位模式研究的理论基础与具体概念

3.2.1 结构主义的方法论

法国的一位社会学家说：“结构主义不是一门哲学，而是一种方法论”[251]，广泛存在于整个社会科学和人文科学[252]。结构主义思潮有一条公理，认为对所观察现象的解释不能只通过对现象的经验研究得出，而必须在支持所有现象但又不能在其内部辨认的普遍结构中去寻找。作为研究方法论的结构主义的起源一般追溯到瑞士语言学家索绪尔的研究。与以往强调思维形象、概念或者意义（所指）不同的是，索绪尔强调用以指称这些东西的声音类型（能指）[253]。能指和所指之间的联系环节是任意的，是一种社会约定。能指和所指的进一步区别存在于话语③（parole，日常生活中的话语行为）和语言（langue，其规则被理解以使得话语活动能够被解释的语言系统）之间[252]。前者是后者的一种转换：结构语言学家分析话语，以求确定语言系统的基本特性和控制者交流并被认为打上遗传学烙印的各种规则。因此，索绪尔认为语言学家应该关注联系交流者的（社会）代码（语言，langue），而不是说话者的特殊表达方式（话语，parole）。这正是海德格尔所言“不是人说语言，而是语言说人”。

受索绪尔的影响，社会人类学家列维-斯特劳斯将结构主义的方法运用到社会分析中。他认为“人类行为由超越人类控制之外的下意识力量预先注定”，即各式各样的表层文化现象皆是人类心灵结构的产物，是心灵的无意识的、逻辑的结构之产物[254]，而可观察、可分析的诸社会现象的秩序是表层结构，可以反映决定着它们的深层结构。

与列维-斯特劳斯关注具有唯心特征的心智结构不同，阿尔都塞分析的是那些看不见的社会大型结构。其分析受到马克思主义的影响，但不同于马克思的经济基础和上层建筑的二分法，而是认为社会整体是具有支配地位的结构，是一种“非中心化结构”的概念。其“超越决定”(overdetermination)的概念认为在社会整体的复杂的结构化了的统一中，不同矛盾相互关联的方式决定了总体发展的方向[253]。而福柯则以“人之死”的方式展示了结构的作用。福柯将语言转换为知识，并透过知识分析隐藏于其后的权力。他认为真理不是在权力之外，每个社会都有它自己的真理体制、真理的一般政治。任何时代的任何话语都是权力的产物，权力通过一系列复杂的程序和隐藏的手段，来控制、选择、组织和传播作为话语形式的知识。因此，谁在说话并不重要，而话语存在的方式、谁在控制才重要，“作者”完全被“作者功能”所代替，主体也被消解。这也是对“我思故我在”的一种颠覆。

关于结构主义的特征，有学者将其概况为五个方面，即整体(wholeness)、关系(relationships)、消解主体(decantring the subject)、自调(self-regulation)和转换(transformation)[255]。整体指依据某种结构或系统而由各部分组成，但不是各部分机械地相加。因此，注重整体是研究事物本质的唯一途径，而事物的部分或因子仅是通向研究事物本质的要素。关系强调的是现实的本质并不单独地存在于某种时空中，而总是表现于此物与它物间的关系中，如人体的某一器官必须放在与其他器官的关系中，放在总体的生命中理解才有意义。消解主体指人不再是测量万物的主人，而是系统中的一个因子，如对人的研究，不是直接地研究人自身，而是要研究那种与人类有种种关系总和的整体。这种整体一旦建立，个体自身的意义就消融于其中了。自调指整个系统按一定的规则维护系统的运转，这又在一定程度上导致系统的封闭。转换强调部分与部分、部分与整体间变化的动态性。当然，上述特征是结构主义研究的一个整体特点，并不是每项具体研究都具有的。

结构主义的特征还可以通过与其反面的人本主义对比获得理解[256]。对存在主义的萨特而言，人在特定的环境下创造历史，人类个体是最具体的实体。这样，人类不仅由其所处的(地理)条件塑造，而且首先由他们超越特定条件的能力塑造[253]。因此，人是“绝对自由的”，“人永远拥有选择的自主权或否定选择的自主权”，所以能够“不断地成为他自己”。而结构主义与此相反，如列维-斯特劳斯对萨特的批判，认为即便是关于人的科学，其最终目标也“不是建构人，而是解构人”。阿尔都塞也直接否认主体(人)创造历史，强调历史是“无主体过程”的，人和历史主体同时死于社会生产关系的互动。在结构主义看来，结构如同一张巨网，人被局限于纵横交错的节点中，可以有些许位移，却无法永远逃脱。

在中国城市的单位模式研究中，结构主义是总体的方法论基础，体现在研究的总体设计以及具体内容的分析等不同方面。在总的研究目标上，不仅是要描述中国城市发展的空间现象与制度组成；还需要解读空间现象的形成机制以及制度构建的思路；同时，还需要在理解中国城市发展变化的基础上，提炼其内在逻辑，判断其基本趋势。这些单位模式的具体分析都将以方法论为基础，在分析中国城市发展现象的基础上，探寻其背后的结构与规律。

3.2.2 空间生产理论

空间生产理论是在结构主义思潮的大背景中诞生的[256]，具体形成于对实证主义和空间分析学派在空间理解上的批判[257]。实证主义和空间分析学派继承了区域学派对空间的理解，力图通过数学模型等“科学”的方法，发现空间规律。最典型的如“中心地”理论和农业区位论。在这里，空间是没有价值的“物化”的空间，人的社会政治属性、价值观等也被忽略。这种研究范式在1960年代资本主义爆发的一系列社会、政治和经济危机面前不能作出合理、充分的解释和应对。在此背景下，以政治经济分析和批判见长的马克思主义理论得到研究者的重视，并在应用中得到突破和发展，形成了新马克思主义地理学、新城市社会学的理论和相应的分析范式。其中最著名的代表作是列斐伏尔的《空间的生产》，引领了相关研究的发展。其他著名的学者包括福柯、哈维、卡斯特尔、索亚、史密斯等等。

空间生产理论对空间的理解不同于实证主义，认为空间是社会的，空间里弥漫着社会关系[258]，空间不是社会的反映，而是社会的基本物质向度[259]。空间不仅被社会关系支持，也生产社会关系和被社会关系所生，即(社会)空间总是(社会的)产物，每一个社会，每种生产模式，每个特定的生产关系都会生产出自己独特的空间[260]。因此，空间永远是具体的、实践性的和历史性的[261]。简单而言，空间生产指资本、权力和阶级等政治经济要素和力量对城市的重新塑造，从而使城市空间成为其介质和产物的过程[256]。在空间成为社会生产发展一个环节的语境中，对生产的分析也就由空间中的生产转向了空间的生产。

空间如此重要，福柯认为“一部完整的历史仍有待撰写成空间(spaces)的历史”[262]。列斐伏尔构建了具有本体论意义的社会—空间—时间的三元辩证法，将人类历史按空间化的进程分为绝对的空间(自然状态的自然空间)、神圣的空间(埃及的神庙与君主专制的国家)、历史性空间(政治国家、希腊城邦、罗马帝国)、抽象空间(资本主义、财产的政治经济空间)、对立性空间(当代晚期资本主义阶段)和差异性空间(重新估价差异的与生活经验的未来空间)[260]。对于如此复杂的空间概念，列斐伏尔提出了一个三维的框架：空间实践(spatial practice)——城市的社会生产与再生产以及日常生活空间；空间的表征(representations of space)——概念化的空间，科学家、规划者、社会工程师等的知识和意识形态所支配的空间；表征的空间(spaces of representation)——居民和使用者的空间，通常处于被支配和消极地体验的地位。索亚则提出了第三空间的概念[263]，认为第一空间认识论偏重于客观性和物质性，并力求建立关于空间的形式科学。第二空间是精神空间，其认识论的注意力集中在构想的空间，其假定为空间知识的生产主要是通过话语建构式的空间再现、通过精神性的空间活动来完成。第三空间源于对第一空间—第二空间二元论的肯定性解构和启发性重构，是开放的空间、差异的空间，同时也是通过斗争解决不公平的希望空间。

空间生产的应用性研究有宏观区域乃至全球的分析，也有局部乃至细微空间的解读[264-265]。在城市研究领域，以对当前社会发展影响最深刻的现代化和资本主义的空间生产分析最多。其中影响广泛而深刻的包括哈维从资本循环的角度对城市空间和全球化的分析、卡斯特尔从集体消费和社会运动等角度对城市的分析以及福柯从知识、权力的角度对城市空间的分析等。国内关于空间生产的研究主要有两种类型，即理论的介绍及探讨和应用理论的案例研究。前者既有专著和译著，如《现代性与空间的生产》和《第三空间》，也有大量的文章[257, 261, 266]。案例方面，有对城市尺度空间的分析[267-268]，也有对小尺度案例的解读[269]。

在中国城市的单位模式研究中，空间生产理论主要集中在城市物质空间的分析部分，包括单位模式和去单位模式下城市空间属性的分析、空间生产的主要原则与基本模式的解读以及城市空间比较典型的表现形式等几个方面。同时，单位社会空间的解读方面，也将借鉴空间生产的思路，分析其构成特点和形成机理。

3.2.3 资本循环理论

资本循环是新马克思主义代表人物哈维理解资本主义体系下城市过程的一个重要框架。在该框架中纳入了城市空间，从而成为理解城市空间生产与资本运动关系的手段。在此框架中，城市过程是资本积累的空间表现[270]。哈维将资本的积累和增值过程分解为相对独立但彼此联系的三个循环(circuit)[271](图 3.2)。第一循环是资本与商品在生产领域(制造业)中的流通，包括价值与剩余价值的生产过程以及工人为之提供劳动力并从中获得报酬的过程。由于对剩余价值的追逐以及单个资本之间的竞争，在第一循环领域会产生资本的过度积累，即产生了相对于可利用机会而言过多的资本。这方面的过度积累表现在商品的过度生产、利润率的下降、闲置资本的存在以及剩余劳动或者说劳动剥削率的提高等几个方面。

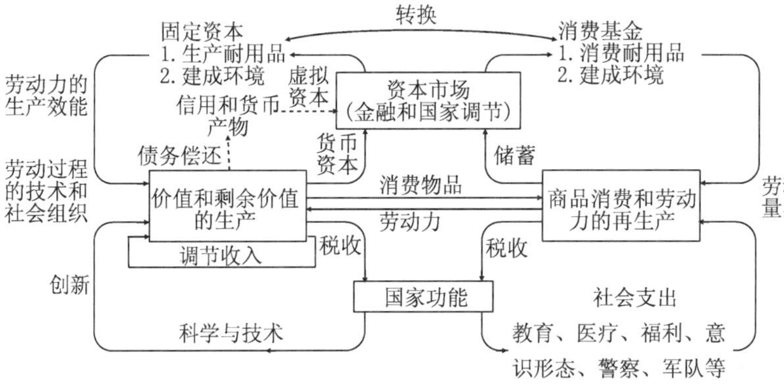

图 3.2 大卫·哈维的资本循环模型

第一循环中产生的过度积累将导致资本向第二循环转移。这一循环包括固定资本和消费基金。固定资本包括生产过程中的固定资本和服务于生产的物质环境(physical framework)的固定资本。哈维主要讨论的是后者，又称之为服务于生产的建成环境。消费基金与此类似，可以分为直接参与消费过程的物品(如耐用品)和服务于消费的物质环境，如住房和道路，一般将后者称为服务于消费的建成环境。当然，两种建成环境是相互交织的，并形成了一个总体的物质景观(physical landscape)，用于生产、流动、交换和消费。第二循环中的建成环境具有长期性和大规模等特点，单个资本难以应对。因此，资本市场和国家调节成为向其转换的重要条件。

第三循环包括科学技术和社会支出两个方面的投资。哈维主要关注的是后者，并进一步将其分为直接提升劳动力质量的教育、医疗等投资和用于合作、整合或压制劳动力的意识形态和军队等领域的投资。这一领域的投资同样不是单个资本能够胜任的，因此资产阶级便作为一个整体，通过国家结构来运作，从而实现向第三循环的资本转移。

投向第二和第三循环的资本会直接或间接地有利于生产和剩余价值的生产，产生的是一种潜在的生产性。但资本的转移只是做到了一定的修复，即通过长期项目的投资推迟资本重新进入流通领域的时间，并不能消除过度积累，而且还会在第二循环和第三循环中以资产贬值的形式体现出这些领域中的过度积累。这进而又会导致一系列危机的发生，包括局部的和全球范围的。

在中国城市的单位模式研究中，资本循环理论的运用比较具体，集中在单位模式和去单位模式下资本循环的分析部分。具体分析将以哈维的资本循环为指导思路，面向中国城市资本运行的实际特点，提炼出中国城市不同发展模式下资本循环的构成与特点。

3.2.4 单位模式研究的具体概念

1）城市制度

作为本书研究对象的单位模式包括城市制度和城市空间两个方面。这就决定了城市制度并不是诸如就业制度这样某一领域内单一的关于行为规范的安排，而是对有关城市制度体系的总体分析。中国城市单位的形成有其特殊的时代背景和城市发展目标，作为规范行为主体的具体制度安排只是实现相应目标的方式和手段。按结构主义的思路，应该分析这些规范现象背后的逻辑，即确立这些规范的道理。

在比较不同制度概念的基础上，研究选择社会学制度主义作为理解中国城市制度的基础。它在更广泛的意义上界定制度，认为制度不仅包括正式规则、程序和规范，而且还包括为人们的行动提供"意义框架"的象征系统、认知模式和道德模板[272]，从而打破了制度和文化概念之间的界限。更进一步，有学者将制度看作是在意识形态及其价值观念基础上确立起来的、得到认可和强制执行的并内化为相应的社会角色的某些相对稳定的行为规范和取向[273]。他们认为制度的四种结构性要素包括：①制度建构的主导思想，或这种制度建构的意识形态，这种主导思想或意识形态被人们所内化、所承认以及被正式地确定下来；②制度中所规定或产生的各种不同的社会角色以及这种社会角色在制度或组织中行为的内在规定性；③制度中的规则和行为规范，依此来定义人们在一种制度或组织中交往与互动的方式；④制度中被物质化或形象具体化的象征（symbol）和设置。对中国城市制度来说，其形成的主导思想是与权力紧密结合的，体现了在国家发展中起主导作用的思想认知。因此，在进一步借鉴福柯关于权力、知识等概念的基础上，将决定城市制度形成的思想部分称为制度的知识体系，反映的是制定城市发展制度的思想和认知判断，而具体的制度安排则是知识体系的外部表现。

基于上述分析，将城市制度定义为：在由国家及城市发展目标、发展条件和现有发展理论等构成的知识体系的基础上，由国家权力部门所确定的财政、土地使用、就业、住房等有关城市发展的一系列具体正式规则。其中的知识体系是城市制度的内核，是城市制度形成的动力和依据。具体规则是制度的外部表现，是制度发挥作用的渠道。城市制度是城市发展模式的核心组成部分，并随其变化而调整。这里，进一步将城市发展制度分为单位模式下的城市制度和去单位模式下的城市制度。

就现有研究来说，大部分将单位制度视为一种组织，对其功能、特征等进行分析，如，认为单位制度是指这样一种制度结构，即大多数社会成员都被国家组织到一个个具体的、由国家所建立的"单位组织"中，由这些单位组织给予他们社会行为的权利、身份和合法性，满足他们的各种需求，代表和维护他们的利益，控制他们的行为[274]。在具体分析方面，有学者对单位制度从具体规则的角度进行了详尽的分析[111]，将其分为Ⅰ类制度(生产分类管理制度、人事制度和财务制度)和Ⅱ类制度(户籍制度和社会保障制度)。本研究对单位模式下城市制度的理解突破了已有制度分析集中在具体规范作用的层次，考虑了背后深层次的原因。在这里将单位模式下的城市制度定义为：在经典社会主义意识形态的支配下，以赶超式工业化和国家现代化为目标，在计划经济公有制的基础上，由国家规定并实施的一系列有关城市发展的正式规则的总和。将去单位模式下的城市制度定义为：在社会主义市场经济的导向下，以经济增长和国家现代化为目标，在推动计划经济体制向市场经济体制转变的过程中，由国家规定并实施的、对已有城市发展正式规则的调整，以及在此基础上形成的新的规则体系。

2) 空间价值

马克思在分析商品的价值时，将其分为交换价值和使用价值。前者指一种使用价值同另一种使用价值相交换的量的比例或关系；后者是物品的有用性或效用，即物品能够满足人们某种需要的属性，将其转移到对空间的分析，可以形成空间的交换价值和使用价值概念。前者指获得空间时所支付的成本，在中国土地公有制的背景下主要表现为土地的租金，后者是空间在城市运行中的具体作用，如用于生产、商业或居住等。

此外，在空间的规划设计中还包括了大量的符号。在此，对空间的价值进一步扩展，将符号价值纳入其中。在结构主义中，符号也是一个重要的概念，如雅各布森认为符号有两个方面，一个是可以直接感觉到的指符(signans)，另一个是可以推知和理解的被指(signatum)[275]。这与索绪尔的能指和所指是相似的理解。基于此，可以认为符号包括两部分，即符号的载体或实体和符号的意义。此外，鲍德里亚对符号消费的独到分析也可以帮助理解符号的概念。鲍德里亚受符号学理论及其导师列斐伏尔和法兰克福批判理论的影响，在对消费品的分析中提出了符号消费的概念[276]。在其著作《物体系》中，鲍德里亚对物的分析从其实用性(功能性或使用价值)转向了象征性(符号性或符号价值)，主张把物从其功能性中解放出来。一般意义上的消费指的是对消费品的使用价值或者功能的利用，如汽车用作交通工具。但在鲍德里亚看来："消费并不是一种物质性的实践……它的定义不在于我们所消耗的食物、不在于我们身上穿的衣服……如果消费这个字眼要有意义，那么便是一种符号的系统化操控活动。"[277]根据该书译者林志明在译后记中的解释，符号一词可能涉及三个不同领域，即符号学意义上的符号(sign)、心理分析意义上的符号(symptom)和社会地位中的信号(signal)。因此，符号消费绝不仅仅是为了简单地吃饱穿暖而已，它其实是消费者的一种"自我实现"，或是为了体现包括炫耀在内的自我价值等因素[276]。只有把"消费"看作是一种系统化的符号操作行为或总体性的观念实践，才能够走出传统经济学以"经济人"为概念基石的需求消费理论的逻辑困境[262]。

通过上述分析，将空间的符号价值定义为通过空间形态、建筑设计等符号形式所表达的具有某种指向性的意义。符号价值包括符号实体和符号意义两部分，前者是后者的载体，后者是前者的指向。这样，单位模式研究中的空间价值分析将包括使用价值、交换价值和符号价值三个方面。

3) 单位模式

单位模式是中国计划经济时期在继承中国共产党革命经验并在苏联的示范效应下，以计划经济为手段推动中国快速工业化和现代化而在城市中形成的发展模式。从时间上来说，指从新中国成立到改革开放之前的三十年；从机制上来说，是在公有制基础上形成的计划经济体制；从发展目标来说，是（重）工业化赶超和国家的现代化及共产主义；从内容构成来说，包括单位模式下的城市制度和相应的城市空间。

单位模式形成的影响因素既有冷战的国际背景，也有国内的物质资源不足，是受这些条件约束而追求社会主义工业化和现代化的结果。制度方面的具体安排是计划经济在城市实施的结果，包括统收统支的财政、粮食的统购统销、无偿使用的土地、统包统配的就业、平均主义的工资、福利化的住房以及隔离城乡的户籍制度等等。单位模式下的城市空间是计划经济体制下城市制度的空间化。其中的物质空间是计划发展项目（单位）落地的结果，具体而言包括两种类型，即旧企业的改造空间和新企业的建设空间。对单位模式下城市空间的形成而言，前者是存量调整，是原有空间的单位化转变；后者是增量，是空间形成过程中的加法。我们可以将其概括为"存量调整＋增量强化"的形成过程。单位模式下的社会空间是全能型政府组织生产和居民生活的结果，形成政府主导的社会架构和相应的资本循环模式。从尺度来说，单位模式下的城市空间具有多尺度的表征，包括单体建筑、单位大院、组团以及城市等多个层次。

4）去单位模式

去单位模式是在中国城市发展的市场化转型期，在反思单位模式发展成效和借鉴市场机制的基础上，通过推动单位模式渐进的市场化转变而在城市中形成的发展模式。从时间上来说，指 1978 年的改革开放到 2010 年代初（逐步开始了对市场化模式的再调整），持续时间同样是大约三十年；从机制上来说，是计划机制逐步退出及市场机制逐步形成和壮大的过程，双轨并行是其中的一个重要特点；从发展目标来说，是以经济增长为中心的现代化建设；从构成来说，同样包括去单位模式下的城市制度和相应的城市空间两个方面。

去单位模式的形成既是对单位模式发展没有实现预期目标的反思，从而形成了对社会主义本质的新认识和新的发展目标，同时也是尝试和推广市场机制的结果。从具体制度来说，包括土地制度的有偿使用、财政的地方和企业激励、劳动力市场的培育、户籍制度的松动以及工资制度的灵活与自主和住房福利模式的结束等等。去单位模式下的城市空间是城市制度调整的结果。其中的物质空间是市场机制作用下城市空间重构的表达，也包括两种类型，即原有空间的更新改造和新城市空间的拓展。对去单位模式下的城市空间而言，前者是存量的减少，是城市空间去单位化的减法；后者是新类型的增量，是对原有空间模式的稀释。我们可以将其概括为"存量变革＋增量稀释"的去单位方式。去单位模式下的社会空间是随着政府职能的调整以及企业和居民自主地位的增强而调整的结果，也是政府、企业和居民互动而形成的社会架构和相应的资本循环在空间上的表现。去单位模式下城市空间的改变也在多个尺度上，通过价值的调整以及结构的变化而进行表现。去单位模式突出了中国城市发展的延续性，体现出了单位模式退出和市场机制增强的渐进性。

3.3 单位模式的研究方法与数据构成

3.3.1 质性研究方法

质性研究是与定量研究相对的一种方法，有学者将其概括为：以研究者本人作为研究工具，在自然情境下采用多种资料收集方法对社会现象进行整体性探究，使用归纳法分析资料和形成理论，通过与研究对象互动对其行为和意义建构获得解释性理解的一种活动[278]。质性研究方法的目的是通过观察和体验寻求对社会现象和个体经验的“解释性理解”或“领会”，研究者通过自己亲身的体验，对被研究者的生活故事和意义建构作出解释。与定量研究不同，质性研究的数据收集、分析与写作过程不是截然分开的[256]，是一个不断演化的过程。研究通常不预先设定一个明确的研究假设，最多是基于某个大致的理论框架或问题意识进入到“实地”中，在“浸入”和资料的收集过程中，不断进行初步分析和反思，让理论观点逐步“浮现”，并修正原有理论框架。

作为研究方法，质性研究容易给人主观而随意的印象，也即产生研究的信度和效度方面的问题。然而一方面，任何研究都不可能摆脱研究者的立场和偏见的影响，包括定量研究；另一方面，不能简单用定量研究的标准来衡量质性研究的信度和效度。研究者在质性研究中是一个反思的自我、互动的个体，不在于追求可重复的共识和普适性，而是在于发现独特性。当然，这并不是为刻意歪曲捏造提供立足点，只是研究者通过不同于定量的方法，如三角验证来保障结论的可靠性。

本研究的分析对象是包括城市制度和城市空间在内的城市发展模式，所涉及的分析材料主要以文字材料为主，包括文献、档案资料和部分案例，辅以部分统计数据。而研究目标则是要发现中国城市发展制度演进及空间变迁中的规律，需要对社会现象和事实依据进行对比、概括、综合和总结，是典型的质性分析方法的应用。其目的在于从宏观层面理解中国城市发展模式的演进过程及其逻辑。在质性研究方法应用的过程中，将运用多种类型的材料来证明、揭示和解释中国城市制度和城市空间的形成和变迁，并在此基础上通过归纳提炼其中蕴含的规律，并对其影响进行评价性的思考。

3.3.2 历史文献法

历史文献法也称文献法，指搜集和分析研究各种有关文献资料，从中选取信息，以达到某种调查研究目的的方法。文献法既包括资料的收集方法，也包括对这些资料的分析方法[279]。它不是直接从研究对象那里获得资料，而是去收集和分析现存的、以文字形式为主的文献资料。它所要解决的是如何在浩如烟海的文献中选取适用于课题的资料，并对这些资料作出恰当分析和使用的问题。其中的文献最早是指历史典籍，后来扩展到承载研究对象信息的任何形式，诸如文字、图表、数字、符号、音频、视频等等。

历史文献法的作用不仅是搜集资料的方法，更是一种独特和专门的研究方法。从过程来说包括文献搜集、摘录信息、文献分析三个环节。三个步骤既可以分别进行，也可以交叉运用。文献搜集有人工文献检索和计算机文献检索两种方法。文献分析有定性分析和定量分析两种类型。前者即质性研究方法在文献分析中的应用；后者则是对文献内容的定量描述，如对某内容频率的统计分析。现在定量分析一般通过软件进行。从优点来说，文献法具有无反性的特点，研究对象不会受研究者的影响而变化[279]；另外，还有费用较低以及可以研究那些无法触及的研究对象。因此，文献法很适合于作纵贯分析。但文献法也存在资料难以获取、质量不容易保证以及资料缺乏标准化等不足，需要在具体研究中尽量避免。

在单位模式研究中的城市制度部分，具体规则的分析将主要通过与制度和政策相关的历史文献来展开，而在制度的知识体系部分则涉及了许多领导人讲话和核心观点及理论。城市空间的分析将运用较多的厂史、厂志、统计资料以及部分个人的观点等文献材料。历史文献法的运用涉及了单位模式、去单位模式以及中国城市发展逻辑的判断等多个部分，有助于形成对中国城市发展的贯通性理解。

3.3.3 案例分析法

不同学者对案例分析法有不同的理解和定义，如从研究对象的角度定义，认为只要是对一个有界限的系统，诸如一个方案、一个机构、一个人或一个社会单元，作翔实完整的描述和分析就是案例分析的方法[280]。从研究方法来定义，认为案例研究是一种运用历史数据、档案材料、访谈、观察等方法收集数据，并运用可靠技术对一个事件进行分析而得出带有普遍性结论的研究方法[281]。从实施过程来说，案例研究基本上包括确定问题、设计方案、收集数据、分析数据和撰写个案报告等步骤[282]。案例研究的结果容易被读者所感受，也为类似案例提供了易于理解的解释，还有可能发现统计方法所忽视的特殊现象；但案例研究在严格性、结论的普遍性方面容易受到质疑。从方法上来说，案例研究追求的不是普查式的调查研究，而是在于发现单个案例的特点。就其结论的推广性而言：一方面，可以通过不同类型的个案分析来获得整体性的理解；另一方面，个案研究的结论还可以作类型学意义上的推广。

案例研究的特点对研究对象的多样性和复杂性有较好的应对，可从中发现既有个性又具有一般性的特点和规律。在本书的研究中，单位模式的城市空间表现涉及多种具体类型，而在去单位化的过程中，更是发生了多样化的变迁。在本书中，案例分析主要集中在城市空间的分析部分，通过不同类型的案例来反映城市空间的总体性特点和一般性的规律。具体案例的选择按城市和单位大院两个尺度展开，以分析单位模式和去单位模式在不同空间层次上的表现。从类型上来说，单位模式下的案例包括新建和改造两种类型，以分析单位模式对城市空间增量和存量的重塑作用。去单位模式下的案例选择与此类似，空间存量变迁根据程度差异进一步分为调整发展和彻底更新两种类型；增量分析通过城市新区的扩展予以阐释（表 3.1）。

表 3.1 中国城市单位模式研究的案例组成

序号	名称	所在地	所属模式	案例特点
1	中华造船厂	上海市	单位模式	旧企业单位化改造
2	京棉二厂	北京市	单位模式、去单位模式	新建单位大院及残留发展
3	曹杨新村	上海市	单位模式	新建工人居住区
4	洛阳涧西工业区	河南省洛阳市	单位模式	新建工业区
5	大庆市	黑龙江省	单位模式	新建城市
6	北京市	—	单位模式	空间扩张
7	同仁园	北京市	去单位模式	调整发展
8	石油大院	北京市	去单位模式	调整发展
9	清河毛纺织基地	北京市	去单位模式	彻底更新
10	克拉玛依市	新疆维吾尔自治区	去单位模式	新区扩张

3.3.4 数据构成

中国城市的单位模式研究涉及多种类型和来源的数据，具体包括：(1) 政府文件及统计文献。包括三种类型，一为政府正式发布的通知、意见、命令、决议等，如《关于实行粮食计划收购和计划供应的决议》；二为政府工作报告和会议决议等，如《关于发展国民经济的第一个五年计划的报告》；三为政府发布的统计数据，包括统计年鉴、统计公报以及统计资料汇编等。(2)讲话类文献。指党和国家领导人在正式会议和非正式场合的讲话。前者如毛泽东 1966 年 3 月 28 日接见日本共产党代表团的谈话；后者如邓小平 1992 年南巡时的讲话。这些内容一般都从相关领导人的选集或文选中引用。(3)媒体文献。指报纸、网络等媒体报道的文字及图片材料，如 1958 年人民日报发表的题为《力争高速度》的社论。(4)方志、档案类文献。包括厂史、厂志、地方志等关于单位和城市发展历程记述的文献，如《大庆市志》、北京市海淀区档案馆关于北京清河毛纺厂的相关档案等。(5)调研数据。指在实地调研过程中获取的相关数据，主要为访谈录音和照片。(6)其他文献。除前述类型外，研究中还将用到已经出版或发表的书籍和专著中的部分数据、图片以及案例分析等。

这些多元数据构成了中国城市单位模式研究的基础数据，在具体应用的过程中，将根据具体研究问题的需求灵活使用。

注释

① 指经济、政治、文化、社会和生态文明建设。参见 2012 年中共十八大报告。

② 2014 年 3 月，国务院发布了《国家新型城镇化规划(2014—2020 年)》，构成了新型城镇化发展的重要标志。

③ 著作中翻译为“言语”，为了用词与前面表述一致，改为“话语”。

4　单位模式下的城市制度安排

从概念角度来看，“制度”是一个复杂的体系，在不同的学科背景下具有不同的所指，但其共通之处在于作为一种“规则”“规范”在社会运行中发挥的约束、协调、整合及保障作用。对单位模式下的中国城市而言，城市制度提供了不同行为主体的行动规则，从而构成了主导城市运行的结构性因素。就构成而言，其不仅包括作为具体规范的正式制度，如户籍、土地、财政、住房等等，也包括其中所蕴含的文化价值观念，如集体主义等。后者虽然隐形，但影响深刻，是前者的理念基础。从影响来说，单位模式下的城市制度形成和发挥作用的过程是城市发展模式单位化的过程。

本章将从这些规定性的视角出发，就决定单位模式下中国城市运行的制度进行分析。具体内容为：首先明确城市制度的分析框架；然后从构成的角度分别从城市制度的知识体系和具体规则对城市制度进行解剖和介绍；接下来从总体性的角度分析城市制度的组织逻辑与形成过程；最后对单位模式下城市制度的特性进行总结和概括。

4.1　城市制度的分析框架

城市制度包括作为内核的知识体系和作为明确规定的具体安排两部分（图 4.1），后者是前者在实践中发挥作用的通道。而对于制度概念中的物质化和形象化部分则放在单位空间部分进行探讨。知识体系是城市制度形成的原动力，是制度的深层部分，包括知识基础、现实条件和发展目标与战略三部分。知识基础是指执政党在制定国家发展战略时已经具有的知识积累，既有对历史的继承，也有对新知识的吸收。现实条件则是在国家发展目标和发展战略形成时考虑的国内外状况，既有对国际政治经济关系格局的认知，更有对国内物质经济和社会条件的考量。发展目标与战略是整个制度体系的核心和目标，是制定正式制度和相应的非正式制度的最终指向，既包括总体性的目标，也包括具体的发展战略。

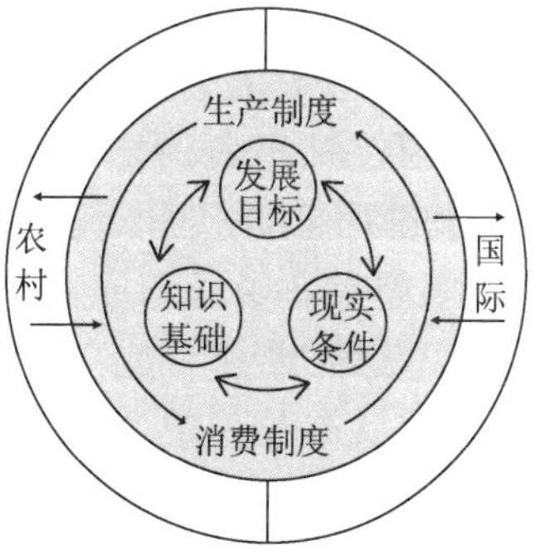

图 4.1　城市制度的分析框架

制度的具体安排指以法律法规和规章制度等形式确立的制度规范，具有明确的实施范围、生效时间等，基本等同于通常意义上的制度概念，最为我们所熟知，也是制度体系中容易把握的表层部分。进一步而言，制度的具体安排又可分为组织生产的生产制度和与居民消费有关的消费制度。两方面相互作用，共同构成了实现核心层发展目标的具体规则体系。生产制度包括财税制度、土地使用制度等，消费制度包括住房制度、工资制度等。当然，两方面并不是截然分开和严格对立的，而是紧密联系且相互渗透的。此外，在组织城市生产与消费的制度安排外层还包括确立农村与城市相互关系的制度安排和确立国内与国际互动关系的制度安排。

4.2 单位模式下城市制度的知识体系

4.2.1 知识基础：经典社会主义理论下的经验借鉴及历史传承

1）经典社会主义理论主导的价值观

中国共产党作为执政党，以马列主义作为其最重要的指导思想，并将其运用到中国具体的革命与建设实践中。马克思用生产力与生产关系的矛盾运动来解释人类社会的历史发展，在此基础上解释了资本主义国家经济危机发生的根本原因，进而指出共产主义的社会发展方向。其中，公有制和计划调节作为应对资本主义固有内在矛盾的解决方案被提出。这也成为了中国实行以公有制为基础的计划经济的重要理论来源，并以此为基础，形成了一系列具体的对待人与社会、国家生存和物质财富的价值判断。

在计划经济公有制的模式下有这样的道德价值预设，即：人与人之间的关系是同志式的、平等的、互助的关系；人们只有分工不同，没有高低贵贱之分，实行各尽所能和按劳分配；人们的目标是一致的，即尽可能地发展生产，满足人们对经济和文化发展的需要[283]。这种道德预设对国家干部来说，意味着要全心全意为人民服务、不脱离群众、不计较报酬和吃苦在前、享受在后等等；对工人来说，则是国家的主人翁、企业的主人，工人阶级是最先进的阶级；作为领导阶级，则意味着最有远见、最大公无私和最有牺牲精神。这种状况与传统文化观念叠加，逐渐形成了单位体制下个人牺牲和集体主义的价值观[284]。

理论方面的共产主义运动、阶级斗争等概念与新中国成立初期的国际环境相互作用，逐步形成了革命和战争的价值观。帝国主义、第三次世界大战、侵略、资产阶级、无产阶级、革命、剥削阶级等等词汇成为这种观念的具体表达。在物质与精神的关系方面存在轻物质而重精神的价值观[284]。这一方面与新中国成立时的物质匮乏有关，另一方面源于对主观能动性的过分夸大。受此影响，精神激励就变得很重要，一度有“精神万能”的观点；而物质激励则被视为资本主义、修正主义，并被严厉批评。这些价值观念为具体制度和政策的制定及“大跃进”和“文革”等都预留了空间。

2）苏联经验的示范效应

苏联20世纪30年代建设社会主义的成功经验，对战后出现的一系列社会主义国家产生了巨大的示范效应[285]，这也包括中国在内。早在新中国成立前夕，毛泽东同志就指出“我们必须学会自己不懂的东西”，“苏联共产党就是我们的最好的先生，我们必须向他们学习”①。中国对苏联的学习经历了一个波折反复的过程。虽然在学习中意识到了苏联经验的矛盾和弊端，指出不能照搬，诸如过渡时期的总路线、《论十大关系》等体现了执政党对中国现实的考虑，中央与地方和企业之间的关系也经历了收与放的多次调整等[286]；但苏联对中国的影响仍然很深刻，除公有制和计划经济的示范效应外，集中力量进行以重工业为主的工业化模式也影响深远。

3）传统文化及革命经验的继承

历史经验方面包括传统的文化思想和中国共产党的革命经验两个方面。前者主要涉及“家”“国”思想和集体主义等方面[287]。家国一体的思想和集体主义观念构成了计划经济时期全能主义政治的思想基础，同时也是单位对其成员全面照顾和对其“私”领域干预的重要基础。革命经验中，对成员的思想教育和生活物品的供给最为突出。思想教育最典型的表现是1941年延安的整风运动，对新中国成立后的整风运动和思想教育有重要影响。生活物品供给集中表现为供给制，这对新中国成立后单位社会职能的形成具有重要的先导意义[99]。

4.2.2 国内现实：“一穷二白”的发展基础判定

物质资源的总量和技术基础是实现国家发展目标的重要约束条件[97]。新中国成立之初，中国的经济发展程度很低，经济结构落后[5]。1949年人均国民收入只有66元，工业收入只占国民收入的12.6%，其中重工业只有26.4%的比重。而同期发达国家的工业增加值约占GDP总量的50%。对此，毛泽东在《论十大关系》中说：“我曾经说过，我们一为‘穷’二为‘白’。‘穷’就是没有多少工业，农业也不发达。‘白’就是一张白纸，文化水平、科学水平都不高。”这种物质资源不足和技术落后的状况是导致在工业化过程中通过控制消费增加积累的重要原因，并体现在城乡关系和对居民日常生活中物资消费的控制上。当然，必须承认这种物质资源的短缺是相对快速工业化的要求而言的，因而具有“相对性”，是工业模式和社会经济条件之间矛盾的结果[98-99]。在这种条件下，要实现快速工业化就必须尽可能集中资源，同时尽量压缩消费支出，增加积累，做到“先生产，后生活”。

与物质基础相对应的另一方面是中国巨大的人口基数。虽然可以为经济发展提供充沛的劳动力，但相对工业总量少和重工业有限的吸纳能力而言，人口多的优势转变为了就业困难。这对后期户籍制度的形成、就业制度安排及单位冗员的出现和居民流动性的降低等都具有重要影响[287]。

4.2.3 发展目标：以(重)工业化为核心的国家现代化

1950年代初，中国政府设想通过从1953年起大约15年的建设，基本实现工业化[288]。过渡时期总路线宣传提纲指出：“实现国家的社会主义工业化的中心环节是发展国家的重工业。”1960年代初，国家发展目标逐渐概括为包括工业、农业、国防和科学技术在内的四个现代化。另外，“一五计划”指出：“社会主义工业化是我们国家在过渡时期的中心任务，而社会主义工业化的中心环节，则是优先发展重工业。”②这样在基本建设投资方面，工业占58.2%，其中重工业占88.8%。而发展轻纺工业和为农业服务的中小型企业是为了满足对生活必需品和农业生产资料的需求。

工业化目标的第二个重要特征是对工业产品而非经济效益的强调。以"一五"计划的发展目标为例,部分主要工业品在全部建成后的年产能力为:铁 575 万吨、钢 610 万吨、电 406 万千瓦、原煤 9 310 万吨[③]。这种状况到后期更发展为"以钢为纲"和"以粮为纲",产品的产量成为了经济发展的最终目标。

工业化的第三个特征是"左"的心态、急于求成的心理和赶超式的做法。这一点不仅反映在过渡时期的总路线中,更突出地体现在"大跃进"和"文革"等经济社会的运动中。1957 年,毛泽东在莫斯科参加世界共产党和工人党代表会议时提出中国要在 15 年中赶上或超过英国。1958 年 5 月中共八大二次会议上则提出了"鼓足干劲、力争上游、多快好省地建设社会主义"的总路线。在同年 6 月 21 日《人民日报》发表的题为《力争高速度》的社论中说:"用最高的速度来发展我国的社会生产力。"在 9 月 2 日毛泽东给刘少奇的信中说:"为五年接近美国、七年超过美国这个目标而奋斗吧!"此后"人有多大胆,地有多大产"和"不怕做不到,就怕想不到"等文字时常出现在报纸上,完全忽视了生产发展的基本规律。这种心理直接影响了经济发展中积累和消费的关系以及单位生产和生活的管理。

4.3 单位模式下城市制度的具体规则

4.3.1 制度基础:公有制下行政权与财产权的合一

随着新民主主义革命的胜利和新中国的成立,中国共产党作为执政党自然掌握了国家的行政权力。这样,官僚机构在实施行政权力的过程中就具有了国家权威。更为重要的是,通过公有制的实施,国家机构掌握了财产权,进而形成了二者的合一。两种基本统治(基于行政权力的权威统治和基于财产垄断的交易性统治)为集中资源推动以现代化为目标的国家建设铺平了道路。对劳动者来说,"不劳动者不得食"这个旧的原则,被"不服从者不得食"这个新的原则所代替[④]。

国家政权获得财产权的渠道是公有制度的建立,这一过程集中表现为 1953 年到 1956 年的社会主义改造过程[⑤]。改造之后合作社经济和国营经济合计占国民收入的比重达到了 89.6%[⑥]。从职工人数来看,私营经济几乎被消灭,而国营经济成为绝对主体(表 4.1)。这一改造过程还可以从工业和商业在国民经济中的比重看出来。新中国刚刚成立时,资本主义工业是主体,占工业总产值的 55.8%。在经过社会主义改造以后,资本主义工业消失,只有社会主义工业和国家资本主义工业两种类型,且前者占比达到了 67.5%(图 4.2)。商业与此类似,在经过社会主义改造之后,私营商业的零售额从 85%降至 2.7%,几乎消失。而社会主义商业的零售额则从不足 15%上升至 65.7%(表 4.2)。通过社会主义改造过程,国家将整个社会的经济运行纳入到政府体系中,为其支配资源创造了条件。同时,这一过程也是已经存在的工业和商业企业向单位转变的过程,是整个发展模式单位化的一个重要组成部分。与此相应的另一方面是城市土地的国有化。1956 年 1 月中共中央书记处发布的《关于目前城市私有房产基本情况及进行社会主义改造的意见》中规定的"一切私人占有的城市空地、街基地等地产,经过适当办法,一律收归国家"是城市土地国有化的重要依据。

表 4.1　社会主义改造前后各类所有制企业中职工人数的变化(单位:万人)

年份	合计	国营	公私合营	合作社	私营
1949	800.4	485.4	10.5	8.8	295.7
1950	1 023.9	653.5	13.1	25.6	331.7
1951	1 281.5	833.9	16.7	45.8	385.1
1952	1 580.4	1 079.7	25.7	107.7	367.3
1953	1 825.6	1 302.9	28.0	127.8	366.9
1954	1 880.9	1 358.8	54.9	178.0	289.2
1955	1 907.6	1 440.2	89.9	158.6	218.9
1956	2 423.0	1 879.4	352.6	188.2	2.8
1957	2 450.6	1 921.9	345.7	180.5	2.5

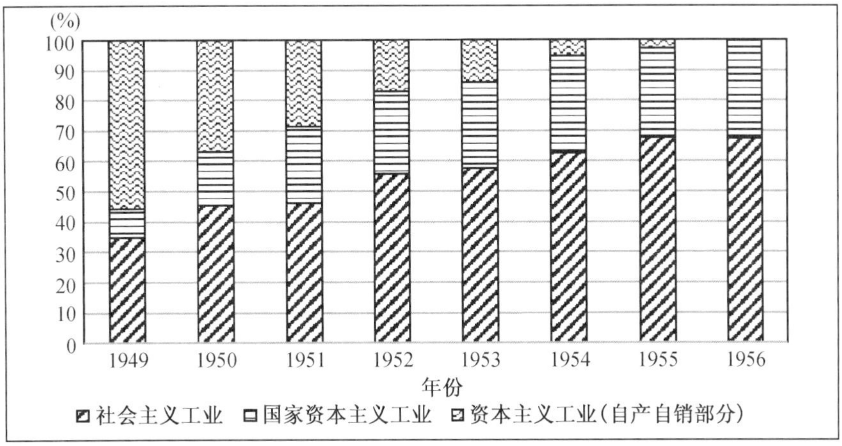

图 4.2　中国社会主义改造前后不同类型工业总产值的比重

注:不包括手工业。

到 1956 年经典社会主义的经济制度和体制模式开始建立起来,其具体特点包括[288]:①单一公有制的社会经济结构。②以计划为基本手段的资源配置体系。在此体系下,资金、物资和人力资源由国家掌握和调剂,企业按计划生产,货币和价格只是国家制定的、不能反映供求的"消极货币"和"消极价格"。③以中央政府为主的经济决策体系。国家对国民经济实行分级管理,但地方政府的权力很小。同时,大中型企业也由中央政府直接管理。④具有浓厚平均主义的国民收入分配体系。工资制度由国家统一规定,与企业盈利水平不发生关系。

依托行政权和财产权合一的计划经济公有制,在中国共产党的领导下,政府具备了按自身意图配置资源和推动现代化建设的条件。这一过程是政府演变为"全能主义"政府的过程[106],核心是将经济活动和社会组织嵌入自身的逻辑,进行支配。

表 4.2　社会主义改造前后不同类型商业商品零售额比重(单位:%)

年份	1950	1951	1952	1953	1954	1955	1956	1957
社会主义商业	14.9	24.4	42.6	49.7	69.0	67.6	68.3	65.7
国家资本主义及合作化商业	0.1	0.1	0.2	0.4	5.4	14.6	27.5	31.6
私营商业	85.0	75.5	57.2	49.9	25.6	17.8	4.2	2.7

4.3.2　农城关系:农村支持城市的户籍和统购统销制度

农村与城市的关系是由国家现代化发展的总体战略决定的,具体表现为对农村和城市之间人员、资金及物资流通的管理。在单位模式中,最重要的是控制人口流动的户籍制度和控制与调节城市居民消费的统购统销制度。户籍制度是指与户口登记和管理相联系的行为规则、组织体制和政治经济法律制度以及相关政策的总和[289]。户籍制度的形成与强化是随着一系列政策的陆续实施逐渐实现的(表 4.3),形成的标志是 1958 年颁布实施的《中华人民共和国户口登记条例》(下文简称《条例》)⑦。

户籍制度形成的直接原因是过多的农村人口转化为城市人口,超过了城市的吸纳能力。这种局面又与国家(重)工业化发展战略有直接关系,因为重工业是资本密集型产业,对就业人口的需求有限。新中国成立之初,城市本身就有很多失业人口,而工业化建设的资金却明显不足。在"人多钱少"的条件下,通过限制农村人口向城市人口转化的数量,既可以降低城市人口的消费和解决就业问题,又可以稳定农业劳动人口,提高农业生产力,进而为工业提供积累。

"人总是要吃饭的,问题是在农村吃还是在城市吃。我看在粮食和副食品并不宽裕的条件下,该在农村吃饭的,还是在农村吃好,因为在农村吃比在城市吃要省得多。城市并不缺乏劳动力,各行各业也并不缺人,因此要尽量不增加职工,更不要轻易从农村招收职工。"⑧

从本质来看,户籍制度的实施是全能主义政府配置社会资源的制度性需求的结果[290]。另外,国家对城市人口提供住房和社会保障的做法为户籍增加了福利色彩。户籍制度的实施对社会稳定、工业化发展起到了积极作用[291],但同时也限制了统一劳动力市场的形成,并构成了城乡二元结构形成的最重要因素。

粮食统购统销制度的实施源于 1953 年 10 月中共中央作出的《关于实行粮食计划收购和计划供应的决议》和 11 月政务院《关于实行粮食计划收购和计划供应的命令》,之后,范围扩展到油料、棉花和棉布等物资。粮食统购统销制度产生的直接原因是为了应对 1953 年的粮食危机[292]而提出的"在农村采取征收粮食的办法,在城镇采取配售粮食的办法"[293]。但这与社会主义理念和社会主义改造的历史背景也有密切联系。"我们经济的主体是国营经济,有两个翅膀,一翼是国家资本主义(对私人资本主义的改造),一翼是互助合作、粮食征购(对农民的改造。这一个翼如果没有计划收购粮食这一项,就不完全)"⑨,"计划收购是一种使社会主义全体农民不受人剥削都能得到利益的社会主义步骤"⑩。

粮食统销中一项重要的制度安排就是票证制度[294],其实施的重要依据是 1955 年 8 月国务院发布的《关于市镇粮食定量供应暂行办法》⑪。票证制度的确立经历了从凭证购粮、按户核实到定量到人的由简而繁、由宽而严的层层深化的过程,是统销的政策制度化、控制严密化、管理程式化的结果。

表 4.3 新中国户籍制度形成的相关规定和政策

时间	制度政策
1950 年 8 月	《特种人口管理暂行办法(草案)》
1950 年 11 月	《城市户口管理暂行决定》,后改为《城市户口管理暂行条例》
1953 年 4 月	《全国人口调查办法》
1953 年 10 月	《关于实行粮食计划收购与计划供应的决议》
1954 年 12 月	《关于共同配合建立户口登记制度的联合通知》
1955 年 6 月	《国务院关于建立经常性户口登记制度的指示》
1955 年 8 月	《农村粮食统购统销暂行办法》《市镇粮食定量供应暂行办法》
1955 年 11 月	《关于城乡划分标准的规定》
1956 年 12 月	《国务院关于防止农村人口盲目外流的指示》
1957 年 4 月	《关于解除预约工、临时工和粮食供应关系的联合通知》
1957 年 7 月	《关于各地执行劝止农民盲目流入城市和紧缩城市人口工作中发生的问题及解决意见的报告》
1958 年 1 月	《中华人民共和国户口登记条例》

粮食统购统销制度的实施除了应对粮食危机和稳定物价外,对单位模式来说有三方面重要的作用。首先是通过"剪刀差"为工业发展积累资金。虽然不同学者对剪刀差的计算方法和结果不同,新中国成立之初也有缩小剪刀差的意愿[295],但剪刀差确实存在。其次与户籍制度一起限制了农村人口向城市的流动,为"重"工业发展提供了便利。再者,统销的实施为调整和控制城市居民消费提供了工具,从而可以为工业化积累创造条件。

4.3.3 国际关系:从一边倒到中苏交恶

随着二战临近结束,美苏矛盾加剧并逐渐演化为两极对抗和两个阵营的国际格局[296]。这对中国的影响表现为美国对蒋介石的支持,进而推动了中国共产党向苏联一方的倾斜。而 1947 年 12 月 25 日,毛泽东在《目前的形势和我们的任务》中的讲话"全世界反帝国主义阵营的力量超过了帝国主义阵营的力量。优势是在我们方面,不是在敌人方面。以苏联为首的反帝国主义阵营,已经形成。"是对这种倾向的明确表述。1949 年 2 月,斯大林特使米高扬访问西柏坡,与中方进行了两国关系的沟通。同期,毛泽东先后提出"另起炉灶""打扫干净屋子再请客"的两条方针,并明确了"我们和苏联应该站在一条战线上,是盟友"。同年 6 月刘少奇访问苏联,在此期间毛泽东在《人民日报》上发表了《论人民民主专政》一文,公开宣布了"一边倒"的外交政策,并于 1950 年 2 月同苏联签订了《中苏友好同盟互助条约》。双方在确立外交政策的同时,还沟通了关于贷款和派遣专家对中国援助的细节[297],这就为后期苏联经验在企业管理、空间规划方面影响中国城市的单位模式埋下了伏笔。这一阶段还有美国主导的朝鲜战争和越南战争。冷战的国际环境让中国意识到加速进行工业化的必要性和紧迫性。

但到 1950 年代中期,"一边倒"的中苏关系演变为"中苏交恶"。中苏关系的矛盾要追溯到 1956 年苏共二十大,毛泽东不赞成赫鲁晓夫全盘否定斯大林的做法。毛泽东曾说:"中苏闹翻实际上是在 1958 年,他们要在军事上控制中国,我们不干。"⑫ 相关矛盾包括长波电台和联合舰队事件等。1960 年 7 月 16 日,苏联突然照会中国政府,单方面撕毁了 345 个专家合同和合同补充书,并撤走在华全部专家。后期中国公开喊出"打倒苏修"的口号,1969 年又发生了珍宝岛武装冲突。中苏关系的变化也导致了中国国际关系的重大调整,并逐渐走向封闭。国际关系的变化还导致了 1960 年代初在工业化进程中的"三线建设"。由此,单位在全国的布局出现了比较大的调整,中西部地区出现了较大规模的建设。

4.3.4 生产制度:集中资源、统筹工业建设的制度安排

1) 为工业化筹集资金、集中管理使用的财务制度

这里要介绍的财务制度主要是 1956 年社会主义公有制建成以后,单位模式下进行工业化建设的财务制度的总体状况和特征。其实,从 1949 年到 1956 年的财政经历了打击投机资本和稳定物价、调整工商业和改革农村土地关系、抗美援朝中"边抗、边稳、边建"等过程才实现了从战时到和平、从农村到城市和从供给财政到建设财政的转变[298]。另外后期还经历了"大跃进"时期的提高积累率和下放管理权限、1961 年代初的调整和权力回收、1965 年再次扩大地方财权和后期的"十年动乱"等阶段。

新中国成立之初明确了积累国家工业化建设资金的方针为:"自力更生为主,争取外援为辅。"实践中,以"一五"建设为例,国外借款仅为 51.62 亿元,只占财政收入的 2.7%。从 1949—1985 年的 36 年中,全民所有制固定资产投资总计 14 500 亿元,利用外资和其他投资只有 487 亿元,而绝大多数来源于国家财政预算分配和部门、地方及企业自筹。为了集中配置资源,新中国成立后逐步建立了以中国人民银行⑬为中心的金融体系。在对外贸易方面,通过 1950 年 12 月政务院颁布的《对外贸易管理暂行条例》和对私营企业的社会主义改造实现了国家对外贸的统一管理。这为计划性地配置资源奠定了基础,而向工业化倾斜和统一管理的财政制度更具体表现在积累与消费、中央与地方、政府与企业和农业与工业等多个方面。

从积累与消费的关系和基本建设投资的方向来看,单位模式下的财政安排是以工业化建设为中心展开的。从积累和消费的关系看,总体保持了较高的积累率。从"一五"时期到"六五"时期的积累率分别为 24.2%、30.8%、26.3%、33.0%、33.2%和 30.8%,其中最高的 1959 年高达 43.8%。从基本建设投资的情况来看,生产性建设投资占了绝大部分,大部分年份都在 80%以上;而非生产性投资比例很低,其中住宅建设基本在 10%以下,多数年份都低于 6%(图 4.3)。

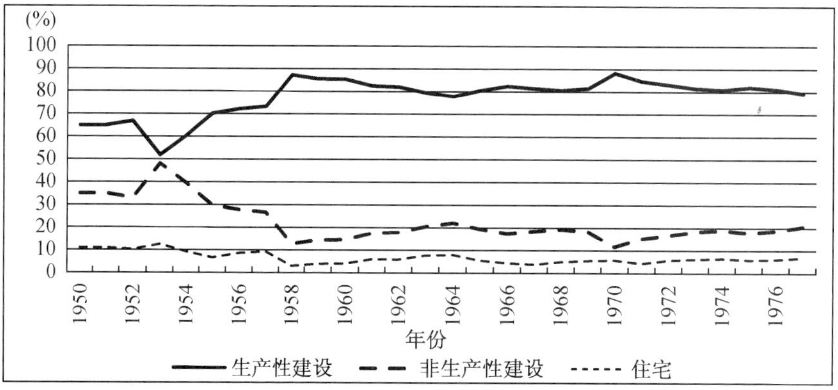

图 4.3 单位模式下基本建设的投资结构

从中央与地方的关系来看，中国财政制度经历了从统收统支到统一领导、分级管理的财政体制两个阶段[299]。在统收统支的模式下，地方政府负责组织收入并全部上缴中央国库，地方政府一切开支均需中央统一审核，逐级拨付。因此，地方政府只是作为中央政府的派出机构，没有相应的事权和财权。在1953—1978年间的统一领导、分级管理的模式旨在给予地方政府一定的自主权，从而激发地方的积极性；但其实地方政府的权力很小，并不构成一级独立的预算主体，同时积极性也不够⑭。

对企业收入分配体制来说，经历了一系列的演变。1952—1957年建立企业奖励基金⑮和超计划利润分成制度⑯，1958—1961年实行利润留成制度⑰，1962—1968年取消利润留成制度，恢复企业奖励基金制度，在1969—1977年取消企业奖励基金制度，并入职工福利基金⑱。总体而言，虽然经历了数次调整，企业的独立性依旧很弱，不足以激发相应的积极性。企业只是国家实施工业化和现代化的生产车间，而非独立决策经营的主体。

另外，从农业与工业的关系来看，除前述提到的剪刀差外，还有税收和储蓄两种方式[300]为城市工业的发展提供支持。这也是毛泽东"大仁政"⑲观点的体现。1985年以前农业税稳定在30亿元左右，另外加上农业附加税（国家规定不超过正税的15%），估计1952—1990年农业以税收方式为工业化提供资金的数量约为1 527.8亿元。

2）统一调配劳动力的就业制度

新中国成立之初，在严峻的经济形势之下，存在大量的失业人员。政府主要采取了"以工代赈为主，以生产自救、转业训练、还乡生产、发给救济金为辅"的救济原则[301]。而对于国民党政府的军政、公教人员实行"包下来"的办法，这构成了计划经济时期统包统配就业制度的雏形。后来，"包下来"的范围进一步扩大到大中专院校毕业生和军队转业干部及复员军人，并最终形成"固定工⑳"制度[302]。

1955年《关于第二次全国劳动局长会议的报告》中提出了统一管理、分工负责的方针，规定企业用工必须经过劳动部门进行。而1957年《国务院关于劳动力调剂工作中的几个问题的通知》要求："各单位对于多余的正式职工和学员、学徒，应该积极设法安置，如果没有做好安置工作，不得裁减。"由于中国城市长期存在的就业压力，单位往往被迫接受多于实际需求的人员，造成单位冗员和隐性失业现象。结果是中国城市职工的流动性很低[303]，长期甚至终生在一个单位。另外，在后期为应对就业压力，单位内部还出现了职工提前退休和子女"顶替"（接班）的做法[304]。而"上山下乡"运动则是对此问题规模更大、范围更广的应对㉑。

在单位内部，则通过人事档案对成员进行管理。人事档案是国家机构、社会组织在人事活动中形成的，并经组织审查或认可的，记述和反映人员经历、德才水平和工作表现的以个人为单位集中保存的文字、表格及其他各种形式的，经组织认可归档保存的个人材料[305]。现代中国人事档案是在人事管理活动中产生和形成的，主要由人事、组织、劳资等部门在培养、教育、考核、选拔和使用员工的工作活动中产生和形成的。人事档案包括干部档案、工人档案和学生档案等类型，具有权威性、动态性和机密性等特点㉒。

虽然统包统配的就业制度和人事档案对解决就业问题、促进社会稳定有积极作用，但对单位模式的形成来说，有更重要的意义。对生产来说，国家可以按工业化发展的需求，安排和组织劳动力。对居民生活来说，长期在同一单位内的工作和生活促使职工形成了强烈的单位情结和归属感。

3）政府划拨、无偿使用的土地使用制度

虽然直到 1982 年城市土地国有的规定才进入《宪法》，但“历来对城市土地是按国有对待，农村土地是集体所有㉓”。早在 1954 年 2 月 24 日政务院发布《关于对国营企业、机关、部队、学校等占用市郊土地征收土地使用费或租金问题的批复》和 3 月 8 日内务部《答复关于国营企业、公私合营企业及私营企业等征用私有土地及使用国有土地缴纳契税或租金的几个问题》中就分别作出了关于使用国有土地无需缴纳租金和无偿划拨的规定[306]。在这种情况下，城市土地的使用具有了无偿、无限期和无流动的特点。

土地国有化和无偿使用的制度降低了企业的生产成本。对单位而言则产生了多占地的冲动。建设单位存在着“宁大毋小，越多越好”的本位思想㉔。另外，由于单位土地无限期和无流动的特点，加之单位有各自的行政隶属关系，造成了城市空间调整的困难。

4）政府计划、命令下的企业组织管理制度

计划经济体制下，国家按照“统一领导，分级管理”的原则，对国营企业进行管理，到 1956 年底，基本形成了中央（各主管部门）和地方（各省、自治区、直辖市）分级管理的体制，对国有企业形成了中央管、中央和地方共管以中央为主、中央和地方共管以地方为主和地方管四种类型[307]。1957 年，中央政府各部门直接管理的工业企业数达到 9 300 多个，约占国营企业总数的 16%，工业总产值接近全部国营企业总产值的一半[308]。

在企业管理和中央与地方关系上，虽然在“大跃进”和“文革”时期都有放权，但地方和企业都未获得实质性权力[309]，如 1958 年，中央直接管理的企业只有 1 075 个，比前一年减少 88.4%，1976 年，中央直属企业只有 1 674 个。但地方政府在税收和财富的分配方面都没有自主权。即便在“大跃进”期间，中央仍然控制着下放企业利润的 80%[286]，而下放给企业的权力很多被地方政府截流，企业也没有实质性的自主权。

计划经济更直接的表现是国家通过计划对国营企业进行事无巨细的直接指令性行政管理和控制。其中指令性生产指标有 12 项，包括总产值、主要产品产量、新种类产品试制、重要的技术经济定额、成本降低率、成本降低额、职工总数、年底工人到达数、工资总额、平均工资、劳动生产率和利润[310]。到 1956 年，国家计委统一管理、直接下达的指令性计划产品达 380 种，其总产值占全部工业总产值的 60%左右。计划范围之广、内容之细在今天看来令人难以置信——可以小到发卡厂和油饼店，因为弹簧钢是国家战略物资，而油和面是重要的生活物资[308]。政府计划、命令式的管理为企业执行政府意图创造了直接的便利，从而被纳入到中国现代化发展的整体意图中。

另外，国家还通过编制确定党政机关系统、军队以及企事业单位的组织机构及其人员数量的定额和职务配置[111]。计划经济时期，中国有行政编制、事业编制和企业编制三种类型。单位的隶属关系很大程度上决定了该单位的等级。级别越高，其在单位序列中的地位越高，获得更多资源的可能性越大，单位实力也就越强。从影响来说，单位之间的差别一方面造成了单位之间的割裂，另一方面促进了单位成员认同感的加强。

4.3.5 消费制度：轻物质、重精神的劳动力再生产制度安排

1）低水平、平均化的工资制度

单位模式下的工资制度是在旧中国工资制度基础上调整、改革逐渐形成的，大体经历了新中国成立前后的工资调整、第一次工资改革、第二次工资改革、曲折反复以及严重破坏等发展阶段[311]。1949 年 1 月，中共中央发出的《关于新解放城市职工薪资问题的指示》指出，凡留任原职的职工和公教人员，暂时一律照旧支薪，操作过程中原薪折成实物进行发放。1950 年召开的全国工资准备会议决定"工资分㉕"作为全国统一的工资计算单位。1951—1953 年，各大行政区先后进行了第一次工资改革，建立了企业工人工资等级制度，其中一项内容为确定工人实行八级工资制。

1955 年 6 月，国务院发布了《关于自今年七月起全部实行工资制待遇问题的通知》，自此结束了供给制的历史使命。1956 年 7 月发布了《关于工资改革的决定》等文件，第二次工资改革开始。其中一项重要内容是取消"工资分"和物价津贴制度，全部实行直接用货币规定工资标准，采用八级工资制度（表 4.4）。国家通过第二次工资改革，在全国范围内统一了职工工资标准，形成了计划经济时期工资的基本模式。到 1965 年，国家依据《关于改革现行职工工资标准的初步方案及进行试点的建议》，开始了被称作"一条龙"方案的工资改革，主要内容是进一步统一全国各行业的工资标准㉖。

表 4.4 1956 年沈阳市部分产业工人工资标准表（单位：元）

产业类别	工资等级							
	一	二	三	四	五	六	七	八
煤矿、金属矿（露天）	34	40.05	47.19	55.59	65.48	77.15	90.88	107.1
钢铁冶炼（中央属企业）	34	39.8	46.5	54.5	63.7	74.6	93.6	110.4
石油（采油）	34	39.88	46.78	54.88	64.36	75.48	84.7	99
电力	34	40.05	47.19	55.59	65.48	77.15	90.88	107.1
机械制造及修理（中央属）	33.5	39.6	46.7	55.2	65.2	76.9	90.9	107.2
重化工（中央属）	33.5	39.2	45.86	53.67	62.78	73.47	82.1	96

全国统一标准的工资制度的确立为国家调控居民消费奠定了基础，从而也为国家调整积累与消费、生产与生活的关系创造了条件。在以快速工业化为目标的总体格局下，"先生产、后生活"的总体原则得以形成，并进一步形成了以低水平为特征的工资制度安排，如在 1950 年召开的全国工资准备会议就确定了"照顾国家财政经济能力，不能过多增加国家负担"的改革原则[311]。"一五"计划的报告中则强调："应该首先用必要的财力来保证国家的建设，……没有今天的刻苦建设，就不可能有将来更加幸福的生活。那种认为可以不经过刻苦的建设而希望一下子把人民生活提得很高的想法和做法，是纯粹的幻想，是错误的。"此外，工资制度中的平均主义与社会主义平等的意识

形态有关。

2）集中管控、投入不足的住房制度

在单位模式下，住房不是作为商品，而是作为一种基本的福利纳入“再分配”系统中的[242]，但由于住房的特殊性及重要性，在此单独说明。在住房存量方面，新中国成立之初允许多种形式的房产交易，政府只收取契税，这在 1950 年 4 月 3 日政务院公布的《契税暂行条例》中被明确。但随着社会主义改造的推进，1956 年 1 月中共中央书记处发布了《关于目前城市私有房产基本情况及社会主义改造的意见》。据此，国家通过付给房主租金对私房进行改造。1960 年代初还发布了《关于加速城市私人出租房屋社会主义改造工作的联合通知》等文件，继续对私房进行改造。而在公有住房管理方面，早在 1948 年 12 月 20 日，中共中央就颁发了《关于城市中公共房产问题的决定》，设立了城市公共房产管理委员会，下设公房管理处，统一管理分配城市中一切公有住房。这种直管公房大部分来源于没收的私有房产，是对住房存量的管理和配置。

在增量方面，主要依托单位展开建设和分配，并直接导致了单位办社会的形成。这部分住房称为自管公房。1956 年 5 月 8 日，国务院颁布了《关于加强新工业区和新工业城市建设工作几个问题的决定》，强调“在新建的工业城市和工人镇选择工业企业厂址的时候，应该同时确定住宅区的位置，及早进行规划”。在新区建设中，规定新建厂区及生活区内和区外专用的基础设施、道路房屋建设由项目主管部门负责，此外的公共使用的基础设施、道路与服务由地方政府投资建设[312]。1978 年前，90%的住房由政府直接投资，到 1978 年 74.8%的城市住房是公有住房，由市政当局或单位来管理[313]。在 1970 年代初，企业集体福利基金成为职工住宅的重要来源，并且逐渐取代了国家投资的主体地位，强化了单位的独立性和单位社会及福利共同体的形成。

单位模式下住房的投资属于非生产性基本建设投资，整体比重偏低。从过程来说，“一五”时期保持在 10%左右，但到 1958 年“大跃进”时期，一下子降低到 3%左右。调整巩固时期比重有所提高，但实际投资额低于“一五”时期。“文革”时期在“先治坡，后治窝”的口号下，住房投资额的比重维持在 5%左右。以上海市为例，从 1950 年代末至 1970 年代以前，人均住房面积不超过 4 m^2，基本没有变化（图 4.4）。总体而言，改革开放前的 30 年人均住房投资不足 300 元，年人均住房投资不足 10 元。人均住房面积从 1949 年的 4.5 m^2 降至 3.6 m^2[314]。

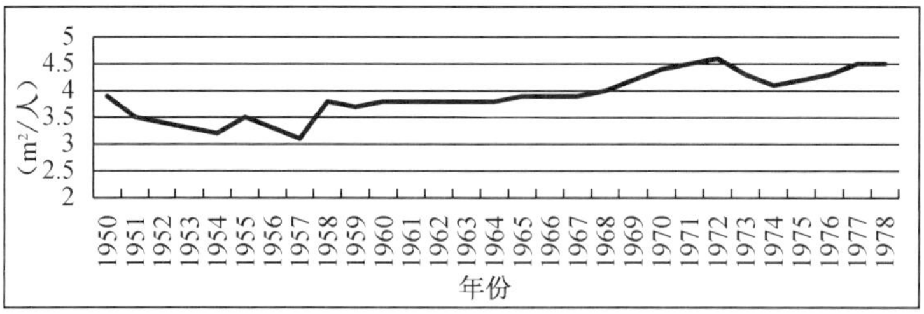

图 4.4　单位模式下上海市区人均住房面积变化

另一方面，虽然新中国成立之初制定了“以租养房”的政策，但实践中的低房租导致住房存量的维护陷入困境。1955 年供给制改为薪金制后，机关干部住房每平方米的租金只有 0.12 元。尽管在 1957 年八届三中全会上，周恩来指出：“必须适当提高职工住房的收费标准……房租一般每平方米每月 0.25 元”，但随着“大跃进”的开始，降租之风开始蔓延，一直持续到 1979 年国家城建总局发出《关于重申制止降低公有住宅租金标准的通知》[315]。

通过对存量住房的社会主义改造和增量住房的国家控制，政府基本掌握了城市居民在住房方面的消费水平和消费模式，并在此基础上形成了居民对单位进而对国家的依赖。国家对住房消费的控制与对工资的控制一样调节了经济发展中积累与消费的关系，为工业化发展创造了条件。

3）全面、基础性的单位福利制度

1949 年的《中国人民政治协商会议共同纲领》为社会福利体制的建立提供了框架[316]。1951 年政务院公布的《中华人民共和国劳动保险条例》和 1953 年劳动部公布的《劳动保险条例实施细则修正草案》成为 1978 年之前企业实施社会保险制度的重要法律依据，涵盖养老、医疗、工伤、生育和遗嘱等项目。而机关事业单位的退休养老制度始于 1955 年国务院发布的《国家机关工作人员退休处理暂行办法》，并与企业职工的退休制度长期并行。其中公费医疗始于 1952 年政务院发布的《关于全国各级人民政府、党派、团体及所属事业单位的国家工作人员实行公费医疗预防的指示》。此外，还有 1950 年的《中华人民共和国工会法》、1955 年的《关于女工作人员生产假期规定的通知》、1956 年的《职工生活困难补助办法》等一系列有关福利的政策制度。

支出方面，1953 年政务院财经委员会规定国营企业按工资总额的 2.5％提取工会经费、福利补助金和奖励基金，1954 年合并为福利费。在这种模式下，职工福利表现出按比例缴纳、社会统筹的特点。但 1969 年 2 月财政部发出的《关于国营企业财务工作中几项制度的改革意见（草案）》规定将具有社会统筹性质的劳动保险变为企业自身负责的单位保险㉗。职工福利金则根据同年 11 月财政部下发的《关于做好 1969 年决算编审工作的通知》，将奖励基金、福利费和医药卫生费合并为职工集体福利基金，一律提取工资总额的 11％。同时，在计件工资制和奖励制度被批判后，为了保证工人收入不降低，将原来的企业综合奖改为附加工资，平均发给职工，结果使得平均主义更加盛行。调整之后，单位作为福利共同体逐渐形成[99]。

单位体制下的福利涵盖面非常广泛。华尔德在对天津市单位组织提供的福利状况的研究中曾经列举了 20 项单位向职工提供的福利项目，包括：食堂、浴室、卫生室、互助会、阅览室、哺乳室、照料子女、文化室、休假旅游、买自行车、家庭援助、小百货店、购买食品、托儿所、运动队、运动场、理发室、购买住房用品、免费公共汽车和购买电影等；并且发现随着单位规模等级的提高所拥有的福利设施种类逐渐增多[303]。根据单位福利的功能，可以将其分为四种类型，即：生活福利设施，如食堂和浴室；医疗类设施，如卫生室和医院；文化体育类设施，如文化室和幼儿园；福利补贴，如带薪探亲、冬季取暖补助、上下班交通补助和生活困难补助。

总体而言，单位福利制度具有以下特点：①以非商品的形式和平均主义的方式向个人及家庭提供；②单位福利制度的实施是各单位在国家的统一要求下分别展开，具有一定的自主性，单位之间差别较大[303]；③单位福利建立在单位职工与单位之间的依附关系之上，只有本单位的职工才能享受本单位的福利，脱离单位后，相应的福利也随之消失；④单位福利在单位之间相互分离，因而不管单位规模如何，往往具有“大而全”“小而全”的特征；⑤单位模式下的福利基本停留在基础性的层次上，大都为生活所需，较少涉及高档的、享受型的福利供给。

4）注重精神导向的文化宣传制度

文化宣传包括了媒体、书籍出版、艺术表演等多个方面。相关主体在新中国成立后与工农业生产的主体一样经历了公有化的过程。这一过程既受到了前苏联经验的影响，也是对中国共产党革命时期文化宣传工作的继承[317]。中宣部是文化宣传工作的最高领导部门，相关机构还有文化部、新闻总署、出版总署以及政务院文化教育委员会等。

1949 年政务院发布的《关于调整省、市人民政府文化行政机构的决定》明确了文化行政机构的职责，并将其列入政府机构序列。1950 年 10 月政务院发布的《关于改进和发展全国出版事业的指示》明确了出版总署是负责指导和管理全国出版事业的总机关。1952 年和 1954 年文化部分别发出了《关于整顿和加强全国剧团工作的指示》和《关于加强对民间职业剧团的领导和管理的指示》，旨在加强对剧团的管理，并推动实现社会主义公有制的改造。1954 年政务院批准了《关于 1953 年出版工作和 1954 年方针任务的报告》，规定当年的方针任务是整顿、巩固和有重点地发展国营和地方国营出版业、印刷业、发行业，加强对私营出版业、印刷业、发行业的适合主义改造。在电影领域，中央电影事业管理局为最高领导机构，并成立了中华全国电影艺术工作者协会。

文化宣传领域公有制的实现使其成为服务于计划经济发展的一个组成部分，而党的领导是实现其任务的重要保障。在 1948 年毛泽东针对宣传中的问题就指出："中央局（分局）及区党委（省委）对于自己的报纸，必须每天出版之前，由一个完全懂得党的正确政策的同志，将打样看一遍，改正错误的观点，然后出版。各地领导同志，必须以严肃科学的态度对待宣传工作。"㉘

文化宣传的原则及方法则是其为国家工业化发展目标服务的具体化。其中最重要的可以说是党性原则，即把握正确的舆论导向，服从并服务于党的中心工作[318]。毛泽东早在 1929 年的《中国共产党红军第四军第九次代表大会决议案》中就指出："红军的宣传工作是红军第一个重大工作。若忽视了这个工作，就是放弃了红军的主要任务……"㉙这就是要"要把报纸拿在自己手里，作为组织一切工作的一个武器，反映政治、军事、经济并且又指导政治、军事、经济的一个武器，组织群众和教育群众的一个武器"㉚。在宣传工作中，用马列主义理论武装全党和全体人民是根本任务，从形式来说不仅要有党内宣传，还要有通俗宣传[319]。另外，文化宣传要走群众路线，要用群众喜闻乐见的形式[318]。关于宣传工作的基本内容，刘少奇在 1951 年召开的第一次全国宣传工作会议上归纳为两个方面：一是马列主义基本理论的宣传教育，二是党的中心工作和时事政策的宣传[320]。在这样的体制与内容约束下，文化宣传不仅纳入了中国共产党领导的政府体系中，而且成为了服务于中国共产党领导的、推动社会主义现代化的一个有力工具，在实践效果上还应对了物质激励不足的问题。

5）单位办社会的总体消费模式

通过上述分析可以看到，单位模式下的职工通过所在单位获得与其生活相关的几乎所有资源，从有形的住房和多样的生活、教育及娱乐设施到无形的福利、补贴以及保险。对职工来说，单位对其负有生老病死的无限义务，并基于此形成了以单位为基础的福利共同体[108]。另一方面，计划经济、生产性城市及工业化积累压抑了城市服务业的发展，反过来推动了单位福利的形成，从而形成一种内部循环。当然，从实质上来说，单位办社会是国家办社会，因为单位福利的实际出资人是国家，福利的类型及标准的制定同样来自国家。同时，企业的盈亏与福利几乎无关，亏损企业可以通过拨款来实现单位福利。

单位办社会的情况还可以通过组织机构显示出来。以昆明卷烟厂为例，该企业共设科室部门数十个(图 4.5)，不仅有组织单位生产的党政办公室和直接为生产一线服务的动力科、质检科等部门，还有为职工提供生活服务的学校、医院生活服务公司、职工医院以及为离退休职工提供服务的离退休管理委员会等部门。我们可以看出，昆明卷烟厂的机构设置涵盖了生产、生活、人事、教育、医疗、宣传、保卫等方方面面，是单位办社会的典型例子。

在单位模式下，单位成员不仅从所在单位获得工资收入，还使用着单位提供的住房及其他各类型的生活设施；不仅接受所在单位对日常生活的管理和服务，还参与并消费着单位组织和提供的多种多样的文化活动和内容。可以说，单位将职工社会生活的方方面面囊括其中，形成了完整的单位办社会模式。这样的组织模式进一步奠定了以单位为基础的社会空间组织及相应的居民心理感受。

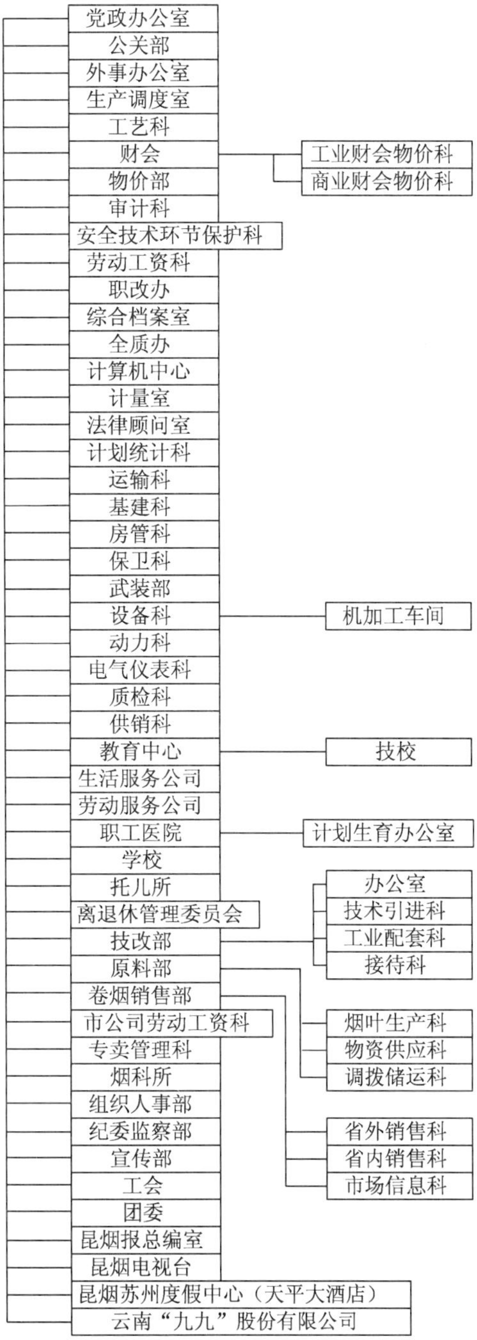

图 4.5　昆明卷烟厂 1990 年代的机构设置

4.4　单位模式下城市制度的组织逻辑与形成过程

4.4.1　制度的组织逻辑：计划经济下工业化赶超战略的组织模式

整体而言，单位模式下的城市制度是计划经济时期工业化赶超战略得以实施的组织框架。从形态来说，其核心层是以传统的社会主义计划经济为核心的知识基础、以薄弱基础和苏联模式为最基本的发展条件判断和以重工业化为国家发展目标组成的知识体系。围绕核心层，在城市中构建了以高积累、低消费为特征的生产和消费制度（图 4.6）。工业化发展中“先生产后生活”的基本原则进一步推动了控制性消费模式的形成。在农村与城市之间，形成了前者对后者的支持，包括资金和粮油及某些工业原料等。国际上，一方面是冷战的国际背景，构成了中国工业发展的压力；另一方面在“大跃进”之前，苏联模式对中国的工业化构成了示范。因此，就形成了以重工业化为目标的一系列制度安排。

图 4.6　单位模式下的城市制度

将单位模式下的城市制度的形态打开，查看每项具体制度在其中的作用及相互关系，可以看出单位模式下城市制度的组织逻辑（图 4.7）。国家现代化和快速工业化发展目标的形成是经典社会主义理论、苏联经验、传统历史文化和共产党革命经验等组成的知识基础与冷战的国际背景、薄弱的工业基础和人口众多的现实所构成的现实条件相互作用的结果。

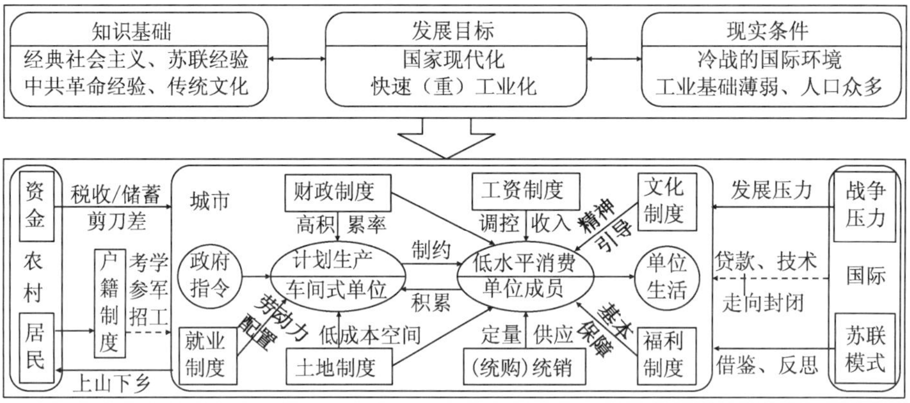

图 4.7　单位模式下城市制度的组织逻辑

为实现（重）工业快速发展，需要提高积累率，并且以计划的形式安排资金、劳动力和其他生产资料。在城市内部，通过财政制度实现了高积累率，为工业发展提供资金保障。而就业制度和档案制度不仅为工业发展提供劳动力，还奠定了日常管理的基础。土地国有化和无偿划拨制度则为工业发展提供低成本的空间。消费方面通过一系列的控制手段实现了低消费，以节约支出。具体措施包括通过工资制度对职工收入的调控、通过（统购）统销实现对粮食等的调控。与此同时，住房也成为控制消费的手段之一。而全面的福利构成了职工低收入的生活保障，也是社会稳定的重要基础。同时，在消费方面还有意识地加强了文化消费的精神引导，以适应工业化发展对劳动力的需求。政府对单位生产的计划指令不仅有生产指标还涉及人事安排等重要内容。因此，单位只是政府推动工业化的车间。（重）工业化模式下的低消费模式主导了单位成员的生活消费，并形成了职工对所在单位的全面依赖以及单位特有的生活模式。

为了在全国范围内进一步提高积累，促进工业化的发展，在农村与城市之间形成了通过税收、储蓄及剪刀差为工业发展提供资金支持的制度安排。同时，由于中国人口众多，为了控制城市消费人口的数量，户籍制度被确立起来，乡城之间的人口流动被严格限制，表现为一种没有城镇化的工业化状态。国际上除冷战带来的发展压力和对苏联模式的借鉴与反思之外，在“一五”时期还从苏联那里得到了贷款和技术方面的援助；但后期随着国际关系的变化，国际经贸关系走向封闭。

4.4.2 制度的形成过程：非设计性的制度快速演变

前述部分从系统的角度揭示了单位模式下城市制度运行的逻辑，但须明确的是，其形成并非是一个系统设计的结果[287]，而是随着相关制度的确立和作用的发挥而逐步形成的。同时，许多制度的初始设计并不是针对想象的单位模式而形成的，如户籍制度的形成与城市就业压力、社会稳定和流动人口的控制有关，而粮食统购统销与粮食危机直接相关。

从过程来讲，单位模式下的城市制度经历了新民主主义革命、新中国的工业化建设开端及后期的“大跃进”和“文革”等一系列历史阶段。这些阶段的背后蕴含了鲜明的意识形态性，已有研究多关注这一系列过程的不同阶段，这里将其连接，并与前述具体制度的探讨结合，来分析单位模式下城市制度的形成与调整过程。

根据不同具体制度的确立过程和城市发展的阶段，并结合国际环境的变化，对单位模式下城市制度的形成过程进行阶段性划分，包括孕育阶段(1921—1949)、准备阶段(1949—1953)、形成阶段(1953—1958)、调整阶段(1958—1966)和成熟阶段(1966—1978)(图 4.8)。虽然与单位相关的思想可以追溯到中国的传统文化及欧洲的乌托邦实践[92]，但国内最直接的实践可以从 1921 年中国共产党的成立时算起。从这一时间开始，制度的孕育阶段一直延续到 1949 年。这一阶段集中了中国共产党的成立、对经典社会主义理论的学习以及革命实践，并受到苏联经验的影响。其中 1948 年东北的解放及开始的城市管理和建设实践，对其他地区单位模式下城市制度的形成具有借鉴意义[96]。同时，1948 年也是中国人民银行成立的年份，对于同一财政管理具有重要意义。

1949—1953 年是单位模式下城市制度的准备阶段。总体而言，该阶段是国内城市经济及社会稳定和恢复的时期。对制度的形成来说，新中国的成立、工作重心向城市的转移和向苏联学习等都具有重要的意义，标志着权力部门主动按自己的意愿进行现代化建设的开始。朝鲜战争等国际环境的变化则加速了(重)工业化发展的心态。此外，劳动保险、工资改革等都具有基础作用。

1953—1958 年是单位模式下城市制度的形成阶段，也是城市发展模式向单位模式转变的最重要时期。在这一阶段，不仅社会主义公有制确立下来，“一五”计划期间在苏联的帮助下开展了大规模的工业化建设，启动了新中国的工业化进程。而且，统购统销、土地无偿使用制度、公有住房的原则、统包统配的就业制度以及户籍制度都逐步确立。正是在这些制度快速形成的基础上，形成了单位模式下城市制度的框架结构。

1958—1966 年是制度的调整阶段。在这一时期，国际方面中苏关系破裂和越战升级，不仅进一步加强了快速工业化，尤其是国防工业的心态，还导致“三线建设”之下从全国层面改变了单位的布局。对国内来说，经历了“大跃进”、调整以及“反右”的扩大，并为“文革”做了铺垫。同时，中央集权的政府管理经历了权力下放和回收的调整，体制更加政治化。

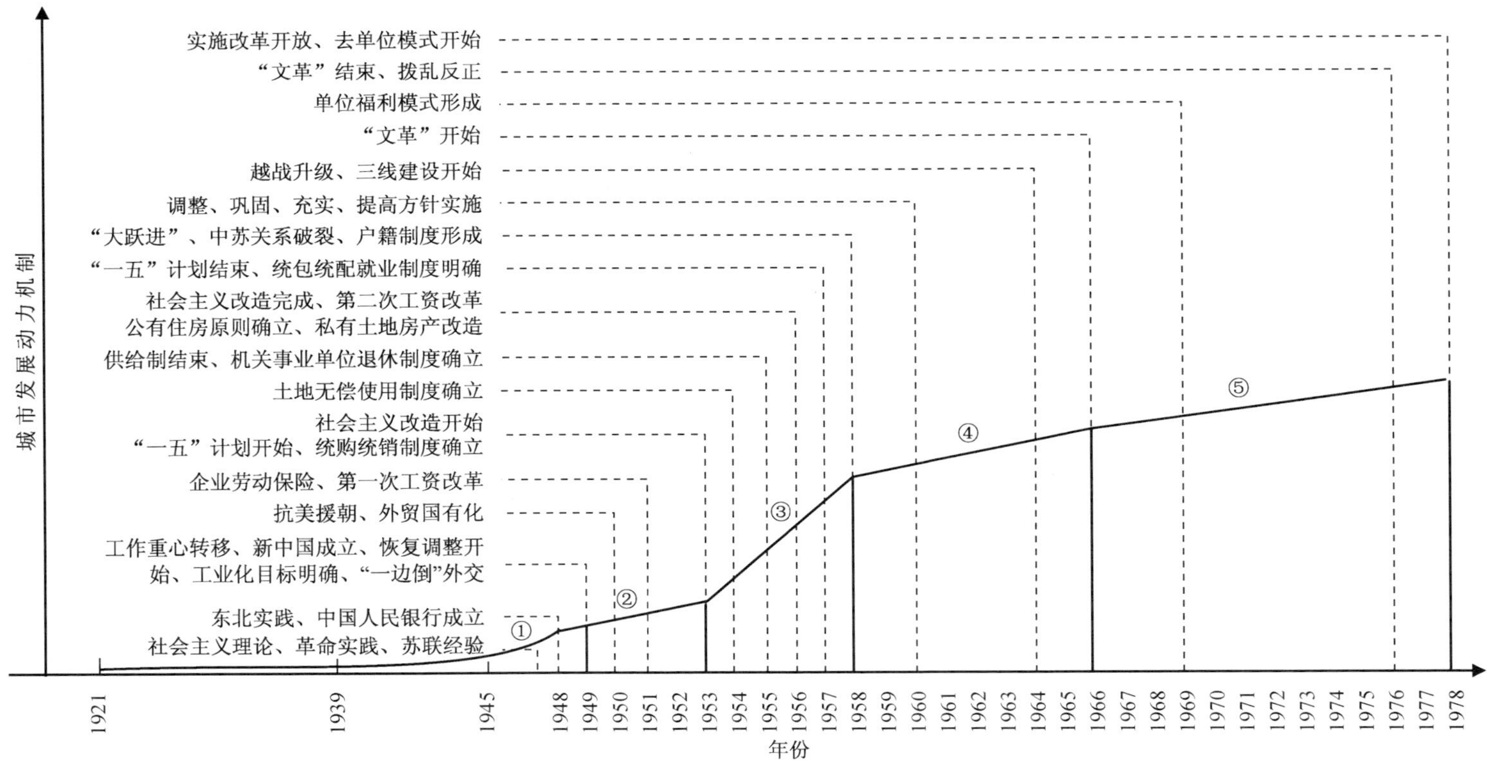

图 4.8　单位模式下中国城市制度的形成与调整过程

注:①—⑤分别为孕育阶段、准备阶段、形成阶段、调整阶段和成熟阶段。图中曲线代表单位模式下城市制度形成及发展成熟的过程。

1966—1978 年是制度的成熟阶段。“文革”时期对官僚体系的破坏使得单位更加独立[99]，而奖金和福利制度的调整使得收入更加平均，单位福利共同体也逐步形成。同时，集中的权力再次下放。另外，“文革”严重的“左”倾和以“阶级斗争”为纲的模式让整个经济社会陷入混乱。1976 年“文革”结束后，进入拨乱反正阶段，重新强调以现代化为中心任务。同时，为了调整混乱的局面，对下放的权力再次集中。而单位模式革命性的变革始于 1978 年开启的以市场化为导向的改革和开放。

4.5 单位模式下城市制度的特性

1）强制性

强制性是单位模式下的城市制度最鲜明的特征，最核心的表现是经济和社会嵌入[82]政府，即政治对经济和社会的强制，并由此表现出一系列具体的特征。经济嵌入政府直接表现为政府对经济活动的计划性组织，并在此基础上产生了相应的财政、土地、就业等的一系列安排。同时，在城乡关系上导致了二元结构的形成。社会嵌入政府直接表现为总体性社会的形成[12]，即国家—单位—个人的结构，个人依赖单位，单位依赖国家及反向的控制。虽然单位为居民提供了全面的保障，但居民受到强烈的制约，社会流动性和居民的选择性很弱。社会总体体现出了明显的刚性和固化的特征，并展现为城市空间上的僵化。

2）系统性

系统性是强制性在具体制度规范下的延伸，是在以工业化为目标的城市发展过程中形成的系统性制度体系，而非单一的制度。从过程来讲，单位模式下城市制度的系统性不是设计的系统性，而是结果的系统性。这一系统性的制度安排了城市发展的方方面面，从经济到社会、从宏观到微观、从物质资源到人力资本等等。在单位模式下，城市制度构成了一张“系统网”，将经济生产和居民生活活动囊括其中，并赋予其行为规则。这也是城市制度中知识体系向实践行动展开的表现，是知识支配资源而形成的结果[106]。

3）试验性

单位模式下城市制度的试验性主要源自经典社会主义理论。该理论不仅论述了社会主义在生产力发展方面的优越性，同时还能消除剥削，实现平等。这些又与中国近代社会“屈辱”历史下产生的乌托邦思想的形成相互强化[105]，而苏联在战时的成功则进一步加深了这种认知。从目的性角度来说，单位模式下的城市制度是中国通过计划经济的形式实现国家现代化的工具。因为有理论预设，在城市制度体系及具体的实践中具有了强烈的意识形态性。城市的发展可以说是经典社会主义理论下的一场试验。这场试验所蕴含的理论认识不足、脱离实际等的先天缺陷导致了一系列致命的非意图后果，并为单位模式下城市制度的解体埋下了伏笔。

注释

①《毛泽东选集》第四卷，北京：人民出版社，1991 年，第 1481 页。

②《中华人民共和国第一届全国人民代表大会第二次会议文件》，北京：人民出版社，1955 年，

第 160 页。

③ 1955 年 7 月 5 日，时任国务院副总理李富春所作的《关于发展国民经济的第一个五年计划的报告》。

④ 苏联托洛斯基 1937 年语，转引自哈耶克，《通往奴役之路》，北京：中国社会科学出版社，1997 年，第 116 页。

⑤ 1953 年提出的过渡时期总路线为："在一个相当长的时期内，基本上实现国家工业化并逐步实现国家对农业、手工业和资本主义工商业的社会主义改造"，通常被概括为"一化三改、一体两翼"。三大改造具体来说包括农业的合作化、资本主义工商业从低级到高级的和平改造和手工业的生产合作社等形式。

⑥ 国家统计局，《伟大的十年：中华人民共和国经济和文化建设成就的统计》，北京：人民出版社，1959 年，正文前彩页插图部分。

⑦《条例》确定了户籍制度的三大任务，即维护社会治安、保护公民的权利和义务及服务于社会主义建设。《条例》还对居民迁移作出了具体的规定。公民迁出本户口管辖区，由本人或者户主在迁出前向户口登记机关申报迁出登记，领取迁移证件，注销户口。公民由农村迁往城市，必须持有城市劳动部门的录用证明、学校的录取证明，或者城市户口登记机关的准予迁入的证明，向常住地户口登记机关申请办理迁出手续。

⑧《李先念文选》，北京：人民出版社，1989 年，第 285—286 页。

⑨ 薄一波，《若干重大决策与事件的回顾》(修订本)(上)，北京：人民出版社，1997 年，第 272 页。

⑩ 陈云，《关于计划收购和计划供应》，人民日报，1954 年 9 月 24 日。

⑪ 定量供应的凭证有 7 类：市镇居民粮食供应证、工商行业用粮供应证、市镇饲料供应证、市镇居民粮食供应转移证、全国通用粮票、地方粮票以及地方料票。

⑫ 毛泽东 1966 年 3 月 28 日接见日本共产党代表团时的谈话。

⑬ 1948 年 12 月 1 日，中国人民银行在华北银行、北海银行、西北农民银行的基础上合并组成，并计划按不同比价逐步收回各解放区原来所发的各种货币，使人民币基本上成为全国解放区统一流通的货币。

⑭ 在该模式下，地方政府的收入指标和支出指标均由中央决定，中央统一地区间的财力调剂，收大于支的地方上缴收入，收小于支的地方由中央补助。

⑮ 企业创造的利润根据规定，提取一定比例作为企业奖励基金。根据不同行业，从计划利润中提取 2.5%—5%，从超计划利润中提取 12%—20%。为防止企业间苦乐不均，提取的最高额度不超过全年基本工资总额的 15%。后来由于价格不合理和利润水平高低悬殊，提取比例进一步调低。

⑯ 规定超计划利润留成以主管部门为单位，经过审核后的超计划利润，扣除应提的企业奖励基金和基层社会主义企业竞赛奖金后，40%留归各主管部门使用，60%上缴国家金库。为调动基层企业积极性，各主管部门可将超计划利润留成的一部分分给基层企业使用。

⑰ 与超计划利润留成原理相似，留一部分给企业自行安排使用。留成比例由主管部门为单位计算确定，以"一五"期间的部分资金作为基数，同时固定留成大部分应用于生产。

⑱ 从生产成本中列支，使用范围包括：职工及家属的医疗费、幼托及医疗机构等福利设施开支、食堂用具购置及维修费用、农副业生产的开办费及亏损补贴、职工生活困难补助和国家规定由职工福利基金开支的其他支出。

⑲ 1953 年 9 月召开的全国政协常委扩大会议上，毛泽东对梁漱溟的观点进行批评时说："但须知仁政有大仁政小仁政者，照顾农民是小仁政，发展重工业、打美帝是大仁政。"

⑳ 其基本特征是不规定使用期限，一到法定年龄就由国家安排就业，采取统包统配的办法。国家可以根据需要调配职工，一般不予辞退。在调配和流动过程中，企业无权选择职工，职工也无权选择企业。

㉑"上山下乡"运动于 1968 年在毛泽东"知识青年到农村去，接受贫下中农的再教育"口号下开

始，到 1979 年累计有 1 776.48 万人参与。参见袁志刚，等，《中国就业制度的变迁》，太原：山西经济出版社，1998 年。

㉒ 人事档案的正本共有 10 种材料，分别为：履历材料，自传材料，鉴定、考核、考察材料，学历、评聘专业技术职务与评定岗位技能的材料，政治历史审查材料，入党入团材料，奖励材料，处分材料，录用、任免、出国（出境）、工资、待遇及各种代表会议代表的材料，其他可供组织参考的材料。

㉓《彭真传》编写组《彭真年谱》第五卷，北京：中央文献出版社，2012 年，第 123 页。

㉔《整改之风改掉了本位主义》，人民日报，1958 年 1 月 29 日。

㉕ 工资分的实施办法大都按 1951 年制定的《统一全国工资计算单位办法草案》执行，所含的实物品种和数量是统一的，包括粮食 0.8 斤，棉布 0.2 尺，食油 0.05 市斤，食盐 0.02 市斤，煤 2 市斤（不烧煤的地区折算成 2.5 市斤或 3 市斤木柴）。

㉖ 新的工资标准统一以国家机关行政人员的工作标准为基础，共分 25 个等级。其中行政人员占用全部 25 个等级，科学技术人员占用 20 个等级（6—25 级），工人占用 12 个等级（14—25 级）。

㉗ 根据此规定，国营企业一律停止提取劳动保险，而将企业的退休职工、长期病号和其他劳保开支改在企业营业外列支。以前一律按工资总额的 3% 提取，不足部分由工会在组织系统中调剂。新的办法将开支纳入国家预算，通过企业冲减利润的形式实现，结果是企业必须直接支付本企业职工的退休金。

㉘《毛泽东选集》第五卷，北京：人民出版社，1996 年，第 101 页。

㉙《毛泽东新闻工作文选》，北京：新华出版社，1983 年，第 15 页。

㉚《毛泽东选集》第三卷，北京：人民出版社，1996 年，第 111 页。

5 单位模式下的城市空间组织

单位模式下城市制度的确立为计划经济体制下的工业化赶超战略提供了组织上的便利，其具体实施，即工业化落地的过程则是单位模式下城市空间生产的过程。其中计划经济下的土地公有制为政府安排工业发展项目创造了便利，进而有助于在空间生产过程中形成新的发展模式。同时，原有企业的空间改造是新模式对旧空间的再塑造。单位模式下的空间生产是工业化赶超战略将城市空间纳入其体系并为其所用的体现。在空间生产的过程中，单位模式将其自身的特性通过空间展现出来，包括意识形态性、生产与消费的关系、空间的属性等等。当然，单位模式下的空间生产并非标准化的简单复制，在不同的城市及环境中有所差别，是单位模式共性下的个性。同时，在物质空间的基础上形成了单位模式所特有的社会空间组织及资本循环模式。

本章将从空间生产的角度分析单位模式下的城市空间特征：在说明城市空间组织分析框架的基础上，将首先明确单位模式下城市空间的属性；然后解读空间生产的基本原则及其表现；接下来选择几种典型空间类型来解读单位模式下的城市空间；最后分析单位模式下的社会空间状态，并对单位模式下城市空间的总体特性进行总结和概括。

5.1 城市空间组织的分析框架

虽然空间生产作为一种理论已经日渐成熟，但并未形成一个牢固的、统一的研究范式和分析框架。这一方面与空间现象本身的复杂和多维有关，另一方面是由于影响空间生产的因素有多种，且之间的关系复杂，主导空间生产的“社会模式”多样。但总体而言，根据空间生产的概念以及社会与空间相互作用的辩证法，可以得到一个一般意义上的框架，即社会—空间的分析框架，将其进一步细化，可以形成面向具体问题的框架。

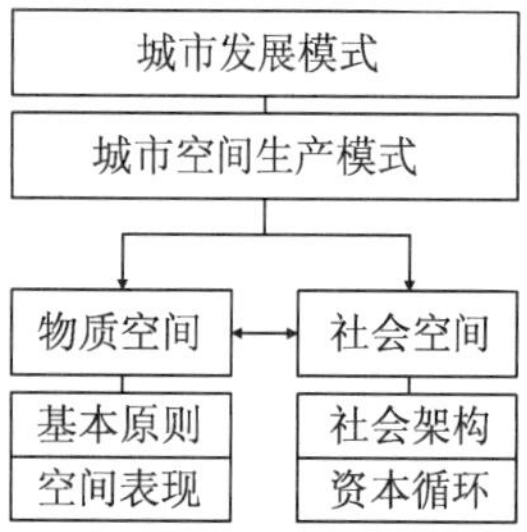

图 5.1 城市空间组织的分析框架

根据空间生产的概念，城市在不同发展阶段的模式决定了相应的空间生产状况，这是城市发展模式将空间纳入其体系并对其进行塑造和利用的结果。在单位模式的研究中，对城市空间部分的分析，从实体性的物质空间和体现社会关系的社会空间两方面展开(图 5.1)。物质空间的分析包括空间生产的基本原则和不同类型的表现两部分内容。前者关注物质空间生产中重要的操作规范，包括与主流价值观一致的空间利用方式、城市活动的组织等；后者通过不同类型的空间形式来解读单位模式下空间生产的最终表现。社会空间的分析分为社会架构和资本循环两部分。前者着眼于不同城市发展模式下所形成的不同社会主体之间的相互关系以及这种关系之下所形成的社会的总体结构。资本循环则从流转与运行的角度分析城市发展模式中生产与消费的组织及相互关系。从关系上来说:物质空间是社会空间的依托,是其得以存在的载体和场所;而社会空间则是物质空间的深化,也是其存在的意义。

5.2 单位模式下城市空间的生产模式

5.2.1 城市空间属性:使用价值与符号价值的主导

1)使用价值覆盖交换价值

在"一大二公"的社会主义公有制下,不仅可移动的资本、工业原料等生产要素成为政府支配的资源,空间生产中最重要的土地也在单位模式形成的过程中改姓"公"了,不仅是所有权,而且包括使用权。在对姓"资"的商品和价值规律的批判中,土地与空间只能是服务于社会主义生产和生活的载体,而不是可以按价值规律进行交易的商品。在城市空间的生产中,空间以使用价值的性质参与社会经济活动,是社会发展模式对空间的"取用",而交换价值在公有制和计划经济的模式中被抹杀。换句话说,单位模式下的空间是作为国家工业化战略进行生产和生活安排时的落地场所而存在的,是资金、原材料、劳动力等生产要素互动的发生地点,空间存在的意义在于"接收"与工业化有关的生产及生活活动;而在产品生产的过程中,空间本身并不会导致产品数量的增加以及利润的增长,因为空间对生产的成本几乎不产生影响,其位置也不影响生产及销售数量的变化。因此,单位模式下的城市空间是以使用价值的形式参与社会经济系统的运行的,并在此基础上产生相应的空间生产模式。

2)社会主义意识形态主导的符号价值

中国城市单位模式形成的背后有深刻的意识形态烙印,具体的制度安排和城市空间则是其外在表达。因此,这里对空间价值符号的分析在所指上将区别于鲍德里亚的针对居民日常生活消费的符号,且更多的与国家权力、思想意识相关。从符号价值的实体,也即空间符号的载体来看,包括多种尺度和多种类型。从小尺度的雕塑、单体建筑以及局部的空间设计到城市尺度的整体结构以及城市与农村的关系等都是符号价值实体的范畴,具体表达则涉及了多种手法的运用。

单位模式的组织和实施是全能型政府职能的展开。因此,具有社会主义意识形态的政府是空间符号实体的背后主体,而符号价值是主体意图的表达。这样,社会主义便成为了单位模式下的空间符号价值,即使符号价值的具体实体多种多样,但其所指都是隶属这一范畴的。当然,作为意识形态性的社会主义有多种具体的表达,如缩小城乡差别、集体主义、国家主义等等,因而在空间符号上也体现出其多样性。不过空间符号价值存在的最终意义在于彰显社会主义,并通过空间符号来影响生产与生活,从而有利于单位模式目标的实现。

5.2.2 空间生产模式:工业化赶超战略的空间化

单位模式形成的目标指向在于集中资源实施工业化的赶超战略[321],并就此形成全能主义政府主导下以计划经济和单位体制组织生产、管理社会的发展模式。单位模式下城市空间的生产正是其结果，空间是整个发展战略的一个组成部分（图 5.2）。具体来说，为集中使用资源和重点突破，政府依托项目推动工业化进程，投资也依此展开，并形成具体的单位[92]。在此基础上，国家通过资金配套、招工分配为单位准备生产要素，并通过土地划拨和规划设计将项目“落地”，实现不同生产要素的组合。关于厂外设施建设，国家计委在 1954 年 10 月作出了《关于厂外工厂投资划分的规定》，对专用线、站场、供电供热、市政工程、公用事业、住宅等都有明确规定：凡是工业企业专用的，由工业企业投资；地区和全市性的，分别由相关部门投资[322]。在具体项目建设的同时，空间的符号借助规划设计也实现了自身的存在价值。这样，城市规划与设计就成为了落实计划需求的空间工具[323]和相应符号得以空间化的通道。

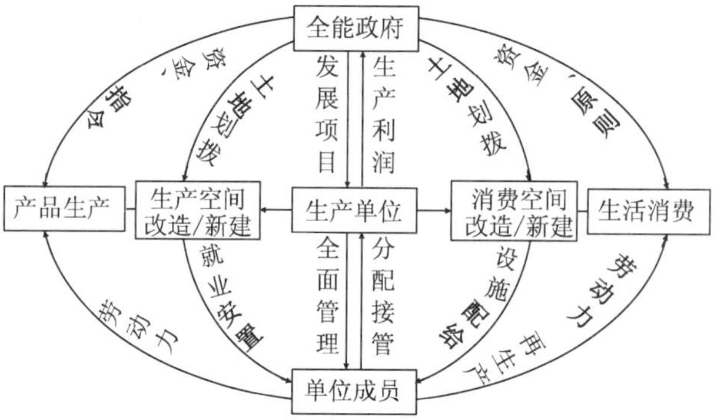

图 5.2　单位模式下的城市空间生产组织

为了配套单位的生产，解决职工的生活问题，在项目资金的配置中包含了用于职工生活设施建设的资金，从而形成了生产空间与生活空间同步建设的安排。这种情况在缺乏配套的郊区更加明显。在 1956 年颁发的《国务院关于加强新工业区和新工业城建设工作几个问题的决定》中强调了单位的生活区要同步选址和及早规划，生活区的建设也由单位负责。这种背景下，以单位为基本模块进行生产空间与生活空间的建设模式便形成了，进而导致了单位空间的自我完备和在城市空间中的独立性。以北京市京棉二厂为例，建厂之时就同步配套了较为全面的生活设施，形成了生活空间和生产空间的基本格局[187]。为了管控生产和生活，政府以计划指令和原则标准的形式将单位的日常运行嵌入政府的发展设计之中，而单位则向政府上缴利润、提供工业产品，即工业化战略的具体成果。对于已经存在的生产企业而言，政府通过没收（官僚资本企业）和改造（私人资本企业）的方式实现向单位型企业的转变。经过没收和改造的企业同样纳入政府的发展计划中，并在空间上进行了相应的转变，尤其是增加或新建生活服务设施。

在统包统配的就业制度下，单位成员通过招工和分配的形式进入单位，在那里不仅获得稳定的就业，还可以使用其全面的生活设施。对于没收和改造企业的职工，在稳定和发展生产的原则下，继续留用。作为回馈，单位成员为产品生产提供劳动力，同时接受国家依托单位的全面管理。这样就形成了政府—单位—个人的层层制约和个人—单位—政府的层层依赖。城市空间则内嵌于这一整体性的体系，在工业化战略中被生产出来。单位模式下城市空间生产的本质是国家以计划的形式，通过具体项目实现生产要素在空间中的组合，并对其运行过程进行具体的管理。从物质生产和居民消费的角度来说，空间在这里是作为生产要素集合和生活活动发生的场所而发挥作用的，体现的是空间的使用价值。

符号价值则是在空间使用价值的基础上，通过形态、结构等展现出来的。因此，空间符号在生产空间和消费空间中都会展现出来。当然，其除了以单位组织空间生产这一主要形式展现外，还存在城市政府负责的空间，尤其是广场、车站、体育馆等公共空间。这些空间由于其面向更多的生产和消费群体，符号价值往往有更突出的表现。

5.3 单位模式下城市空间生产的基本原则

5.3.1 空间符号价值的应用：彰显社会主义

1）单体空间与建筑中的社会主义符号

“作为我们社会主义今天的建筑，必然要正确地反映我们今天蓬勃发展的政治气氛和思想内容，符合我们时代总的精神面貌，给我们这时代的社会主义建设者以精神上的鼓舞。”[324]这段话可以被理解为单位模式下建筑与空间设计所承担的符号性任务。本书具体内容的分析将从较大尺度的公共空间及公共建筑和较小尺度的建筑细部来展开。

公共空间和公共建筑是表达城市社会主义、集体力量、无产阶级政权等意识形态的重要途径，具体通过对称、轴线、宏大等手法体现，而对历史遗留的显示封建时代王权至上和阶级压迫的空间要进行批评和改造[323]。这种手法在斯大林时期的苏联城市空间中通过广场、宏大建筑、轴线等得到表达，并对中国的城市空间实践产生了重要影响[325]。单位模式研究中的公共空间以广场为代表，以天安门广场为案例说明。

天安门广场原是紫禁城前 T 形封闭的宫廷广场。1958 年因准备为庆祝中华人民共和国建国十周年，国家提出建设一批公共建筑①，其中将天安门广场的改建和人民大会堂一起考虑。北京是社会主义中国的首都，天安门广场定位为重要的集会场所。毛泽东主席提出让天安门广场成为人民最喜爱的地方，周恩来总理指出天安门广场改建后将成为世界各国首都中最大的广场[326]，要求能够容纳 100 万人的集会。在这种精神指导下，经过了多重方案的讨论和毛泽东等国家领导人的审查，天安门广场的改建方案得以实施。改建之后，规模雄伟、气势恢宏的天安门广场东西宽 500 m，南北长 860 m。西侧是象征人民至高无上权力的大会堂，东侧是展现人民才是历史创造动力的中国革命博物馆和历史博物馆[327]。天安门广场成为平面布局的中心，这样就使紫禁城在城市的总体格局中退居次要的地位，象征着社会主义新时代的主题思想[328]。与广场一体的长安街的改造适应了阅兵、游行和集会等的政治需求，结合交通量和可能的战争需要，宽度定为 120 m，形式采用中间没有绿化隔离的“一块板”[329]。与天安门广场道理相同，“人民广场”是很多城市都有的公共空间，而且大多位于城市的繁华地段，如长春的人民广场是新中国成立后将斯大林广场更换名称的结果，上海的人民广场是由原来的跑马厅改建而来。另外，像位于兰州和长沙等城市的东方红广场同样是社会主义意识形态的重要表征。

在北京的十大公共建筑中，人民大会堂建设之初就要求外部建筑形象反映我国社会制度的优越性,体现解放了的中国人民具有扭转乾坤、振兴祖国的英雄气概[330]。北京展览馆、军事博物馆、上海展览中心等斯大林式建筑具有强烈的意识形态性,用来赞美共产主义理想的社会秩序[323]。这与通过纪念性的和宏伟的建筑来表达社会主义政权的斯大林主义[92]的做法是一致的。城市广场与公共建筑作为具有城市甚至更大尺度影响范围的空间形式,充分地展示了社会主义的符号价值。

除上述具有全市甚至全国意义的公共空间与建筑外,社会主义的符号价值还体现在普通的建筑单体及建筑的细部。建筑设计思想中"社会主义内容,民族形式的原则"和"社会主义现实主义的创作方法"被提高到了阶级立场的高度,民族古典主义的建筑被宣扬为社会主义形式的建筑,用来抵制和取代资本主义的建筑形式[331]。在社会主义意识形态下,现代主义建筑被认为代表着资产阶级审美情趣而受到批判[312]。苏联专家穆欣等强调民族形式的重要性,而上海的西洋建筑太多导致了苏联专家维拉索夫的"看见上海就愤怒"[332]。民族形式主要有古典式(以古代的官式建筑为基本模范,在新的功能、技术和建筑材料的建设条件下,探索民族形式的创作模式)、民族式(在少数民族地区,利用当地古代民族建筑的屋顶或其他建筑构件和符号,在新条件下加以改造使用)和地域式(从不同地区的民间建筑形式吸取灵感,探索建筑的民族形式)三种类型[331]。古典式以大屋顶最具代表性,是传统大屋顶与苏式立面构图的解决办法,但这种表现方法还未在全国推广就被批判。毛泽东评价说:"大屋顶有什么好,道士的帽子与龟壳子。"[332]当然对大屋顶批判的还有随后的"反浪费运动",认为这是盲目地追求"民族形式",讲究豪华装饰……②。这样,大屋顶很快就停止了实践。

再者,在建筑物的细部装饰中也有社会主义符号价值的体现,如代表国家主义和共产主义精神的和平鸽和代表革命意义的红星的运用[333]。雕塑是另外一种更直接体现符号价值的建筑形态,其中又以毛泽东的雕像最具代表性。毛泽东作为新中国创建的核心领导人,被喻为"红太阳""大救星",其雕像从城市到乡村都有广泛的分布。在意识形态化的计划经济时代,毛泽东雕像成为了彰显社会主义、共产党领导等意识的最好形式。此外,标语也是空间符号价值的一种表达方式,有着更为直接的涵义表达。

2) 空间规划与设计中的社会主义符号

在苏联意识形态化的空间设计强烈影响中国之前,欧美的规划思想已经影响并在中国的规划实践中发挥了作用[334]。抛开1949年之前的规划不说,新中国成立后同样存在,如邻里思想在上海工人新村中的应用[335]。随着苏联意识形态化影响的到来,周边式街坊成为住宅区规划的重要手法。这种来自欧洲的居住区形式在布局上一般有强烈的轴线,建筑沿街道走向布置,住宅有南北走向,也有东西走向,服务性公共建筑位于居住区中心,表现出强烈的形式主义倾向和秩序感(图5.3)。周边式街坊的设计产生了许多东西向的住宅,加上严肃的气氛等因素不适合居住,在后来对学习苏联的反思中逐渐受到冷落。

另一个具有强烈社会主义意识形态影响的空间规划是人民公社。人民公社不仅被看作是推进公有制和农村生产的形式,还被视作实现共产主义的组织形式[336]。人民公社是在1958年"左"倾和"大跃进"的背景中产生并推动实施的[337],到当年年底,99%的农户都成为了公社社员[338]。人民公社在生产和生活管理上实行"组织军事化,行动战斗化,生活集体化"。公社一般以乡为单位,形成农林牧副渔、工农兵学商一

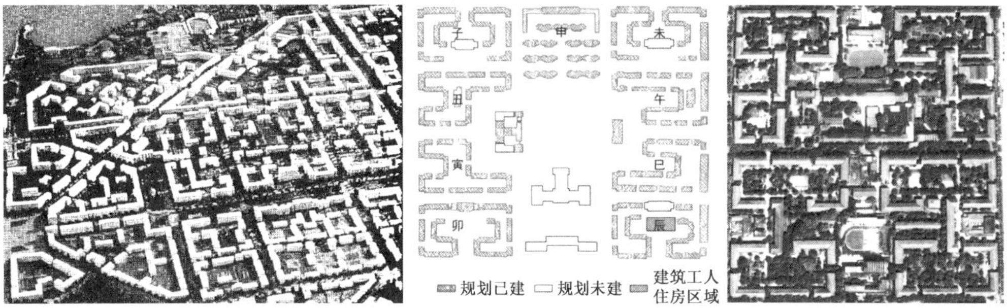

(a) 苏联马格尼托哥尔斯克市中心规划　　(b) 北京百万庄　　(c) 武钢居住区

图 5.3　周边式街坊的空间设计

体的社会组织，管理上分公社管委会、管理区或生产大队、生产队三级。这种模式展现到空间中就形成了按农业类型、居民点规模和生产半径划分的工区[339]。在居民点的规划中包括了大量的公共和福利设施。以青浦县红旗人民公社小曹港居民点规划方案 1 为例，方案中包括食堂、幼儿园、俱乐部、保健站、练武场等多种设施(图5.4)[340]。

出于更进一步推动社会主义，促进生产发展，解放妇女参加劳动以及组织人民生活，消灭城乡差别、工农差别和脑体差别等目的，人民公社在城市得到推广[341]，使其成为“改造旧城市和建设社会主义新城市的工具”③。到 1960 年 5 月，全国 180 多个大中城市建立了 1 039 个人民公社，人口达 3 900 余万，占城市总人口的 55.6%，兴办的工业生产单位达 9 万多个，服务站 10 万多个，公共食堂 9.2 万个，托儿所 9.5 万个[338]。城市人民公社有的依托街道，有的依托企业、机关和学校组建。由于强调生产与生活结合、工农兵学商结合以及生活集体化，在很多居住区中增加了生产功能，有些增加了会议室甚至练兵场。生活方面的公共食堂、服务站等设施也得到建设。以沈阳市北关区红旗人民公社为例，在公社内部规划了分散的工业、食堂、幼儿园、练兵场等设施，并对住宅标准化和每户独立厨房的设计提出革新[342]。

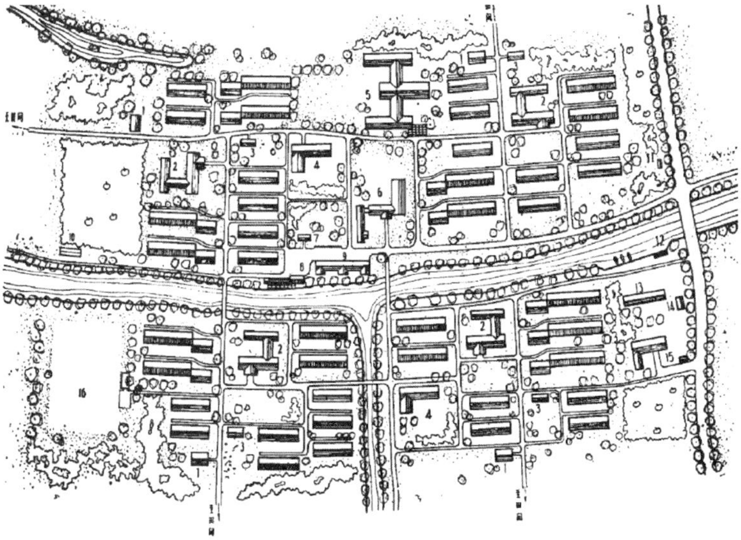

1.工具室 2.食堂、浴室 3.托儿所 4.幼儿园 5.小学 6.俱乐部、办公、图书室 7.保健站 8.码头 9.商店 10.给水站 11.变电室 12.船坞 13.手工、修理 14.锻铁 15.拖拉机停放 16.练武场

图 5.4　青浦县红旗人民公社小曹港居民点规划方案 1

3）旧城空间改造中的社会主义符号

除新建城市外，城市在任何一个阶段都要面对如何对待旧城空间的问题。这又可以进一步分为城市发展与旧城整体空间和城市发展与旧城局部空间两种类型。处理城市尺度的关系基本为两种方法，即在原来空间的基础上改造并继续扩张和在旧城附近开辟新的城市空间。第一种类型最为常见，北京市、上海市、广州市、大连市等皆如此，表现为不同历史时期的城市发展在空间中的叠加与聚合。当然，选择这种方式也不是随意的。以北京为例，就存在关于行政中心位置的两种不同的意见④[329]（图 5.5），且经过反复的争论。苏联专家设计方案的理由是经济和美观；而梁陈方案被指责与“一边倒”的方针背道而驰，更严重的指责是他们设计新行政中心，企图否定天安门作为全国人民向往的政治中心[332]。当然，最终的决策权在中央，苏联专家提出第一份意见后毛泽东就明确了下来。

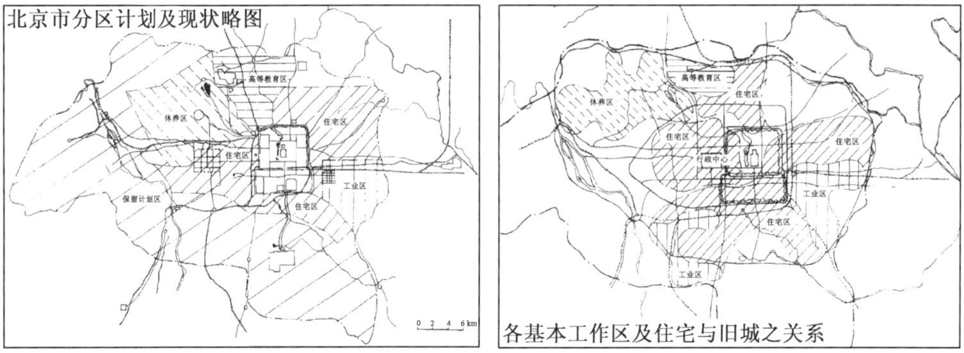

（a）巴兰尼可夫方案　　（b）梁陈方案

图 5.5　北京市规划方案对比

对于城市发展与旧城局部空间的关系则直接涉及保护与更新的关系。早在 1948 年，解放军就委托梁思成组织编制了《全国重要文物建筑简目》。1950 年又先后颁布了《禁止珍贵文物图书出口暂行办法》和《为保护古文物建筑办法》来保护城市历史和空间遗产。虽然城市新的发展与城市原有空间发生矛盾不可避免，也不能因为是旧的东西就一定要保护；但在单位模式下，关于旧城空间的保护与更新上有鲜明的意识形态烙印。就拿很多城市存在的城墙来说，它们往往被视作城市发展的束缚。例如 1946 年 6 月 15 日的《人民日报》刊文《解放后的东明城》：“东明城解放后经过两万多市民的突击努力，仅三天的功夫，就把城墙平毁了。市民们高呼：‘再也不叫你监禁我们了！’”而北京的城墙同样面临这样的生存环境。对此，梁陈方案提出了将城墙建成人民公园，底部按交通需求开辟城门。不过随着“左”倾的发展，意识形态的影响更加强烈。1958 年 8 月 9 日《人民日报》又发表了《束缚城市发展的城墙》一文，号召“用大家喜爱的义务劳动的形式”，“拔出‘城墙’这个障碍物”，“城墙开了几个豁口只是点突破，并没有根本解决问题……”。同年的《北京总体规划说明》里有这样的表述：“对北京的旧城进行根本性的改造，坚决打破旧城市的限制和束缚，故宫要着手改建，城墙、坛墙一律拆掉……”[334]毛泽东在 1958 年说：“南京、济南、长沙的城墙拆了很好，北京、开封的旧房子最好全部变成新房子”，“拆除城墙，北京应当向天津和上海看齐”，“北京拆牌楼，城门打洞，也哭鼻子，这是政治问题”[343]。总之，无论是在城市尺度还是城市内部的局部，解除束缚、彰显社会主义胜利在旧城更新中具有绝对的优先地位。

5.3.2　生产与消费的关系:生产活动的主导地位

1）生产在空间中的主导地位

单位模式下中国城市工业化的战略目标决定了生产在城市空间中的主导地位。除前述体现在人民公社的发展定位和空间规划外,生产的中心地位还展现在城市定位、土地利用以及其他的空间规划方面。1949 年 3 月 17 日《人民日报》发表了题为《把消费城市变成生产城市》的社论,认为“消费城市的存在和繁荣除尽量剥削工人外,则完全依靠剥削农村”,“决不能允许这种现象继续存在”。这种政治化的城市定位是与对社会主义的意识形态化认识和中国工业化的发展战略密不可分的。对于北京,苏联专家则强调“社会主义国家的首都必须是全国的大工业基地”[323],而毛泽东则在天安门上指着广场以南一带说,以后要在这里望过去到处都是烟囱[332]。根据 1986 年的工业统计,北京市三环路以内有 1 390 个工厂,平均每平方千米 8.9 个,旧城区有 790 个工厂,平均每平方千米 12.7 个[344]。工业生产的中心地位导致了第二产业比第三产业占据更重要的地位,这一方面引起城市空间中(包括中心区)工业用地的大量存在以及商业服务发育不够;另一方面则引起居民消费对单位的依赖以及单位内部商业服务的发育。

生产的中心地位还体现在单位大院的设计中。典型的单位大院在空间结构上继承了中国传统院落轴线对称、前朝后寝的特点(图 5.6)[187]。在这种布局中,单位大院中的生活功能被置于私密和次要的地位,从轴线的延伸看来,其被生产空间所遮蔽,居民生活性的出入往往通过具有隐秘性的后门、侧门实现。而单位的生产、办公空间则处于公共、主要的地位,通常以醒目的牌匾、置于建筑物顶端的名称来显示自身的存在。与单位大院的正门之间相通的往往是单位的办公或者厂房等生产性建筑。单位大院作为一种社会性的空间,生产空间的公共、主要地位除了显示党的领导外,还在于单位大院作为一种“生产性”空间对于主体性(subjectivity)的塑造,即通过建筑设计以及工业化生产对生活的影响可以塑造出适合工业化大生产和具有集体主义精神的主体性。这在苏联形成了社会浓缩器(social condenser)的空间思想,并影响了中国城市单位大院的设计理念[92]。

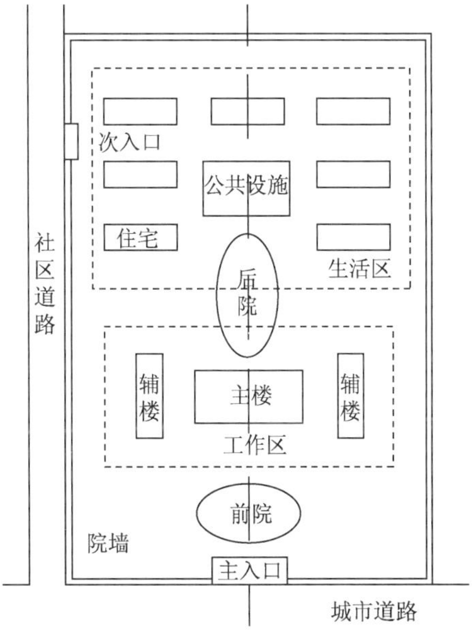

图 5.6　单位大院的概念图

2）生活在空间中的从属地位

除上述空间结构中所体现的生活消费的从属地位外,生活相关建筑本身的节约原则更直接地表达了生活的从属地位。单位模式主导的城市发展确立了“先生产,后生活”的基本原则,这为生活空间的从属地位定下了基调。在这样的原则下,城市住房的投资比重比较低,尤其是在强调节约和生产的重要性之后。国务院副总理李富春在

1955 年《关于发展国民经济的第一个五年计划的报告》中强调“从全国人民整体的长远利益来考虑，应该首先用必要的财力来保证国家的建设”，“许多限额以上的、特别是属于重点建设的厂矿，必须力求最新的技术，厂房也要尽可能适合最新技术设备的要求；至于其他非生产性的建设标准则一律都要大大降下来”。按此要求，国家建筑工程部对住宅标准设计进行了调整，居住面积定额由原来每人 6—9 m² 下降到了 4—5 m²。在后来的“反右”运动中，节约变成了压倒一切的原则。“大跃进”时期住宅建设提倡节约的主要目的是降低单位面积造价，减少使用钢材等紧缺材料，因此，出现了一些使用当地材料和施工技术的住宅，如四川有竹编墙住宅，哈尔滨出现了不用钢铁、水泥、木材和红砖的四不用大楼。这个时期的住宅质量低、标准低，后来被归纳为“矮、小、窄、薄”住宅[312]。

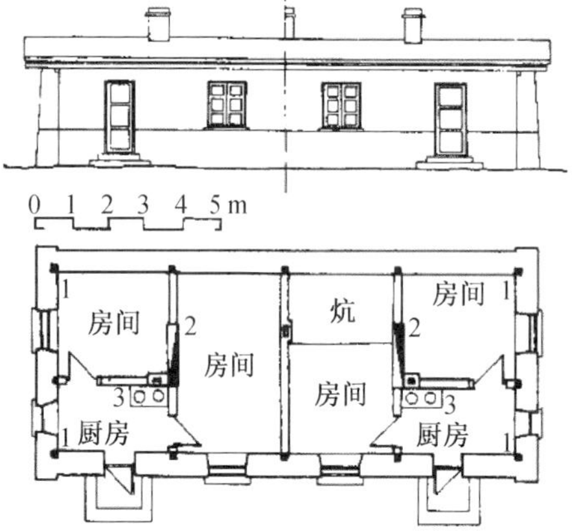

图 5.7　大庆市干打垒房屋设计图

在 1960 年前后的困难时期，为了顶住压力，坚持生产，大庆的“干打垒精神”成为学习的榜样，并在全国推广（图 5.7）。其做法是“钢筋水泥全不要，只向土草找材料”[345]，是在总结当地民居建筑方法的基础上改进而成的[346]。干打垒主要指建筑的墙身，建筑方法是用人工分层夯筑而成，防水用渣油和草泥混合而成。在干打垒的精神指引下，全国各地设计了一批因地制宜、就地取材、因材设计、就料施工的住宅[347]。干打垒精神在“文革”期间得到延续——简易楼出现了，即走廊将一个个房间连接起来，户内没有厨房和厕所，设置集中供水和厕所，住户一般在走廊做饭，很接近于集体宿舍的形式[312]。1966 年建工部《关于住宅宿舍建筑标准的意见》提出每人居住面积不大于 4 m²，每户居住面积不大于 18 m²，将住宅标准控制在很低的水平。此外，还有更加简陋的地窝子、野外帐篷等形式，同样反映了生活在空间中的从属地位，只是在程度上有差异。

5.3.3　城市活动的空间组织：使用价值下的统筹处理

城市是一个复杂的系统，在生产领域涉及不同的产业、企业，在消费领域涉及居民衣食住行的方方面面。在单位模式下，政府充当全能的角色，城市活动系统的不同部分都处于其管理范围之内。因此，政府的总体目标虽然是单一的，但其需要协调和调动所有的因素，以更快地推进工业化。从空间来看，在政府统筹城市不同类型的活动过程中，两个方面值得关注：一是生产与消费的整合统筹，集中表现为职住接近的空间安排；二是生活消费的多重统筹，集中表现为生活设施的全面配套和土地混合利用。后者也是政府“包下来”思想的延续，同时也与社会主义的意识形态和保持社会的稳定有关系[95]。对空间来说，这种观念直接面对的是其使用价值，而非交换价值，是以使用价值为目标的城市空间生产的结果。这就为生产和生活创造了便利，从而有利于城市系统的运行。

有学者认为职住接近（合一）的形成与苏联社会浓缩器的设计思想有关，即用现代化的工业生产区影响居民的生活，从而实现居民主体性的塑造[92]。但国内规划人员的分析多以实用主义的效益来考虑，如 1949 年 6 月 11 日《人民日报》发表梁思成的《城市的体形及其计划》，指出："工作地距离住宅不宜太远，以避免时间、精力、金钱的耗费；避免造成街上车辆之拥挤和车内乘客之拥挤"。1952 年，华揽洪和陈占祥分别组织的两个规划方案都主张："工厂区适当分散，住宅靠近工作地点又与中心区接近，保证生活方便与中心区繁荣。"⑤在实际操作中，由于大部分住宅都是由单位为职工建设的，做到了大多数离单位很近，从而基本实现了职住接近和近距离通勤[348]。职住接近反映在通勤方式上是自行车和步行的高比重⑥，并且作为一种空间安排的影响一直延续到现在[65]。

居民生活消费的统筹主要通过多样化的设施供给来实现。就设施功能而言，一般包括居住、就餐、医疗、教育、休闲娱乐等等，几乎涵盖了居民日常生活的所有方面，尤其是对级别较高、能获取更多资源的单位而言。生活区设施的多样性和土地利用的混合性无论是在早期的工人新村、后来的周边式街坊还是再到后期的住宅小区都有所体现。以北京幸福村为例，小区中的设施除住房外，还有教育设施、活动室、食堂、商业中心、诊所、洗衣房、车库、运动场等等[348]。其他单位居住区与此类似，比较夸张的说法是在单位大院内除了火葬场，什么都有了[180]。这样，居民就可以在居住地点很近的范围内获得日常生活所需的多样化设施。虽然设施水平有限，但从空间布局的角度来看，这对居民生活质量的提高却有着先天的优点。

5.4　单位模式下城市空间的几个类型

5.4.1　旧企业的单位化塑造：中华造船厂的案例分析

新中国成立后对官僚资本采取了没收政策，对私营资本在后期进行了和平改造，从而将原有企业纳入政府的管理中。这里选取一家私营企业的案例来说明单位模式对原有城市空间的重塑作用。中华造船厂的前身是 1926 年由造船工程师杨俊生独资创办的大中华造船机器厂[349]。1936 年，中华造船机器厂股份有限公司董事会成立。1937 年被迫停业，后被日军改为修理厂。1946 年发还后经过增股增资，然后恢复营业。由于是私营工商业，新中国成立后，政府并没有对其进行接管。1952 年，中央私营企业局核准发给中华造船机器厂股份有限公司执照。同年，中央重工业船舶工业局与私营中华造船机器厂股份有限公司签订公私合营草约。1953 年补签正式合约，并派公股代表进厂。1955 年 11 月，船舶工业管理局批准《公私合营中华造船厂股份有限公司章程》，并成立合营公司董事会。企业盈余在缴纳所得税后按公积金、职工福利金和股东股息红利进行分配。由于公私合营，企业发展迅速，后有多家私营企业并入。根据国务院《关于在公私合营企业中推行定息办法的规定》，1956 年实行定息，发放到 1966 年 9 月，定息结束，意味着赎买完成，公私合营结束，转为国营。1966 年 9 月，上海市机电一局发文，正式批准公私合营中华造船厂改名为"上海东方红造船厂"，将其转为国营企业。1967 年，上海东方红造船厂被划归第六机械工业部直接领导，代号为 424 厂；1973 年重新被改名为"中华造船厂"；1977 年上海市造船工业局成立，并负责管理中华造船厂；1982 年中国船舶工业总公司成立，中华造船厂归属其管理。

在公私合营以前，工厂几乎没有生活福利设施及职工福利待遇。1952 年公方代表到厂后，即成立总务组，陆续开始福利设施建设。公私合营之前，学徒住在厂内木板房，单身职工住在厂内铁皮办公室三楼的单身宿舍。合营后至 1990 年共建造住宅 55 523 m^2，计 1 586 套（表 5.1）。其他生活福利方面的改善包括：1952 年，厂工会组织生活委员会开办职工食堂；1953 年建浴室，后期逐步改善和扩大；1953 年建成医务室；1958 年新建成医务大楼；1958 年建立婴儿哺乳室，后期逐步扩大；1960 年建成锅炉房；1979 年建设招待所；1987 年成立幼托中心。随着住房等生活设施的建设，中华造船厂的整个用地结构发生了根本性的变化，从原来全部由车间、仓库和办公室构成的生产性空间向包括生产在内的单位型空间转变，宿舍等生活设施不断增加（图 5.8）。

表 5.1　中华造船厂住宅建设统计

建造年份	建筑面积（m^2）	套数（套）	单套平均面积（m^2）	设施情况
1954	2 873	157	18.3	灶合无卫、灶卫四户合
1957	5 366	336	16.0	灶卫二或三户合
1959	332	22	15.1	灶合无卫
1975	5 500	122	45.1	灶独卫二户合
1954—1975 合计	14 071	637	22.1	不全、合用
1978—1990 合计	41 452	949	43.7	全独*

* 其中 1981 年加层建设 89 套住宅，设施为灶卫二或三户合，总计 2 850 m^2。

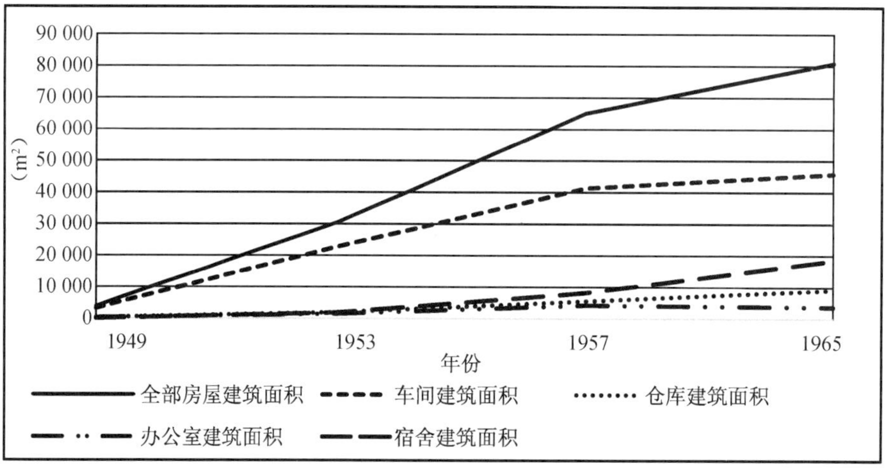

图 5.8　中华造船厂房屋建筑面积变化

上述情况反映了中华造船厂作为一家私有企业在向单位型企业转变过程中空间单位化的情况。其中以下几点非常重要：首先，在企业转变过程中逐渐接受政府的计划领导，企业不仅有了自己的隶属机构，还从人事及经营管理方面受政府的影响。企业转变的过程是企业逐步纳入政府计划运行框架的过程。其次，单位办社会逐步形成。中华造船厂从之前的基本没有生活福利设施到后期较为齐全的设施是单位承担社会职能的结果。这一变化同样是受到了政府发展模式的支配。最后，单位办社会总体上处于较低的水平。这一点可以从住宅建设的数量和标准来看。1978年之前30年左右的建筑总量只有1978—1990年的三分之一左右，且单套面积小，配套不完善。从分配给职工的面积来看，1980年职工、中职和中层及高职分别只有3 m^2、4 m^2 和4 m^2。

5.4.2 职住合一的单位大院：京棉二厂的案例分析

单位大院是单位模式下城市空间最典型的表现，代表了在以生产单位为依托组织生产和生活基础上形成的城市空间单元，是计划经济时期城市外延式增长的一个基本模块和动力[106, 177]。同时，单位大院也是在对中国计划经济时期城市空间进行的分析中最受关注的一个对象。这里的分析选择新中国成立后新建的单位大院进行分析。

京棉二厂位于北京市朝阳区八里庄街道，紧邻东四环。1953年11月纺织工业部和北京市委根据国家计委批准的计划任务书，决定在筹建北京第一棉纺厂之后，筹建北京第二棉纺厂。同年12月成立筹建处，由纺织工业部基建局直接领导，北京市委协办。1953年开始购地，第二年改为征地；1954年开始建设；1955年正式开工生产。这是我国第一个全部采用国产设备装备起来的现代化大型棉纺织厂，与原京棉一厂、三厂、印染厂和中国纺织科学研究院等机构共同构成了纺织城。1955年年末，其拥有职工3 600多人，1980年代中期职工人数最多，有9 500多人⑦。建厂之初的技术业务干部主要来自上海老纺织基地，行政干部主要抽调北京市和华北局的干部及部分部队转业人员。职工有沈阳和开封中等专科学校的应届毕业生及管理部门和教育局等从部分中学和地方招收的职工。

1950年代建厂之初，京棉二厂就配套了教育、医疗、食堂等生活设施，此后不断完善和调整，空间随之相应变动[187]。1970年代末的京棉二厂空间包括北部的生活区和南部的厂区（图5.9）。生产区包括办公楼、厂房、生产区浴室、车库、托儿所、食堂、育婴室等设施。生活区包括礼堂/食堂、幼儿园、小学、中学、纺织工业学校、职工医院、商业服务、邮局、合作社、母子宿舍、浴室以及大量的住宅楼等，住宅楼分为单身宿舍和供家庭居住的单元楼两种类型。

从京棉二厂的空间结构图中可以看出该单位大院存在明显的功能分区，即以朝阳路为界，北部为生活区，南部为生产区。生活区以周边式街坊为规划思想，以礼堂/食堂作为生活空间的中心，同时幼儿园、小学等公共设施也布局于中心。周边以住宅为主，但在"大跃进"和"文革"期间出现了部分见缝插针的建筑和工厂，使空间显得杂乱。南部的生产区以办公楼和厂房为中心，周边布局了仓库、车库以及浴室等辅助设施。在整个空间中，从南向北由厂房、办公楼、正门和礼堂等建筑构成了单位大院的轴线。京棉二厂单位大院按职住合一的形式来组织空间，基本不会增加城市尺度的交通流量。

单位大院的空间形成及其结构特点可以从很多方面映射出单位模式下的空间生产。首先，其形成是政府部门主导的、按生产计划投资的结果。土地的获取、人员的配置都是政府部门主导下操作的结果。其次，生活区的街坊式布局反映了当时社会主义的空间设计思想。再者，生产与生活的一体化以及生活区多样化的生活设施配置是政

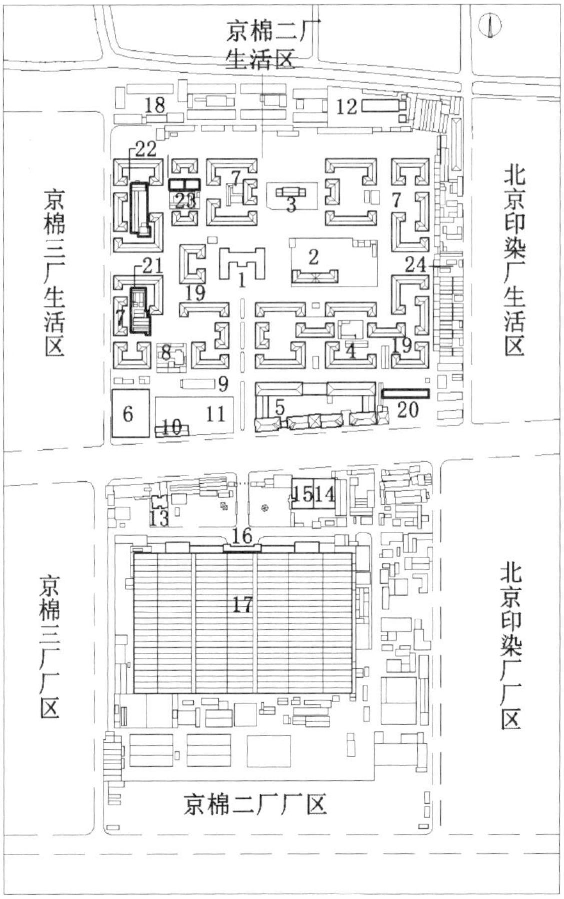

图 5.9　1970 年代京棉二厂的空间结构

注:1. 礼堂和食堂;2. 小学;3. 幼儿园;4. 花房;5. 单身职工宿舍、职工医院、清真食堂;6. 八里庄合作社;7. 1950 年代建设的住宅;8. 纺织工业学校;9. 商业服务;10. 邮局;11. 球场;12. 八里庄二中;13. 托儿所;14. 生产区浴室;15. 车库;16. 办公楼;17. 厂房;18. 待开发地块转变为其他单位住宅;19. 1950 年代增建的住宅;20. 1976 年新建住宅;21. 母子宿舍;22. 街道工厂;23. 生活区浴室;24. 平房。

府通过单位统筹生产与生活的结果。

单位大院作为一种特色鲜明的生产与生活的空间组织模式,既有优点,也存在明显的不足:对生产和生活的系统化统筹是其最大的优点,另外空间的封闭性对于安全、安静及促进交往的生活环境有所帮助;但单位大院也造成了明显的空间分割,容易导致重复建设、设施利用效率低和空间不平等等问题。

5.4.3　新建工人居住区:曹杨新村的案例分析

与单位大院不同,工人新村不是职住合一的空间设计,而是以职住接近为原则,为企业工人集中建设的居住区。从建造和配置来说,分为单位集中共用型和单位附属型[350]。前者指政府统一建设,分配给不同工厂职工的新村,后者指单位自行建设并附属于自己的工人住宅区。上海工人新村的建设就是安排靠近沪东、沪西和沪南三大工业区建设展开的,并且集中在 1952—1958 年之间建设[351]。这一时期累计建设

137个新村，面积1 744万m^2，比重超过改革开放前的80%。但总体而言，新建住宅的数量相对于需求而言差距很大。曹杨新村始建于1951年，由上海市普陀区负责，是新中国最早的工人新村(图5.10)。首批1 002户住宅到1953年建成，面向劳模和先进生产者分配。与住宅同时建成的还有小学、礼堂、图书馆、浴室、老虎灶⑧、菜场、商业合作社和诊疗所，同时还预留了银行、邮局、公园和文化馆的建设用地[352]。作为第一个工人新村，曹杨新村起到了很大的示范作用[353]，并多次接待外宾[354]。到1957年，8个村相继建成，并形成了大住宅区(63 400人)、小区(8 000—10 000人)、街坊群或建筑群(2 000—3 000人)和居住组合(300—500人)的四级结构，从管理上分别与街道委员会、区委会、工区和小组相对应[355]。1960—1966年又对一村的1 002户进行加层，到1977年曹阳九村建成。

图5.10　上海市曹杨新村住宅区的空间结构

曹杨新村空间整体规划设计以邻里思想为指导展开，后期部分空间按居住小区和人民公社等规划设计。住宅除局部有周边式布局外呈行列式布局，大部分朝南或东南[335]，公共服务设施按等级分不同的服务半径分布在服务范围的中间。居住区中的公共设施包括幼儿园、小学、中学、商店、修理中心、公共澡堂、饭店、医院、文化馆、剧场、游泳池、公园等等，涵盖了居民生活的方方面面。这一特点与单位大院的生活区类似，多样化的设施方便了居民的生活。但从人均居住面积来看，整体上处于很低的水平，人均居住面积只有2.1 m^2(表5.2)。这一点体现了相对生产而言，生活消费的辅助地位。

表 5.2　1961 年曹杨新村用地和建筑情况

	建筑面积(m^2)	占地面积(m^2)	用地面积(m^2)	建筑密度(%)	居住人口(人)	人口密度(人/hm^2)	居住面积(m^2)	人均居住面积(m^2/人)	平均层数(层)
一村	32 560	6 498	56 072	29.4	5 800	1 040	17 792	3.1	2
二村	52 661	26 887	116 556	23.1	8 307	712	31 775	3.8	2
三村	47 056	22 710	100 338	22.6	8 182	815	26 340	3.2	2.1
四村	47 878	29 021	122 822	23.6	7 650	622	29 142	3.8	1.8
五村	60 558	32 677	125 214	26.1	10 730	856	37 329	3.5	1.9
六村	34 213	21 586	9 9181	21.7	6 227	632	21 745	3.5	1.6
七村	49 289	15 271	80 428	18.9	5 945	740	25 801	4.3	3.3
八村	65 346	21 401	105 946	20.2	10 623	1 002	32 722	3.1	3.1
总计	389 561	176 051	806 557	23.8	63 464	788	222 646	2.1	2.1

曹杨新村作为单位模式下新建的工人居住区，从以下方面反映了单位模式空间生产的特点：首先，住房供给是政府和单位控制的福利性供给。新村由政府投资建设，面向附近企业的单位职工分配。其次是政府通过投资对相应消费标准的控制。对于许多住户来说，工人新村的确是对居住条件的很大改善，但出于重点发展生产的需求，其消费水平总的来说还是控制得较低。这就是所谓的"人民生活不可不改善，不可多改善；不可不照顾，不可多照顾"⑨。再者，在空间关系上既考虑了生产与生活之间的互动需求，也考虑了职工日常生活的多样化需要，从而形成了职住接近和工人新村中多样化设施的供给。另外，居住空间设计思想也反映了当时与意识形态有关的规划思想。

5.4.4　新建单位型城市：大庆市的案例分析

新中国成立后，在工业化建设中诞生了部分新的城市，如攀枝花市、大庆市、克拉玛依市等。其中的大庆市和大庆精神在单位模式下有很强的代表性。大庆原来是黑龙江安达县的草原牧场，人烟稀少。1959 年 9 月发现了油田，1960 年年初中央批准了石油部在大庆开展大会战的报告，大量人员开始到来。在居住生活的空间设计方面曾存在争议，一种意见是在油田外建设集中的大石油城，另一种意见是在油田上建设分散的居民点。最后确定的工农结合的分散布局方式是多方面因素作用的结果[356]。首先是大量职工和家属到来，建筑房屋的红砖供应不及，而 10 月初就会降雪，时间紧迫，只能发动群众，尤其是家属自己动手，采取干打垒的办法过冬。其次，结合可耕地条件，同时为解决农村来的家属的粮食问题，建设工农村，亦工亦农。再次，1962 年，周恩来视察大庆时概括这种做法是"工农结合、城乡结合、有利生产、方便生活"，这后来成为了大庆建设社会主义新型矿区的十六字方针，这也将生活区布局演变为了一个政治问题。最后还有出于防范战争和污染而分散布局的考虑。

居住区分三级布置，即工人镇、中心村和居民点。工人镇是区级政府所在地，规模控制在 4—6 万人，配套完善的生活、文教和卫生设施。中心村是生产指挥部一级单位所在地，规模在 2 500—4 000 人，配套一般规模的生活服务设施，如医院、中学、商店、邮局等。居民点是大队级单位所在地，人口 1 000—1 500 人，配套小规模的生活服务设施,如小学、托儿所、杂货店等(图 5.11)。关于居民点和工业点结合分三种情况实施[357]。固定生产的采油单位,在生产岗位附近建设生活基地,工人做工,家属务农;生产不固定的单位,如钻井队等,在油田边缘建设基地,工人在“前方”生产,家属在“后方”种地;集中生产的工厂,根据周围的耕地条件,将单身和双职工宿舍建在厂前,家属住宅分布在厂周围不很远的几个居民点上,便于家属参加农业生产。到 1978 年年底,全矿区共建成了 3 个镇、34 个中心村、110 个居民点,另外还有 150 个采油小队等基层单位的居民点。油田的管理以总调度室为中心,形成三级(总指挥部、二级单位、大队)调度网。在财务方面,实行集中管理、统一核算,从而保障集中力量进行生产建设⑩。

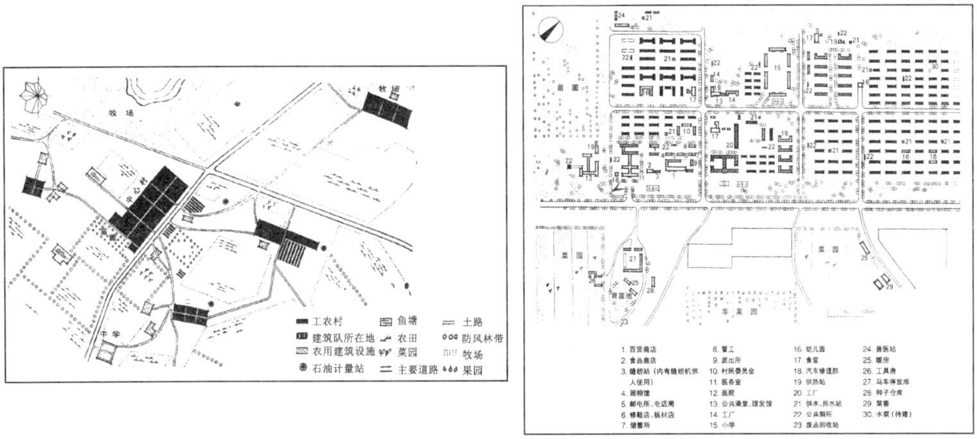

图 5.11　大庆市红卫星工农村总图(左)和红卫星中心村(右)

大庆分散式布局空间结构在解决家属就业、吃饭等问题方面确实发挥了积极的作用,但也造成了一系列的问题[356]。过于分散的居民点造成了设施配套的困难,诸如基础设施、学校等。同时,生产与生活的就近安置在短期内方便了生产与生活,但在发展过程中形成了地上与地下的冲突与矛盾,油田开采区内部的居民点转变成了生产的障碍。

大庆市作为单位模式下完全新建的城市,从其特点来说是一座单位城市。首先,城市形成的原动力来源于国家组织的工业化建设。石油工业部组织的石油勘探与会战是其形成的最直接和重要的原因。同时,这也反映了城市的形成模式,即国家组织的工业化建设的空间化。开始阶段的石油会战就是运用了“集中优势兵力打歼灭战”的思想,进行了大规模的人力动员[358]。在《关于东北松辽地区石油勘探情况和今后工作部署的报告》上报不到一个星期中央就批准了石油会战,之后不到三天就决定动员沈阳、济南、南京军区的 3 万退伍战士、3 000 名转业干部参加会战。这背后是政府对就业安置和生产组织的绝对主导权。其次,城市空间结构反映了社会主义的意识形态。分散式的、工农结合的布局中蕴含了缩小城乡差别、全员参与劳动等思想认知。再者,生产与生活关系的处理体现了生产的重要性。同时在生活需求方面,政府同样进行了多样化的统筹。最后,政企合一的管理模式是单位管理的集中体现。

5.4.5　飞地型城市空间扩张:洛阳市的案例分析

虽然在新中国成立初期,洛阳城只有 4 km^2 和 7 万人,但作为曾经的十三朝古都,有大量的历史和文物[359]。1953 年，国家重点建设的 156 个项目中有 5 个将布局在洛阳⑪。在如此大规模的工业建设不能在旧城落地的情况下，经过对城市附近四个不同区域在地形、土壤、文物保护等方面的对比，最后选定了距离旧城以西 5 km 的涧西方案。在未来发展上，为避免城市的空间分离，规划在中间建设行政中心，从而形成一个中心、两个副中心的带状组团布局。

工业区规划在苏联专家的指导下展开，用地功能布局考虑了地形、交通等因素。工厂区安排在北部，按生产协作关系布置[360]。各厂生活区布置在南部，与厂区平行对应建设，中间用绿化带隔离(图 5.12)。自西向东整齐规划了 70 多个大小不同的居住街坊，生活区内按需要和服务范围设置公共服务设施。具体建设按照统一投资、统一建设的原则，生产区和生活区同步建设。周边式街坊的布局由于存在东西朝向的住宅，后期调整为行列式布局。另外，涧西工业区在建设中还得到了旧城在住房等方面的支援。其从 1955 年开始建设，到 1957 年四大工厂投产，建成了 85.76 万m^2 的住宅。

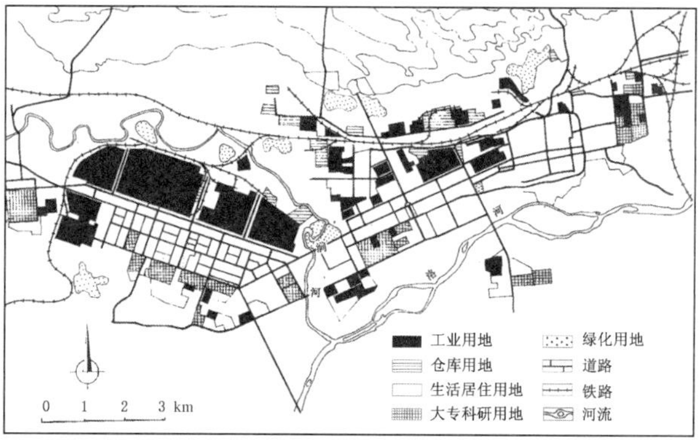

图 5.12　洛阳市区用地示意图

洛阳涧西工业区的诞生是国家工业化战略的直接结果。从工业项目的确定到选址以及后期的规划建设都是政府主导的实践。这是单位模式下空间生产的最重要特征。空间选址更多的是考虑空间的使用价值，从实用的角度合理地处理了工业发展与旧城的关系。方案选择过程中没有出现像北京那样既有实用主义又有鲜明意识形态特点的争论，这与洛阳的城市地位有关，因此没有必要将其“上纲上线”，牵扯进社会主义和封建主义的关系。在人员方面，则主要有招工、兄弟厂支援、学校分配、部队转业安置等形式[361]，同样是政府组织的结果。工业区内部空间结构的安排则遵循在生产与生活统筹的观念下，系统安排企业之间的生产协作以及生活区内部配套设施的原则，以有利于工业生产与居民生活。

5.4.6　连续型城市空间扩张：北京市的案例分析

新中国成立后，国家将北京作为社会主义首都，因此要将其建设成为全国的政治、经济和文化中心，特别是要建设成为强大的工业城市。但 1949 年 1 月北平解放时，面积只有 707 km^2，总人口 187 万，不能满足首都发展的需要。为此，国家在 1946—1958 年先后 5 次调整市界，将原河北省的宛平、昌平等划入北京，使其总面积增至 16 800 km^2，人口达到 658 万[362]。关于城市发展与旧城的关系方面，中央政府在否定了梁陈方案后，就确定了依托旧城推动城市发展的基本方向。1952—1953 年，北京市政府决定由华揽洪和陈占祥分别编制规划方案(甲、乙方案)。1953 年，在综合两个方案的基础上，正式提出总体规划，形成了《改建与扩建北京市规划草案要点》。规划在已有工业用地基础上布置了 6 个工业区（东北郊酒仙桥工业区、东郊通惠河北工业区、通惠河南工业区、南郊工业区、丰台工业区和石景山衙门口工业区），用地 73 km^2，占城市建设总用地的 23.2%。虽然国家计委不赞成强大的工业基地的设想，但北京市委 1954 年提出的《北京市第一期城市建设计划要点》更加明确了工业城市的指导思想，并主要在石景山衙门口地区增加了工业区规划用地 8.3 km^2（图5.13）。虽然规划没有获批，但这两版规划基本指导了 1953—1957 年的城市发展。

1958 年，随着“大跃进”和人民公社运动的高潮出现，为了强调“工业为农业生产服务、消灭城乡差别”的城市建设方针，响应“实现大地园林化、城市园林化”的号召，当年 9 月份出台的《北京市总体规划说明》提出了“分散集团式”的城市布局形式，即把城市中心区与周围建设发展区之间的农田、林地、菜园、苗圃保留下来，城市由中心地区和 10 个相对独立的边缘集团组织而成。这种特殊意识形态下产生的空间思想在客观上与生态平衡、有机分散的做法趋于一致，但在实际执行过程中，由于管理、拆迁、经济发展等原因并没有真正实现[363]，而是以摊大饼的形式逐渐向外扩张。这些问题又进一步成为后来一系列城市问题的根源之一。但从工业区的分布来看，这种分区域布置的影响很大[364]（图 5.13）。

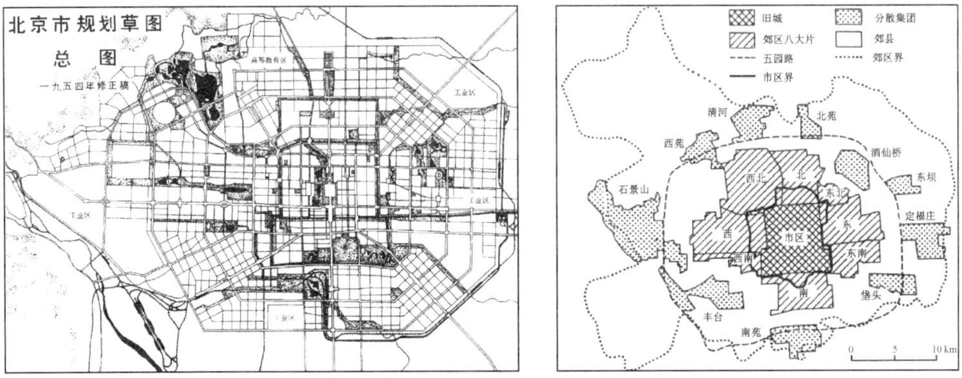

图 5.13　北京市 1954 年规划图和 1986 年工业区分布图

作为单位模式下城市空间连续型扩展的案例，北京首先反映了工业化战略在城市发展中的核心地位。这体现在北京城市空间在原有的基础上以工业区的形式向外扩张。其次，依托发展项目的新建单位成为城市空间拓展的动力和单元，形成了城市中心以外的另一个圈层——混合工业地带和与之相对应的单一式单位社区[365-366]。最后，在空间规划中还体现了鲜明的社会主义意识形态性。在北京的案例中，除前述的公共空间、行政中心的确定外，意识形态性还体现在其中的分散式集团布局中。

5.5　单位模式下的社会架构与资本循环

5.5.1　单位模式下的社会架构：嵌入政府逻辑的生产与生活安排

对于社会架构或者说社会体系的理解，不同的学者从不同的角度进行解读，如：帕森斯认为社会是由经济系统、政治心态、文化系统和社会系统组成的“总体社会系统”；

列维-斯特劳斯从深层结构和浅层结构理解社会的结构;马克思从经济基础和上层建筑的互动关系解读社会的历史;吉登斯用结构化理论分析社会的组织。单位模式研究中的社会架构分析借鉴卡尔·波兰尼的分析框架展开。在《大转型》一书中,波兰尼从市场—社会的关系来分析资本主义主导的现代化,认为市场机制导致了原来嵌入(embeddedness)政治、宗教和社会关系的经济脱嵌,并反过来支配社会,进而形成了市场社会。大转型指的就是这一转变过程,即从伦理经济到市场经济的转换。这就导致了一系列问题,又进一步引发了社会的保护性反向运动[82]。这里的分析,将市场—社会框架中的社会分解为通常意义上的社会,即居民组成的社会体系和政府两部分,从而形成政府、市场和社会的三元结构。

单位模式下,政府依托行政权和财产权的合一实现了对社会整体发展模式的把握。政府通过单位实现了生产组织、社会管理、就业安置以及居民消费的控制(图5.14)。在这一体系中,单位具有核心作用。在生产领域,通过单位实现了投资和按计划指令生产,同时从单位获得生产的利润和产品。在社会管理领域,通过单位实现了对社会成员的全面管理(街居制作为补充),保证了有组织的社会秩序。在生活领域,政府通过单位实现了就业安置,并通过标准的制定调节消费与积累的关系。

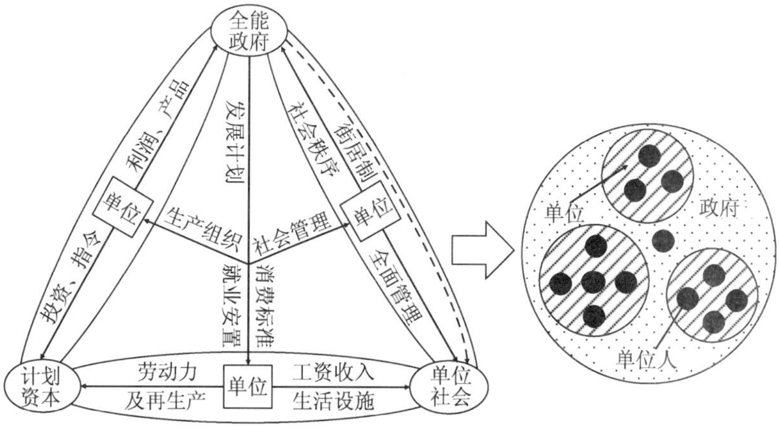

图 5.14 单位模式下的城市社会架构与空间表现

从相互关系来说,资本嵌入了政府的发展计划,按指令生产,已经失去了逐利本性,表现为不同类型的生产要素在单位中的组合。居民个体从单位获得就业和生活资源,同样是一种单向依赖,是社会向政府的嵌入。由此,就形成了社会和生产通过单位嵌入政府的总体性结构。在这种结构中,资本的本性被抽出,失去了对利润的无限追求的本性和对需求的敏锐性。社会的流动性不足,城乡之间、城市内部以及社会阶层之间缺乏转换的机会。在整个体系中,单位成了政府实施生产与社会管理的中介,其对应的空间组织也就成为了城市空间最重要的表达形式。

5.5.2 单位模式下的单位大院:封闭性的产品生产与劳动力再生产循环

就空间形式而言,单位模式最典型的表现是单位大院,也是单位相关研究中最为关注的空间类型。相对于城市尺度的社会架构,单位大院的空间组织更好地体现了单位作为城市运行的细胞和空间单元的特征(图5.15)。这里的分析主要是基于京棉二厂案例展开的,更多地反映了典型的设施完备型单位大院的空间组织状况。

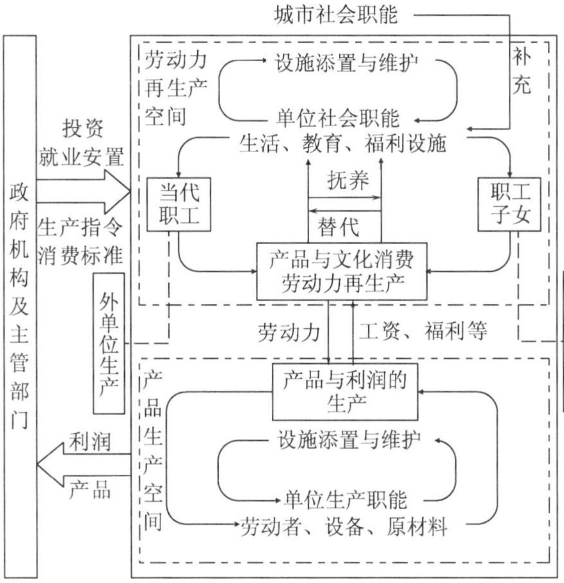

图 5.15　单位模式下单位大院的空间组织

单位大院的空间组织包括两个层次，即物质空间的组织和活动空间的组织。物质空间指单位大院的设施，其又进一步分为生产设施和生活设施两部分。前者包括用于生产的机器设备和构成单位大院建成空间的办公楼、厂房及仓库等辅助生产设施。后者包括用于居民生活服务的住房、教育、医疗、体育休闲、购物、就餐等设施。物质空间是单位大院空间组织的物质基础。单位成立之初，政府通过投资创建单位的物质空间，之后，除扩大再生产外，物质循环以设施的维护和更新为主要形式。物质设施主要由单位所属的基建、维修和后勤部门负责建设和维护。政府的管理作用贯穿于物质空间的规划设计及建设中，包括投资、标准及符号等等。其中的生活设施是单位职工劳动力再生产的物质依托，其完备程度决定了单位对城市社会职能的依赖程度。对于完备型的单位来说，城市社会职能只是补充；而设施不足的单位，则高度依赖城市的社会职能。

单位大院活动空间的组织是依托物质空间的利用形成的多种活动的安排和布置，可分为产品生产活动和劳动力再生产活动两个方面。产品生产是单位空间组织的核心，也是单位得以存在的指向与意义所在。对企业单位来说，产品生产发生在单位空间中的生产区，是劳动者、生产设备和原材料互动的结果。在这一过程中单位职工提供劳动力，利用厂房、机器等生产设备加工原材料，生产出相应产品的同时产生利润，作为对政府投资的回馈。单位职工的工资、福利等同样产生于这一过程。当然，这一过程是上级部门的生产计划和生产指令执行的结果，同时如果单位存在亏损，则由国家来补充不足。而对事业单位和机关单位而言，工资和福利的支出直接来自国家财政，生产区的职能也有相应的区别。

劳动力再生产活动的组织是单位成员利用生活设施的生活过程，可以分为当代职工劳动力再生产和职工子女劳动力再生产两部分。当代职工主要通过政府安置就业的形式进入单位，子女在单位出生或随父母迁移。他们都要利用单位生活区的设施（及部分城市设施），完成睡眠、就餐、休闲、就医、教育等劳动力再生产的必要活动。在单位生活区中，存在一部分在外单位就业的本单位职工家属。他们依托本单位的生活及福利等设施完成劳动力再生产，为其就业单位提供劳动力。单位职工子女利用单位生活区及城市相关设施完成下一代劳动力的形成过程之后，一部分在本单位就业，形成对上一代职工的退休后的替代或补充扩大再生产的劳动力需求⑫；其余则通过政府部门的统一安置到其他单位就业。

这样，在上级政府和主管部门的直接约束下，在单位大院形成了物质空间基础上的产品生产空间和劳动力再生产空间的组合。这种组合的空间具有明显的封闭性，内部互动明显和强烈，对外部具有明显的独立性。这一方面降低了单位对城市空间的依赖，同时也造成了城市空间的分割和单位之间的分异。

5.5.3 单位模式下的资本循环：政府通过单位组织的生产与劳动力再生产循环

哈维从资本循环的角度解读空间生产，认为资本主义的生产体系包括三个循环，即工业生产领域的初级循环、建成环境的第二次循环和投资于科技和劳动力再生产领域的第三次循环。资本通过初级循环向第二次循环和第三次循环实现资本的时空间修复，从而努力推迟和避免内在的矛盾。资本循环揭示了资本运行体系与空间生产的内在联系，形成了对资本主义体系下的城市空间扩张、全球化展开的深刻理解。已有学者对于中国计划经济体制下的资本循环展开研究[367]，指出了国家发展计划和物资配给在资本循环中的重要作用，并明确了以第一循环为主的运行体系；但对单位模式下生产目标的理解、生产中的指令性以及单位的社会作用方面还存在不足，这里作进一步的深化。

如前所述，严格来说计划经济体制下生产和消费的体系并非是本来意义上的资本循环，可以说是生产与消费循环，或者生产与生活的组织运行。从内容和领域来讲，单位模式下的资本循环同样可以分为第一循环（生产循环）、第二循环（建成环境循环）和第三循环（科技与社会支出循环），但在资本循环的组织方式上却与哈维的理解有着本质的区别（图 5.16）。

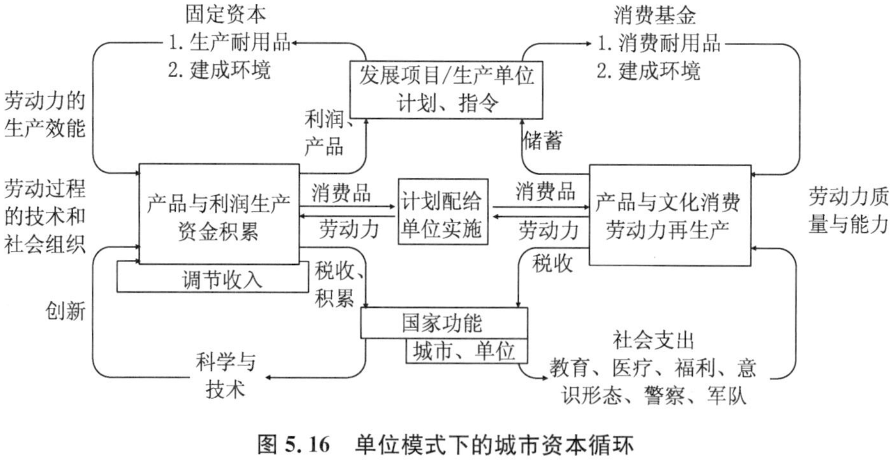

图 5.16　单位模式下的城市资本循环

第一循环，即生产循环是国家以发展项目的形式，按生产单位进行组织生产的结果，其目的不在于剩余价值的生产，而在于产品和利润的生产，并完成资金积累。这一目标直接体现为完成上级部门下达的生产任务。而从过程角度来讲，生产循环要不断地接受上级部门的计划和指令。另外，这一循环过程准备阶段的原材料组织，循环完成阶段的产品销售等也由上级部门组织实施，并不依赖市场完成。因此，第一循环是一种被动的产品生产循环，是国家工业化战略的生产车间的表现。

作为建成环境生产的第二循环同样是政府计划发展的结果，单位在其中也有重要的作用。与项目生产和生活有关的基础设施通常都是由单位负责建设和维护的，不仅包括设备、厂房、住房及其他生活设施，还包括了部分道路等基础设施。单位以外的基础设施由所在城市建设。但在单位模式下，集中资源进行工业化项目建设是最重要的投资方式，并未形成大规模的城市基础设施投资的情况。

第三循环主要讨论与居民生活相关的社会支出循环。这方面在组织和实施的方式上与其他循环一致，主要是政府组织通过单位实施的结果。为了控制消费，政府通过工资制度和统购统销及票证制度来调节劳动力再生产中的消费支出。而在教育、医疗及福利方面，政府通过单位办社会的形式来实现。这些保障作为对低工资的补充，内容全面，但总体水平不高。此外，一部分的社会功能以及警察和军队等社会支出通过城市来实现。再者，居民消费中还包括注重精神引导的文化消费，这同样是政府控制的结果，通过城市和单位组织实施。

总体而言，单位模式下的资本循环是国家计划推动和操作的结果，资本的循环嵌入在内，不具有为价值和剩余价值而存在的本性。单位模式下的资本循环虽然集中了资本的使用，但却束缚了资本的能动本性。这一方面限制了资本向第三产业和轻工业部门的自由流动，导致了没有城镇化的工业化现象；另一方面造成了单位及职工激励机制不足和生产的不可持续性。

5.6 单位模式中城市空间的特性

1）封闭性

封闭性是单位模式下城市空间最直观的表现，突出展现为大院和围墙的广泛分布。进入单位空间需要相应的身份许可，要求最严的当属军事单位和部分特殊单位。封闭性的存在导致单位之间以及单位对城市的独立性。以单位的生活设施为例，单位之间不能共享，形成了封闭的福利共同体。而对城市的封闭性和独立性则导致了城市空间整体性的碎化，当城市的整体发展与单位空间产生矛盾时难以协调，在整个城市中表现为蜂巢状或龟裂状的格局[368-369]。但对内部而言，空间封闭性导致的对外界隔离提升了单位空间作为一个整体的生产性，在促进成员交流、形成地方感和心里归属方面具有重要作用。

2）整体性

整体性是城市制度系统性和城市活动在空间组织中统筹考虑的结果，并主要体现在两个层次，即城市系统和居民生活。城市系统层次的整体性是政府不仅将生产，也将职工的生活纳入统筹的结果，并对其关系进行调控。为了提高整体效益，这一层次的关系主要表现为职住接近，无论是工人新村还是新建工业区以及单位大院都是如此。居民生活层次的整体性是基于将居民视为有多种生活需求的个体和家庭看待的结果。因此，居住、就餐、就医、教育及生活服务都必不可少。这是单位模式下城市空间中生活区的最大特点。虽然整体水平偏低，但整体性却构成了其中最大的优点。对方便居民生活、促进交往以及形成特殊的单位情结都有重要的意义。

3）静态性

单位模式下的空间静态性表现在物质和社会两个方面。前者源于无偿、无限期的城市土地使用制度。在这种模式下，单位不仅倾向于多占土地，而且一旦形成就很难调整，尤其是对于行政级别高的单位而言。由于存在隶属关系，单位空间的调整涉及不同的行业和部门，没有通用的原则，协调成本很高，加固了单位空间的静态性。空间在社会方面的静态性源于就业和生活服务设施统一管理。统包统配和人口众多的现实导致了居民在不同行业间、不同阶层之间的流动性很低。生活服务设施，尤其是住房供应不足导致居民在居住空间的流动性很弱，同一状态可能保持几十年不变。

注释

① 这批公共建筑经过反复酝酿，最后形成建国初期首都北京的十大建筑，包括人民大会堂，中国历史、中国革命博物馆，中国人民革命军事博物馆，北京民族文化宫，北京民族饭店，华侨大厦，钓鱼台国宾馆，全国农业展览馆，北京火车站和北京工人体育场。

② 参见 1955 年 7 月 5 日国务院副总理李富春所作《关于发展国民经济的第一个五年计划的报告》。

③ 参见 1958 年 11 月 28 日中共八届六中全会《关于人民公社若干问题的决议》。

④ 一种意见主张行政中心放在旧城区，以苏联专家和部分国内学者为代表；另一种意见主张放在旧城以西月坛至公主坟之间，以梁思成和陈占祥为代表。

⑤《北京志》(城乡规划卷)，北京：北京出版社，2005 年，第 52 页。

⑥ 1995 年上海市自行车通勤比例为 42%，步行为 31%；1992 年合肥市民自行车通勤比例为 45%，步行为 34%。中国城市交通规划委员会，《跨入二十一世纪的中国城市交通——城市交通规划作品集》。转引自柴彦威等，《中国城市的时空间结构》，北京：北京大学出版社，2002 年，第 179 页。

⑦ 程建勋等，《京棉二厂厂志》，1985 年，第 128－129 页。

⑧ 即公共开水间。

⑨ 薄一波，《若干重大决策与事件的回顾》(修订本)上卷，北京：人民出版社，1997 年，第 300 页。

⑩ 陈广玉，等，《大庆油田志》，哈尔滨：黑龙江人民出版社，2009 年，第 625－626 页。

⑪ 项目包括洛阳第一拖拉机厂、洛阳矿山机械厂、洛阳轴承厂、洛阳铜加工厂和洛阳热电厂。实际建设中，洛阳铜加工厂推迟。

⑫ 以京棉二厂为例，1981—1984 年职工子女在家待业的有 575 人，其中职工子女顶替进厂工作的有 403 人。数据来源：《京棉二厂厂志》，第 47 页。另，子女顶替就业制度从 1950 年代持续到 1980 年代，开始作为一项福利，后期演变为应对就业困难的一种办法。之后，随着就业制度的改革而消失。参见：王爱云，《试析中华人民共和国历史上的子女顶替就业制度》，转引自《中共党史研究》，2009 年第 6 期。

6 去单位模式下的城市制度再安排

去单位模式下的城市制度展现了中国社会由计划经济向市场经济转型过程中城市发展模式在制度层面的变迁，意在站在已经存在的单位模式下城市制度的视角来审视这一变化过程的内容和特征。这一过程的启动源于对单位模式发展效果的反思，发端于对"文革"的拨乱反正。而国际政治经济环境的变化及其再考察触动了对市场机制的认可。与此同时，农村和城市之间的关系得到调整、非公有制的经济成分在观察和争议中发展。这都促进了原有体制内经营管理制度的变革，从而去单位模式下的城市制度不断展开和显化。

本章将运用第四章提出的城市制度的分析框架解读去单位模式下城市制度的调整与改变。内容将首先分析去单位模式下城市制度的知识体系变化，然后从变迁的制度基础和生产与消费的具体制度等方面说明具体规则层面的改变。接下来从总体上概括去单位模式下城市制度的逻辑与过程，并在最后对其特性进行总结。

6.1 去单位模式下城市制度知识体系的重构

去单位模式下的城市制度展现了原有单位模式下城市制度的解体，其原动力来自制度内核的一系列变化，而制度安排的一系列调整则是其外在表现。知识体系的调整是由具有"试验性"的单位模式下城市制度的安排与实践效果之间的差距，即"非意图后果"所直接推动发生的。这是一个持续进行的过程，涉及了去单位模式的启动、发展和深化的整个过程，并将继续延伸。从内容来讲，可以分为国际环境和国内现实状况两个方面的认知变化。

6.1.1 国际认知：国际环境改变及对资本主义的新理解

1）走向和平与发展的国际环境

在"大跃进"及"文革"初期，中国对国际环境和外交关系的判断及处理方式受"左"倾思想严重影响。在政治关系方面，一度作出了"东风压倒西风"的判断，社会主义已经"占了压倒优势"，并提出了反对"帝、修、反"的口号以及全面出击[370]；而随着美苏对峙的变化及中国面临来自苏联的压力，中美关系松动，并于 1972 年建交，从而带动了一系列新外交关系的确立[288]。在 1973 年，毛泽东则提出了三个世界的战略思想①。而 1971 年联合国恢复中国的合法席位为以后的外交关系奠定了基础。此后，随着国际局势的缓和，邓小平在 1980 年 1 月指出："我们有信心，如果反对霸权主义斗争搞得好，可以延缓战争的爆发，争取更长一点时间的和平”②；1985 年 3 月 4 日进一步指出：“现在世界上真正大的问题，带全球性的战略问题，一个是和平问题，一个是经济问题或者说发展问题”③；1987 年 5 月又表示：“对于总的国际局势，我的看法是，争取比较长期的和平是可能的，战争是可以避免的”④。这一基础性的判断促进了备战心理向经济建设的转移。

2）对资本主义现代化和对外开放的认可

中国的国际经济关系同样受到了“文革”的严重影响，认为“万事不求人”和“既无内债又无外债”显示了社会主义的“气节”和“尊严”，这导致了国门的关闭，如对 1970 年代初引进西方国家成套设备的行为⑤则被视为“屈辱于帝国主义的压力”和“崇洋媚外”⑥[371]。但正是这段时间，包括日本和亚洲四小龙在内的很多国家和地区经济快速发展。邓小平曾指出：“60 年代前期我们同国际上科学技术水平有差距，但不很大。而这十几年来，世界有了突飞猛进的发展，差距就拉得很大了。同发达国家相比较，经济上的差距不止 10 年了，可能是 20 年、30 年，有的方面甚至可能是 50 年。”⑦而 1978 年的大量出访⑧让中国政府意识到了差距所在，也获得了很多实质性的收获，如获得港澳关于设立经济贸易特区的建议[4]。邓小平在日本参观了新日铁公司、日产汽车公司和松下电器公司，当他坐完日本新干线时，颇有感慨地说：“快，真快！就像后边有鞭子赶着似的！这就是现在我们需要的速度”，“我们现在很需要跑”，“这次访日，我明白什么叫现代化了”。

这些亲眼所见之事是中国重新审视市场经济、资本主义和经济发展的催化剂。中国的外交也变得更加务实，逐渐摆脱了“敌、我、友”那种简单的方式和意识形态的主导性影响[370]。上述政治和经济认识的变化为后来中国经济引入市场机制、走向开放奠定了最重要的基础。走向国际化和全球化，加入世贸组织等就自然成为了这种趋势的应有之意，即，“现在任何国家要发达起来，闭关自守都不可能。我们吃过这个苦头，我们的老祖宗吃过这个苦头”，“长期闭关自守，把中国搞得贫穷落后、愚昧无知”⑨。当然，引起知识体系重构的另一方面是“文革”对国内经济和社会发展的巨大破坏及其导致的反思。

6.1.2 国内反思：单位模式的反思及新目标的确立

1）单位模式下的经济发展再努力

其实，对计划经济模式的批评早在改革开放之前就已经存在，学术界的顾准和孙冶方属于很早对此进行思考的学者，都认为国营企业应该是自主逐利的经济实体。前者在 1956 年强调市场和商品的重要性，结果被打成“右派”[372]；后者强调了国营企业缺乏自主权，后被贴上了“中国最大的修正主义分子”的标签[4]。而在高层领导内有陈云在 1956 年中共第八次全国代表大会提出的“三个主体，三个补充”⑩的思想，但被弃用。

当然，对中国城市发展转型最重要的反思和行动始于“文革”之后的“拨乱反正”。虽然 1976 年随着“文革”结束，“四人帮”及其影响成为历史，政府将精力从以“阶级斗争”为纲转移到建设四个现代化上来，并最终在 1978 年年底的《十一届三中全会公报》中明确“把全党工作的着重点和全国人民的注意力转移到社会主义现代化建设上来”。但当时思想上继续着“农业学大寨”和“工业学大庆”的“左”倾错误，集中表现为急于求成的《十年规划纲要》⑪和“洋跃进”；但这些行为是在当时先天不足的基础上强行推进的，因此很快就导致了比例失调、战线太长等问题，在1979年4月被终止[373]。

2）从意识形态化到实用主义的社会主义本质再认识

对思想上“左”倾的扭转来自于对真理标准的讨论和对“两个凡是”的批判。1978年5月11日发表在《光明日报》上的文章《实践是检验真理的唯一标准》是从意识形态化的认识转向实用主义的标志。此后，《贯彻中共中央关于全部摘掉右派分子帽子决定的实施方案》得到实施，并为1976年的天安门事件平反。而1978年10月6日，《人民日报》刊登的胡乔木的文章《按照经济规律办事，加快实现四个现代化》向前推进了实用主义，是“不唯书，不唯上，只唯实”⑫的精神的体现。

这种实用主义的思想态度对巧妙处理经济发展中性质的争论具有重要作用，后者一直伴随着去单位化的整个过程。虽然1978年12月邓小平发表了“解放思想，实事求是，团结一致向前看”的讲话，但意识形态影响的扭转绝非易事，尤其是在1980年代，如1981年11月17日中共中央和国务院联合发布了《关于广开门路，搞活经济，解决城镇就业问题的若干决定》，将个体经济视为集体经济的必要补充，但拥有8名及以上雇员的私营企业被认为是“走资本主义道路”的违法行为，到1990年代才转变为“不推崇、不宣传、不禁止”的三不政策[4]。而1990年12月17日，《人民日报》发表的《社会主义必定代替资本主义》和1991年4月20日《当代思潮》发表的《改革开放可以不问姓“社”姓“资”吗？》更是对市场经济和商品概念的质疑。1992年邓小平南巡是对实用主义经济发展的最有力支持，他指出：“对改革开放，一开始就有不同意见，这是正常的……不搞争论，是我的一个发明。不争论，是为了争取时间干。一争论就复杂了，把时间都争掉了，什么也干不成”。他还指出：“改革开放胆子要大一些，敢于试验，不能像小脚女人一样。看准了的，就大胆地试，大胆地闯。”⑬而在民间流行的则是“不管黑猫白猫，捉到老鼠就是好猫”的说法。但最理论化的表达则是“三个有利于”⑭标准的提出和对社会主义本质的再认识，即“解放生产力，发展生产力，消灭剥削，消除两极分化，最终达到共同富裕”。

摆脱意识形态困扰的另一个表现是允许一部分人先富起来，最终走向共同富裕思想的形成。早在1978年12月的《解放思想，实事求是，团结一致向前看》的讲话中，邓小平就指出：“在经济政策上，我认为要允许一部分地区、一部分企业、一部分工人农民，由于辛勤努力成绩大而收入先多一些，生活先好起来”。这一观念是对单位体制下平均主义思想的彻底颠覆，从而让平等观念摆脱了平均主义的束缚。

3）国内基础条件的务实判断及经济发展目标的量化

对中国国内另一个重要认知是社会主义初级阶段理论的提出。在1987年中共十三大上对社会主义初级阶段的论述中指出了社会主义初级阶段的两层含义，即：“第一，中国社会已经是社会主义社会，必须坚持而不能离开社会主义。第二，中国的社会主义还处在初级阶段，必须从这个实际出发，而不能超越这个阶段”，“我们必须经历一个很长的初级阶段，去实现别的许多国家在资本主义条件下实现的工业化和生产的商品化、社会化和现代化”。这一认识是对“大跃进”“赶英超美”和“洋跃进”等脱离实际、急于求成和片面夸大主观能动性等心态比较彻底的否定，在此基础上进一步形成了“科学技术是第一生产力”⑮的论断。

以经济建设为中心和实用主义的态度进一步反映到了一系列“量化”的现代化发

展目标中。邓小平在1979年会见日本首相时提到中国四个现代化的目标是到20世纪末国内生产总值翻两番，达到小康水平，后来，解释到小康就是人均国民生产总值达到800美元。这种经济发展"指标化"的目标后来又形成影响深远的"三步走"战略，即第一步从1981—1990年国民生产总值翻一番，解决人民的温饱问题；第二步从1991—20世纪末，国民生产总值再翻一番，人民生活达到小康水平；第三步到21世纪中叶，人均国民生产总值达到中等发达国家水平，人民生活比较富裕，基本实现现代化。这些认识上的变化奠定了以经济增长为中心的城市制度基础。

6.2 去单位模式下城市制度具体规则的调整

6.2.1 规则调整的基础：外部推动与内部压力

1）市场经济体制的确立及其对企业主体地位的要求

按十七大报告的理解，中国发展的转型是"从高度集中的计划经济体制到充满活力的社会主义市场经济体制、从封闭半封闭到全方位开放的伟大历史转折"。但市场经济体制的明确和发展是一个循序渐进、逐渐展开的过程。在1980年代，整体是在计划经济的框架下引入市场机制。在十一届三中全会中提出"应该实行坚决按经济规律办事，重视价值规律的作用"⑯。在1981年《中共中央关于建国以来党的若干历史问题的决议》中指出："必须在公有制基础上实行计划经济，同时发挥市场调节的辅助作用。要大力发展社会主义的商品生产和商品交换。"1984年，中共十二届三中全会作出了《中共中央关于经济体制改革的决定》，明确提出我国社会主义经济是在公有制基础上有计划的商品经济，从而突破了把计划经济和商品经济对立起来的传统观念。

到1990年代则有了进一步的突破。1992年，邓小平在南方讲话中说："计划多一点还是市场多一点，不是社会主义与资本主义的本质区别。计划经济不等于社会主义，资本主义也有计划；市场经济不等于资本主义，社会主义也有市场。"⑰在1992年的中共十四大上，明确提出我国经济体制改革的目标是"社会主义市场经济体制"，并在1993年3月写进了《宪法》。同年11月的中共十四届三中全会通过了《中共中央关于建立社会主义市场经济体制若干问题的决议》，指出要在20世纪末初步建立起社会主义市场经济体制，并从转换国有企业经营机制，建立现代企业制度等八个方面确立了基本的框架⑱。2003年10月，十六届三中全会通过了《中共中央关于完善社会主义市场经济体制若干问题的决定》，提出更大程度地发挥市场在资源配置中的"基础性"作用。到2013年十八届三中全会通过的《中共中央关于全面深化改革若干重大问题的决定》中发展为："紧紧围绕使市场在资源配置中起'决定性'作用深化经济体制改革。"在此过程中，随着相关配套改革的进行，市场经济体制逐步深入并发挥更大的作用。

从计划经济体制到市场经济体制的转变是单位生存环境彻底、革命性的变革，对传统意义上的单位在性质、目标及组织管理方面都形成了直接的挑战[307]，要求单位必须从政府领导下的生产车间转变为真正的市场主体，以更加高效的现代企业制度组织企业。现代企业制度以市场经济为基础，以完善的企业法人制度为主体，以公司企业为主要形式[374]。这就要求单位以产权清晰、权责明确、政企分开、管理科学为条件进行制度创新。当然，在实践中这是一个认识和制度变革逐渐加深和展开的过程。

2）激活城市化的统购统销制度解体和户籍制度松动

粮食统购统销制度的解体过程从1970年代末期一直持续到1990年代初[7，375]。随着农村改革的突破和人民公社的解体，统购统销开始调整。最初的改变包括稳定征购基数、提高收购价格和加大议价、超价加价的比例。这是在计划经济为主、市场调节为辅的范围内的政策调整。但随之出现了苦乐不均、"卖粮难"和财政压力加大等问题。1984年的1号文件决定"继续减少统派购的品种和数量"。1985年的1号文件是在发展商品经济的框架下宣布对统购统销制度的取消，其中的第一条规定为："除个别品种外，国家不再向农民下达农产品统购派购任务，按照不同情况，分别实行合同定购和市场收购"。面对农业生产减产、购销体制混乱和强制收购等新问题，国家进一步提高了合同定购价格，并开始实施粮食合同定购与政府供应平价化肥、柴油和发放预购定金的"三挂钩"政策。1992年十四大确立市场经济体制的目标后，农产品购销体制的"并轨"加快，做法包括理顺价格关系，实现购销同价，同时建立农产品市场体系和宏观调控体系。1993年中共中央、国务院《关于当前农业和农村经济发展的若干政策措施》宣布："粮食统购统销体制已经结束，适应市场经济要求的购销体制正在形成。"

户籍制度本身并不复杂，但其背后附带的一系列福利增加了变革的难度[376]，变化的总体趋势是一个与市场化和城镇化相适应的逐渐展开的过程。在改革之初对户籍仍旧是严格控制。户籍制度的松动始于十一届三中全会后解决政策人员、返城知青等回城落户的问题。1980年9月，公安部、粮食部和国家人事局联合颁布的《关于解决部分专业技术干部的农村家属迁往城镇由国家供应粮食问题的规定》开始打破户籍的指标控制[377]。1984年10月，国务院发出了《关于农民进集镇落户问题的通知》，允许农民自理口粮到集镇落户，标志着户籍改革由指标控制转向准入条件控制。为了适应对流动人口的管理，1985年公安部颁布了《关于城镇暂住人口管理的规定》，《暂住证》成为重要的管理手段。同年9月，全国人大通过了《中华人民共和国居民身份证条例》。依据身份证来实现身份证明是对一户一本的《户口簿》和单位开具介绍信证明身份的重要改革，是单位管理向社会管理转变的重要标志。此后，户籍制度的改革继续深入。1992年公安部发出了《关于实行当地有效城镇居民户口制度的通知》，具有过渡性质的"蓝印户口"出现，基本原则是户口在当地有效，标志着户口准入制度扩大到小城镇[377]。1997年国务院转发了《公安部小城镇户籍管理制度改革试点方案和完善农村户籍管理制度意见的通知》，进一步放宽了小城镇户籍限制。1999年，北京和上海两个特大城市为了吸引人才，在户籍制度上开了新的"口子"。之后，还出现了投资、购房等准入条件。2000年后出现了取消农业户口和非农业户口的区别、放宽准入条件等改革措施，但目前依旧是改革的焦点之一。

统购统销制度的取消和户籍制度的松动为农村富余劳动力流向城市创造了条件，最直接的表现就是城镇(常住)人口的快速增长和农村人口的减少(图6.1)。虽然这部分人口没有在户籍上实现城镇化，但为城市经济，尤其是非公有制经济的发展起到了巨大的推动作用，而这又进一步转换为对体制内经济成分的改革的推动和促进作用。对单位体系的直接影响来说，统购统销解除了城市居民日常生活中吃、穿、用的限制，为居民消费选择性的提高和空间的拓展创造了前提。而体制外人口的大量增加则对单位社区的过滤、杂化有重要的推动作用。

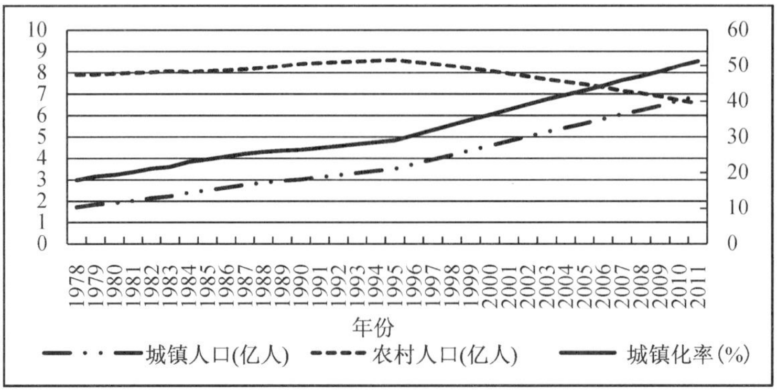

图 6.1　去单位模式下中国城镇及农村人口数量和城镇化率的变化

3）非公有制经济成分的示范与帮助

在经历了 1950 年代的社会主义改造和"一大二公"的计划经济阶段后，非公有制经济在中国几乎绝迹。转型期以来中国非公有制经济的发展是从为个体经济的发展提供空间而逐步展开的[378]。非公有制经济开启最重要的标志是 1982 年 12 月五届人大五次会议通过的《中华人民共和国宪法》的规定："在法律范围内的城乡劳动者个体经济，是社会主义经济的补充。"而对私营经济的正式肯定则直到 1987 年 10 月中共十三大报告指出"对于城乡合作经济、集体经济和私营经济，都要继续鼓励它们发展"和 1988 年的《宪法》修正案。1992 年的中共十四大报告提出的"多种经济成分长期共同发展"是对其进一步的推动，到 1997 年中共十五大发展为"公有制为主体、多种所有制经济共同发展的基本经济制度"，并强调"坚持平等保护物权，形成各种所有制经济平等竞争"。再后来则有 1999 年《宪法》修正案、2005 年国务院《关于鼓励支持和引导个体私营等非公有制经济发展的若干意见》和 2007 年《中华人民共和国物权法》的进一步肯定、推动和保护。在实践中，对个体经济活动的放行与拨乱反正和大规模的"知青"返城⑲有直接关系[379]。面对严峻的就业压力，让"待业青年"自谋出路成为放开个体经济的重要动力。而 1982 年 1 月 11 日，中央委员会号召打击一切经济犯罪，恢复社会主义经济秩序的政策出台，及当时对"投机倒把"的严厉打击等反映了政策领域在非公有制经济发展过程中的犹豫与反复，如"傻子瓜子"的开创人年广久因"剥削"经营在邓小平的保护才生存下来[4]。

在中国发展模式渐进式转型的背景下，对外开放过程同样经历了一个逐步展开的过程，即从 1980 年代初的试办经济特区到 1990 年代的纵深发展和全方位开放，再到 21 世纪初加入世贸组织并融入全球化的发展过程。具体来说，1979 年 7 月和 1980 年 5 月中央政府先后决定在深圳、珠海、汕头和厦门创办经济特区。1984 年，决定进一步开放 14 个沿海港口城市。1985 年，决定将长江三角洲、珠江三角洲、闽南三角洲地区和环渤海地区开辟为沿海经济开放区。1990 年 6 月，正式批准开放和开发浦东新区。在 1992 年起进入加速阶段，批准开放 13 个沿边城市、6 个长江沿岸城市、18 个内陆省会城市。而且，先后批准了 32 个国家级经济技术开发区、52 个高新技术开发区、13 个保税区和 34 个口岸。2001 年 11 月加入世贸组织。此后，对外开放进一步探索和发展。

非公有制经济的发展对单位模式的变革具有重要作用，不仅为市场经济体制赢得了政治认同[4]，而且为体制内的国企改革提供了经验和启示。从前述的非公有制经济发展的轨迹可以看出，国家的态度经历了从应对困难和允许试验到成功之后的政策肯定与推广的转变。非公有制经济发展的启动处于以公有制经济为绝对主体的国家经济的边缘，可以承担较大的改革风险。以“摸着石头过河”的方式观察其效果，是比较稳妥的方式。而事实上，非公有制经济取得的巨大成功则让国家看到了市场经济的创造力与活力。从成效上来说，国有和集体以外的经济贡献越来越大，以工业总产值为例，1980 年不足 1%，到 1991 年已经突破 10%，到 1999 年更是超过了 40%(图 6.2)。就业方面也有很大的贡献：1979 年城镇中的个体劳动者只有 32 万，不足总量的 1%；到 1999 年城镇中除国有和集体单位外的就业人员超过了 1 亿人，占全部城镇就业人口的 53.3%⑳。宏观上，非公有制经济的发展不仅非常有助于解决农村和城市富余劳动力的就业问题，从而为体制变革提供稳定的和相对宽松的环境，还为体制内人员向体制外流动创造可能，推动“下海”的同时也降低了“下岗”所带来的阵痛。另外，在操作上为国企改革提供了具体的经验借鉴，比如国企改革中的承包责任制就受到了农村家庭联产承包责任制和乡镇企业做法的启发[307]。外资、合资经济也有类似的效果。在 1984 年年初，邓小平在深圳特区视察时题词“深圳的发展和经验证明，我们建立经济特区的政策是正确的”，并指出“特区是个窗口、是技术的窗口、管理的窗口、知识的窗口，也是对外政策的窗口。……特区成为开放的基地，不仅在经济方面、培养人才方面使我们得到好处，而且会扩大我国的对外影响”㉑。事实上，很多改革措施，包括建筑工程招标承包制、劳动用工合同制、机关干部聘用制、土地使用权有偿出让和转让、劳动保险社会保障体系等都是在特区率先实施的，在成功之后才向其他地区推广。

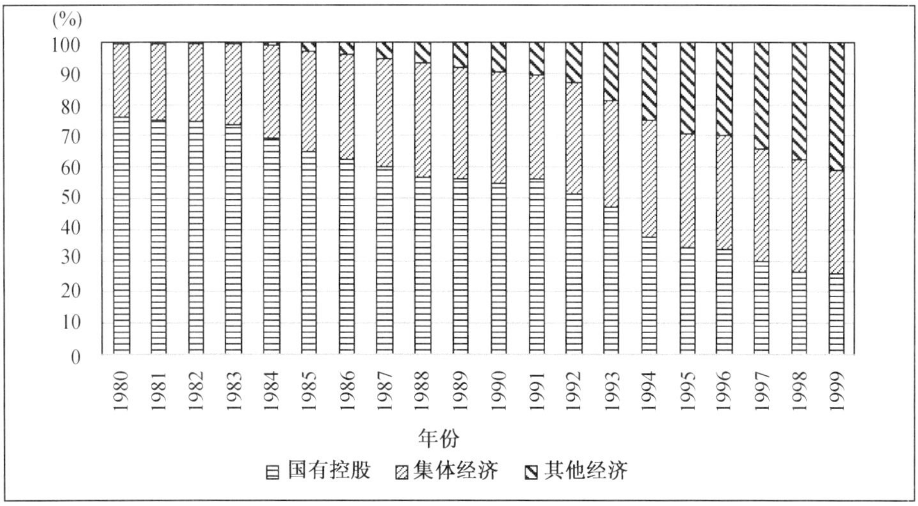

图 6.2　去单位模式下不同经济类型工业总产值的比重变化

4) 单位自身变革的财政压力

计划经济体制下的单位企业有其天生的缺陷和弊端，诸如所有者与经营者利益不一致从而导致激励不相容、信息不对称以及责任不对等[5]。从运作上来说，是一种高投入、低产出和低效率的状态[380]。从 1957—1978 年的 21 年时间里，国有企业投入增长了 7.7 倍，而产出方面，国有企业生产总值只增长了 4.9 倍，生产净值增长只有 4.0 倍。从投入产出比来看，1957 年投入 1 元能够增加国有总产值 1.36 元，到 1978

年降为0.78元，相应的国有净产值则从0.62元降到0.32元。从效益上来说，这是一种不可持续的制度安排。从结果上来说，一方面表现为企业赢利能力下降。国有工业企业固定资产净值利润率在1980年为23.2%，到2001年下降为6.0%㉒，下降幅度惊人。另一方面是国有企业的大量亏损。以2001年为例，国有工业企业亏损数量达13 470个，亏损额为752.2亿元㉓。这种状况构成了国有企业单位改革最直接的内部压力。

6.2.2 生产制度的调整：从被动任务性生产到主动适应市场需求

1）从统收统支转向地方与企业激励的财政制度变革

财税制度的改革经历了从中央与地方和企业之间利益分配的调整到适应市场经济体制的财税体系的建立过程[381]。变革之初，中央与地方之间实行"分灶吃饭"的财政分配关系，包括"划分收支、分级包干""划分税种、核定收支、分级包干"和"收入递增包干、总额分成、总额分成加增长分成、上解递增包干、定额定包、定额补助"等多种形式。国家与企业之间实行"减税让利"的政策。这一阶段的总体安排是调整中央与地方和企业之间利益分配的关系，是传统框架下的放权让利性质的改革。

1994年开始，中央与地方之间开始实行分税制，即按照税种统一划分中央税、地方税和中央地方共享税，建立中央税收和地方税收体系，分设中央税务机构和地方税务机构，实行中央对地方税收返还和转移支付制度，建立了分税制财政管理体制的基本框架。中央与企业之间在降低国有企业所得税税率、取消能源交通重点建设基金和预算调节基金的同时，实行国有企业统一按国家规定的33%税率依法纳税，全面改革国有企业利润分配制度。但这一阶段的改革所覆盖的还只是体制内的政府收支，而游离于体制之外的政府收支则没有进入视野。在1990年代后期，以规范政府收支行为及其机制为主旨的"税费改革"以及财政支出管理制度的改革，先后进入中国财税体制改革的中心地带，并由此将改革带上了财税体制整体框架的重新构造之路，即构建公共财政体制框架。

在财政分权激励之下，城市政府获得了发展地方经济的动力和能力，城市越来越成为参与全国及世界竞争的主体，并进而推动了经营城市以及政府企业化的现象。而相应的管理权限调整为城市政府从整体上调整城市的管理与规划创造了条件。这样，去单位模式下的城市空间生产开始打破单位的局限，城市整体的调整成为可能。国企等单位与此类似，不仅有了更多的追逐收益的动力，同时也面临来自市场竞争的压力。此外，企业还可以根据发展的需求，以市场主体的身份参与竞争与合作。

2）从统包统配转向劳动力市场的就业制度变革

在单位模式下，中国城市中形成了统包统配和缺乏流动的就业制度，对职工来说拥有的是不会失业的"铁饭碗"。这一刚性的制度向市场机制下灵活制度的转变经历了由浅入深、逐步展开的过程，而最初的动力是应对严峻的就业压力。1980年8月，全国劳动工作会议提出了"三结合"㉔的就业方针。自此，统包统配的就业制度出现了缺口[301-302]。1981年10月，中共中央和国务院作出了《关于广开门路，搞活经济，解决城镇就业问题的若干规定》，强调要把就业问题和所有制结构、产业结构密切结合起来，这就促进了劳动密集型产业和非公有制经济的发展。但总体而言，这些只是对传统就业体制的局部调整。

对于“固定工”制度的改革则是对传统就业体制的正面调整，这一过程始于国有企业在放权让利的改革中将招用工人择优录取的权力下放给企业的改革。1983 年 2 月，劳动人事部颁发《关于招工考核择优录取的暂行规定》，其中包含了招工单位自行组织的规定。在实施中采用了双轨的改革方案，新招收的工人推行劳动合同制，而固定工则维持现状，即俗称的“老人老办法，新人新办法”。1984 年后，结合企业贯彻经济责任制，优化劳动组合㉕等措施作为改革固定工制度的一项措施开始实施，固定工制度开始出现松动和调整。1993 年 12 月，劳动部发布了《关于建立社会主义市场经济体制时期劳动体制改革总体设想》，明确提出推行全员劳动合同制的任务。此后就业制度主要是在市场经济的思路下对劳动力市场的培育、再就业的促进、失业保险以及对就业双方权利义务的明确和保护等政策措施的实施，如 1986 年颁布的《国营企业职工待业保险暂行规定》和 1994 年通过的《中华人民共和国劳动法》。

就业制度的变革打破了单位模式下僵化的就业操作，就业领域的流动性不断增强。在双向选择的机制下，居民可以根据自身的需求选择就业岗位，并且可以随自身状况的改变进行调整。企业同样具有了根据需求自主决定所需劳动力的权利。由此，居民与企业的关系不再是单位模式下的全面和单向依附，而是转向了灵活多样的互动。

3）从无偿、无限期转向有偿、流动的土地使用制度变革

土地使用制度总体上经历了从无偿使用到有偿使用的过程，最初的变革是对外资企业征收土地使用费[382]。1979 年出台的《中外合资经营企业法》明确规定对外资企业征收土地使用费。1980 年国务院制定的《关于中外合营企业建设用地的暂行规定》要求不论新征土地，还是原有企业场地，都应征收场地使用费。进入 1980 年代，地方开始土地有偿使用实践，这最早始于 1981 年的深圳。1987 年国务院批准深圳、上海等地进行土地使用制度改革试点。

第二阶段为以法律形式肯定土地使用价值的商品性质，并对交易进行规范。1988 年 4 月，全国人大对《宪法》进行了修改，删除了土地不得出租的内容，将相应条款修改为“任何组织或个人不得侵占、买卖或者以其他形式非法转让土地。土地的使用权可以依照法律的规定转让”；随即又对《土地管理法》进行了相应修订。到 1990 年代在《城镇国有土地使用权出让和转让暂行条例》《城市房地产管理法》等法律法规下，土地使用制度得到细化。过去无偿、无限期、无流动的土地使用制度正转变为有偿、有限期、有流动的土地使用制度。进入 2000 年以来，土地制度进一步经历了完善制度、规范秩序和增强调控等阶段[383]。

土地使用制度的有限期、有偿使用的实施激活了城市空间潜在的交换价值，为土地使用权的流转创造了依据，这进一步转化为城市空间布局调整的重要动力。在城市政府及城市规划的推动下，城市空间以新的生产方式开始适应社会经济发展的模式。

4）从政企不分转向现代企业制度的企业管理制度变革

国有企业经营机制的改革同样经历了由浅入深的过程。第一个阶段是在原有的管理框架下对企业放权让利的结果，虽然经历了一系列改革，但没有从根本上改变传统上收和放的格局。改革启动于 1978 年在四川试点的扩大企业自主权，主要内容包括扩大企业在生产、销售方面的部分自主权，实行利润留成，提高固定资产折旧基金提留比例以及改进奖励制度等。1981 年，根据国家经委和国家体改委提出的《关于实行工业经济责任制若干问题的意见》，开始推行经济责任制。1983 年年初，国务院决定

实施利改税，即把国有企业上缴的利润改为按国家规定的税种及税率缴纳税金，税后利润完全归企业支配。1984 年 5 月，中共中央办公厅和国务院印发《关于认真搞好国营企业领导体制改革试点工作的通知》，厂长负责制开始试点。1986 年 9 月，中共中央、国务院同时颁发《全民所有制工业企业厂长工作条例》等文件，规范、支撑厂长负责制的实施。1987 年，六届全国人大五次会议通过的政府工作报告指出："根据所有权和经营权分离的原则，认真实行多种形式的承包经营责任制"。1988 年 2 月，国务院发布《全民所有制工业企业承包经营责任制暂行条例》，对其进行规范。为了打破条块分割，早在 1980 年，国务院就颁发了《关于推动经济联合的暂行规定》。1986 年 3 月，国务院颁发了《关于进一步推动横向经济联合若干问题的规定》，但各企业因受到隶属关系、所有制和财政上缴的限制，更深一步联合受到制约。

1990 年代初到 21 世纪初是国有企业以转换企业经营机制，建立现代企业制度为目标的改革阶段，这与社会主义市场经济体制的确立有直接关系。1991 年 4 月，七届人大四次会议通过的《国民经济和社会发展十年规划和第八个五年计划纲要》提出转换企业经营机制的要求："实行政企职责分开、所有权与经营权适当分离，逐步使绝大多数国营企业真正成为自主经营、自负盈亏、自我约束、自我发展的社会主义商品生产者和经营者"。1992 年 7 月，国务院颁布了《全民所有制工业企业转换经营机制条例》来推动实施。1993 年 11 月，中共十四届三中全会通过《关于建立社会主义市场经济体制若干问题的决定》，明确提出："建立现代企业制度，是发展社会化大生产和市场经济的必然要求，是我国国有企业改革的方向"。此后，规范化公司改造、推进兼并破产、减员增效和再就业、抓大放小等措施陆续实施。1993 年，国家体改委公布了《股份制企业试点办法》等 14 个规范性文件引导企业股份制改造。

2002 年以来则是国企改革不断深化的阶段。2002 年 10 月，中共十六大报告作出了改革国有资产管理体制和深化国有企业改革的决定。2003 年 3 月，国有资产监督管理委员会(简称国资委)成立。2007 年 8 月，《中华人民共和国反垄断法》颁布并实施。2008 年 10 月，《中华人民共和国企业国有资产法》通过，并于 2009 年开始实施。国企改革是涉及政府与企业和市场关系的根本性变革，在中国走的是摸索前进的过程，目前还未根本完成。但整体上，国有企业已经具备了相当多的自主决策与经营权，这就为经营管理、区位调整、就业及福利调整等创造了条件。

6.2.3 消费制度的调整：从政府控制的统一走向市场化的分异

1）从平均主义转向体现市场价值的工资制度变革

单位模式下的等级工资制度具有高度集中、平均主义和"大锅饭"的特点，同时出于控制消费、增加积累的目的，还具有低收入水平的特点。工资制度的改革是适应经济体制的要求，循着打破单位模式分配弊端逐步展开的。奖金部分的改革方向是与企业经济效益挂钩的。1978 年 5 月，国务院下发了《关于实行奖励和计件工资的通知》，要求各国有企业有条件地实行计件、奖励工资制。1983 年，国营企业开始实行"利改税"方案，并放弃了对企业奖金总额的控制，在此基础上初步实现了奖金与企业经济效益之间的挂钩。1984 年，国务院先后发出《关于国营企业发放奖金有关问题的通知》和《关于进一步扩大国营企业自主权的暂行规定》，取消了奖金"封顶"的限制，但通过奖金税的形式来控制企业的奖金总额。

工资总额的改革首先是从工资调整开始，连续经历了1977年、1978年、1979年和1983年的调整。其中1977年的调整具有平均主义的性质，而之后的调整逐步体现了工资升级与个人技术水平、贡献大小以及企业的经营好坏联系，企业的经济效益开始在工资中有所体现。真正产生重要影响的改革源自1985年1月国务院发出的《关于国营企业工资改革问题的通知》，其中最重要的改革方案包括工资总额同经济效益挂钩（简称工效挂钩），企业与机关、事业单位工资改革和工资调整脱钩，企业可以根据自身特点和情况，自行确定工资形式、工资制度和分配方法。这一改革措施促进了分配主体由政府向企业的转移。同年6月，根据中共中央和国务院发的《关于国家机关和事业单位工作人员工资制度改革问题的通知》，机关行政人员和专业技术人员开始实行结构工资制。1993年的改革决定了机关和事业单位工资制度相互脱钩，前者实行职级工资制，后者分类制定。

调整后的工资制度，更好地体现了按劳分配的原则，竞争机制得以引入，较好地适应了市场经济体制的建立。由此，单位体制内就业群体的收入差异不断扩大；而体制外就业人群的收入更加多样，更进一步打破了城市居民平均主义的收入状况。这种收入差异在消费品由市场供给的环境中，逐步转换为居民消费模式及消费水平的差异与差距。

2）从国家福利转向市场为主、政府为辅的住房制度变革

早在1980年4月，邓小平就指出："城镇居民个人可以购买房屋，也可以自己盖。不但新房子可以出售，老房子也可以出售。可以一次付款，也可以分期付款，10年、15年付清。住宅出售以后，房租恐怕要调整。要联系房价调整房租，使人们考虑到买房合算。……将来房租提高了，对低工资的职工要给予补贴"。这为住房商品化定下了基本的方向。具体的住房改革措施大体上经历了住房市场化试点、初步形成和正式形成几个阶段。试点阶段始于1979年在西安等城市的全价售房。由于效果不理想，在1982年调整为补贴售房，即"三三制"[25]，但由于政府及企业负担重和低租金的原因，效果受到限制。1986年开始进行提租补贴试点，但由于1988年通货膨胀而停止。

住房市场化初步形成阶段始于1991年国务院发布的《关于继续积极稳妥地进行住房制度改革的通知》。同年，上海开始全面的住房制度改革，包括推行公积金制度、提租发补贴、配房买债券、买房给优惠和建立房委会。此后，公积金制度开始在全国推广。1994年7月，国务院发布《关于深化城镇住房制度改革的决定》，提出了我国要建立与社会主义市场经济体制相适应的新的城镇住房制度。主要内容包括：把住房建设投资由国家、单位统包的体制改变为国家、单位、个人三者合理负担的体制；把各单位建设、分配、维修、管理住房的体制改变为社会化、专业化运行的体制；把住房实物福利分配的方式改为以按劳分配为主的货币工资分配方式；建立以中低收入家庭为对象、具有社会保障性质的经济适用住房供应体系和以高收入家庭为对象的商品房供应体系；建立住房公积金制度等。

住房市场化的正式形成始于1998年7月国务院下发的《关于进一步深化城镇住房制度改革加快住房建设的通知》。该通知要求："停止住房实物分配，逐步实行住房分配货币化；建立和完善以经济适用住房为主的多层次城镇住房供应体系；发展住房金融，培育和规范住房交易市场。"从此，中国房地产市场开始全面发展。2003年8月，国务院下发的《关于促进房地产市场持续健康发展的通知》第一次明确房地产是支柱产业。

与此同时，为了应对城市低收入群体的住房问题，与住房市场化同期发展的另一

条轨迹是住房保障体系的建设。在1994年提出经适房供应体系的基础上，1998年国务院下发的《关于进一步深化城镇住房体制改革加快建设的通知》提出"建立和完善以经济适用住房为主的多层次城镇住房保障体系供应"。2007年8月，《国务院关于解决城市低收入家庭住房困难的若干意见》标志着对住房保障更加重视，提出建立健全廉租房制度，改进和规范经济适用住房制度。2010年，为解决城镇"夹心层"群体住房困难，《国务院办公厅关于促进房地产市场平稳健康发展的通知》提出加快发展公共租赁住房。2011年，《国家"十二五"规划纲要》提出"十二五"期间建设保障性安居工程3 600万套，加快构建以政府为主提供基本保障、以市场为主满足多层次需求的住房供应体系。

需要注意的是，有关单位在住房供给中的作用并不是随着整个发展制度的变革和市场机制的加强逐渐降低的。事实上，单位在其中的作用曾一度强化[384]。1978年9月，国家计委、建委、财政部、物资总局联合发出了《关于自筹资金建设职工住房的通知》，这意味着住宅建设由国家主导在1980年代过渡到由单位自筹自建自分主导[385]。到1990年代末，出现了大量的单位自建住房，之后随着单位模式和住房制度改革深化，市场和政府互动的模式才逐渐形成。如果仅从生活设施供给的角度讲，这一时段反而是单位社会职能的增强。

住房供给与配置模式的调整将居民个体和家庭推到住房选择的前台，居民住房消费模式开始发生根本性改变，并在此基础上导致了住房分异的逐步显现和扩大。而住房存量的私有化进一步强化了这一过程，使得不同类型的城市人口在城市的居住空间中得以洗牌。

3）从单位福利转向个人参与、社会统筹的福利制度变革

在"文革"结束之后，首先进行了保险制度的恢复和调整[386]。1978年6月，国务院颁布实行了《关于工人退休、退职的暂行办法》和《关于安置老弱病残干部的暂行办法》，除提出工人和干部执行两套退休、退职办法外，还较大幅度提高退休待遇和放宽干部离休条件[302]。真正的改革是在很多企业退休职工大量增加、退休费用过快增长的背景下从"企业自保"走向社会统筹的改革。这一改革于1983年提出，1984年开始在广东、四川和辽宁等地试点，之后逐渐扩大。到1991年年底基本实现了国营企业退休费用市县统筹，部分地区实现了省级统筹。同年，国务院还颁布了《关于城镇企业职工养老保险制度改革的决定》，规定参加养老保险的职工个人都需要缴纳一定的费用，实现了国家、企业和个人三方负担。此后通过对缴费原则、计发办法和统筹标准的调整，养老保险制度逐渐趋于完善。另外，根据1986年的规定，对于新招用的职工，一律实行劳动合同制，并开始执行国家、企业和个人三方负担的养老费用缴纳方式。而机关和事业单位的养老保险随着1992年人事部《关于机关、事业单位养老保险制度改革有关问题的通知》等一系列办法的实施，也走向了社会统筹[316]。

改革伊始，医疗保险制度的调整主要针对严重浪费现象，但后期随着医疗费用的增加和企业负担加重，医疗保险也逐渐走向了社会统筹[302]。1993年十四届三中全会通过的《关于建立社会主义市场经济体制若干问题的决定》指出："城镇职工养老和医疗保险由单位和个人共同负担，实行社会统筹和个人账户相结合（简称统账结合的政策）。"1994年根据国家体改委、卫生部和财政部制定的《关于职工医疗制度改革试点的意见》开始在江苏省镇江市和江西省九江市试点（简称两江试点），并在1996年之后在全国范围推广[316]。1998年起，开始逐步建立多层次的依赖保险体系。

1993—1997 年，一些城市开始探索最低生活保障制度。1996 年 3 月，第八届全国人大第四次会议批准新的《中华人民共和国国民经济和社会发展"九五"计划和 2010 年远景目标纲要》，提出建立最低生活保障制度。1997 年 9 月，国务院颁布《关于建立城市最低生活保障制度的通知》，要求在全国建立这一制度，并确立了相应的时间表。1999 年 1 月，国务院还发布了《失业保险条例》，保障失业人员基本生活。2011 年又颁布了《国务院关于开展城镇居民社会养老保险试点的指导意见》，决定依据"保基本、广覆盖、有弹性、可持续"的原则面向城镇非从业居民实施养老保险。但整体而言，由于历史的延续性和变革的渐进性，养老保险还存在非就业群体、企业职工、事业单位职工等社会群体之间的差异，还具有碎片化的特征。这种状况又进一步传导到居民的消费中，加强了差异化的消费。

4）从精神引导转向事业与产业分类发展的文化管理制度变革

文化制度变革是在整个城市发展模式市场化的大背景中发生的，经历了从相对模糊到逐渐清晰的发展变革过程。从管理来说，早在 1978 年，财政部就批准了《人民日报》等八家新闻单位实施企业化管理的报告[387]。1979 年，邓小平在中国文学艺术工作者第四次代表大会上的讲话可以说是文化领域的一次拨乱反正，并推动了相应的变革。1988 年国务院批转文化部《关于加快和深化艺术表演团体体制改革的意见》和 1989 年中共中央下发《关于进一步繁荣文艺的若干意见》，提出了实行"双轨制"（分类对待，少数成为国家扶持的全面所有制，其余为较多的多种所有制）的改革意见以及推动承包经营和"以文助文"（有偿服务）的经营策略。在出版领域，1984 年取消了统一定价，实行分级管理；1988 年则进一步缩小定价范围，引入市场定价机制。

随着改革的深入，1988 年在文化部、国家工商局联合发布的《关于加强文化市场管理工作的通知》中首次使用"文化市场"的概念；1992 年在国务院办公厅编著的《重大战略决策——加快发展第三产业》一书中，提出了"文化产业"的概念；1996 年《广州日报》成立了中国第一家报业集团；2001 年《关于深化新闻出版广播影视业改革的若干意见》则进一步推动了文化产业集团的发展。在 2003 年的十六大报告中提出了文化在综合国力竞争中的重要地位，强调了文化社会效益的重要性，并将文化领域分为"文化事业"和"文化产业"两个方面促进和分类发展。前者强调社会效益和公益性，后者突出市场化和经济效益[388]。

由于文化内容有关乎国家安身立命的政治思想体系和道德信仰体系，在文化制度变革中对国家主流价值观的维护是一个重要的原则。在 2006 年 1 月国务院《关于深化文化体制改革的若干意见》中，强调我国文化体制改革的基本原则是："坚持社会主义先进文化的前进方向；坚持马克思主义在意识形态领域的指导地位，确保国家文化安全……"这在文化产品方面则表现为政府对"主旋律"㉗作品的激励制度。文化事业与产业，尤其是文化产业的发展为居民提供了越来越多的消费选择。居民的文化消费因此脱离了完全处于单位模式下具有意识形态化和明显精神导向性的状况，这促进了居民生活质量的提升。

5）从单位办社会走向政府、市场、社会互动的消费模式变革

1995 年 5 月 2 日，国家经贸委、国家教委、劳动部、财政部、卫生部联合颁布了《关于若干城市分离企业办社会职能，分流富余人员的意见》。该意见就企业分离社会职能的原则和范围作了明确规定。分离的范围包括：公益型的社会职能，包括自办中小

学和卫生机构等；福利型的社会职能，包括企业负责职工住房职能的管理机构、企业自办的食堂、浴室、托儿所和招待所等后勤服务单位。自办中小学、医院等向当地政府移交，并与相应制度改革结合起来。企业自办的食堂等后勤服务单位和职工住房的管理机构要企业生产经营主体分离。

2002 年 4 月，国家经贸委、财政部、教育部、卫生部、劳动保障部、建设部联合下发了《关于进一步推进国有企业分离办社会职能的工作意见》，要求加快分离企业办社会职能工作的实施，规定经济发达地区的大中城市地方国有大中型企业自办中小学、医院等公益型机构在 2—3 年内完成分离，经济欠发达地区 3—5 年，少数偏远地区可根据实际情况确定。2005 年 3 月 5 日十届全国人大三次会议上的政府工作报告提出："要加快解决企业办社会问题，继续做好国有企业政策性关闭破产工作，建立依法破产机制"。

随着单位办社会模式的解体，居民个体及相应的社会机构成为一支重要力量。住房制度改革和外来人口的增加推动了城市社区建设的发展。市场化变革下的差异化收入为居民差异化的消费奠定了基础。物质和文化消费品的市场化变革为居民提供了多样化的选择。福利制度的变革推动了单位福利走向多方参与的社会福利，政府在其中需要承担更多的职责。由此，多方面的变革使单位办社会的消费模式走向终结，政府、市场和社会互动的格局开始形成。

6.3 去单位模式下城市制度再安排的逻辑与过程

6.3.1 城市发展制度再安排的逻辑：市场机制下的经济增长模式

去单位模式下的城市发展制度已经完全不同于单位模式下城市制度的模式（图 6.3）。在知识体系中，经济增长代替了快速（重）工业化成为制度安排的首要目标，并且量化为具体的发展战略。在知识基础方面，改变了对社会主义"一大二公"和意识形态化的传统认识，社会主义本质和生产力标准形成，市场经济体制被接纳和引入。对国内情况的判断集中表现为初级阶段，强调经济发展规律，改变了对主观能动性的夸大和发展的极"左"观点。

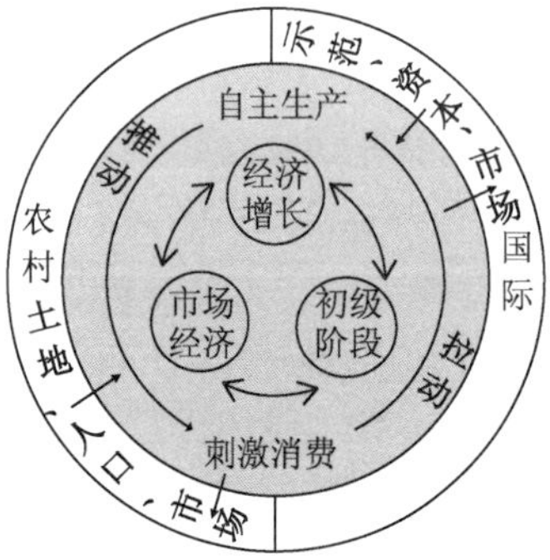

图 6.3　去单位模式下的城市制度

生产制度从政府安排生产计划、单位执行生产任务逐步转向市场主体的自主安排，消费不再定位于为工业化提供积累，而是鼓励消费，进而转变为生产活动的拉动力。一定程度上，消费不再是附属于生产，为其提供劳动力，而是转变为生产的重要拉动力，成为生产的重要目的。相对于单位模式下生产与劳动力再生产的关系，在去单位模式下，二者的关系有所反转。同时，农村与城市不再封闭，农村通过为城市提供土地、低成本的劳动力支撑了城市的快速发展。国际上，先进经验、投资和出口市场从另一个方面推动了城市生产的快速进行。

从逻辑上来说，单位模式下的城市制度的解体源于对国内单位模式下约 30 年发展经验的总结和国际经验学习基础上引起的知识体系改变（图 6.4）。国内经验的核心是必须抛弃阶级斗争而转向经济建设，同时必须改变"左"的倾向和夸大生产关系及主观意识的作用的做法，转而尊重经济发展的客观规律。国际上，部分国家的现代化之路展现了市场经济和开放交流的经济成效。这引起了制度内核，即知识体系的根本重构，包括对社会主义本质的重新理解，对国际国内基础条件新的判断，和发展目标从工业化、产品生产转移到经济总量增长。

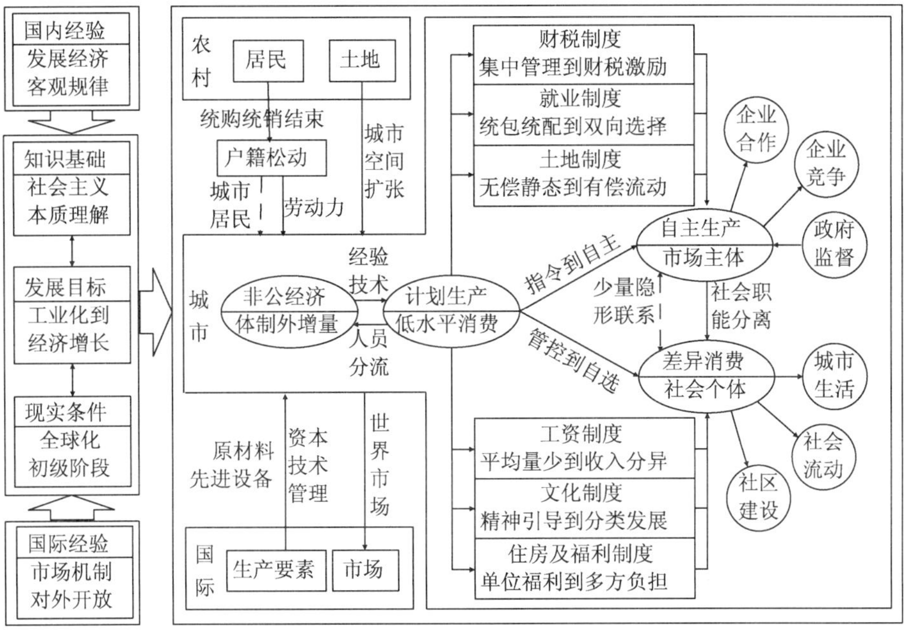

图 6.4 去单位模式下城市制度变革的逻辑

在制度实践中，户籍制度松动和统购统销制度的结束为农村居民进入城市创造了条件，形成了城市经济，尤其是非公有制经济发展的重要劳动力。同时，农村还为城市空间扩张提供了廉价的土地资源。对外开放则为城市经济发展带来了资本、管理以及原材料和先进设备等生产要素，同时提供了广阔的国际市场。

在城市中，非公有制经济的发展不仅为市场机制赢得了政治肯定，还为城市发展体制的转变提供了经验技术以及就业机会，有效降低了单位变革的风险和成本。城市制度中的财税、土地、就业等生产性制度和工资、住房、福利等消费性制度总体沿着市场体制的方向变革，进而为体制内单位变革塑造了环境，而单位本身在经历了放权让利、经营机制转变和社会职能的剥离后逐渐成为市场经济体制中拥有更多自我决策的生产主体，竞争、合作不断展开。一方面，单位模式下政府的具体指令在政企分开的原则下转变为资产监督；另一方面，单位成员也转变为社会个体，政府管控的消费模式也转向差异化和自我选择。与此同时，社会流动加速，社区建设展开，原来的单位生活日益转变为城市生活。

6.3.2 城市发展制度再安排的过程：计划模式退出与市场机制培育的互动

去单位模式下城市发展制度的变革从 1978 年开始，一直持续到现在还未彻底结束，总体而言是原来城市制度不断解体的过程。从过程来讲分别经历了过渡阶段（1978—1984）、局部解体阶段（1984—1992）、快速解体阶段（1992—2003）、深度解体阶段（2003—2011）和未来探索启动阶段（2011—）（图 6.5）。

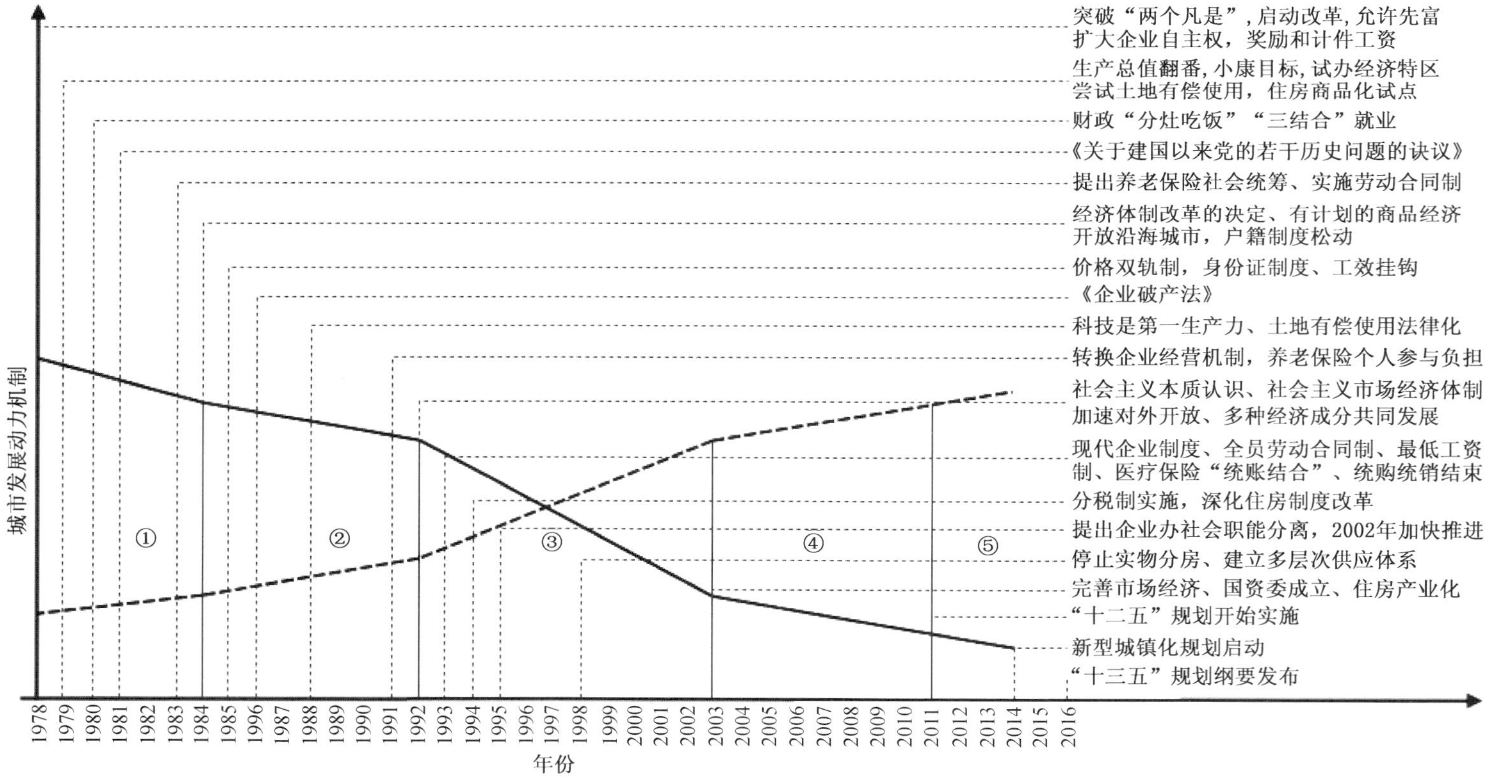

图 6.5　去单位模式下城市制度的变革过程

注：①—⑤分别为过渡阶段、局部解体阶段、快速解体阶段、深度解体阶段和未来探索启动阶段。实线和虚线分别代表单位体制和市场经济体制在城市发展中的影响力。

过渡阶段是在已经认识到旧的制度安排不可持续，但具体变革措施还不明朗的情况下发生的。对城市制度来说具体的变革措施具有尝试和摸索的特点，同时也是非公有制经济展现活力，为公有制成分变革创造条件的阶段。具体的措施包括扩大企业自主权、土地有偿使用的尝试、打破统包统配的就业和平均主义的工资、户籍制度的松动等等。

局部解体阶段是在对过渡阶段很多有益尝试的肯定，并且发展方向趋向明确的情况下发生的，如土地有偿使用的法律化、户籍制度进一步放开、就业和价格双轨制的实施以及加快对外开放等等。企业管理模式的变革涉及利改税的进一步推动、厂长负责制、经营承包责任制以及允许企业破产等等。

快速解体阶段是单位模式下的城市制度发生根本性变革的阶段，是在大的发展目标已经明确的基础上展开的。这一阶段不仅有对外开放向内陆推进和肯定多种经济成分的共同发展，更是单位模式下许多制度安排根本变革的时期。具体包括单位福利走向个人参与负担的社会统筹、单位办社会职能的剥离、全员劳动合同制的实施、住房制度改革的货币化、明确现代企业制度的变革方向等等。

深度解体阶段是变革的进一步展开和向深度推进。国有企业方面的措施有成立国资委、打破垄断的举措等。同时，机关和事业单位的进一步改革也得以提出，并在实施过程中促进单位模式下城市制度的更深层解体。

未来探索启动阶段一方面是单位模式下城市制度变革的延续，如国企改革，另一方面是对未来发展新判断的初步形成与探索启动，如新型城镇化规划的颁布与启动，新发展理念下的“十三五”规划纲要的制定与发布等等。这些变化以单位模式和去单位模式发展的再思考和未来发展阶段的预判为基础，孕育着中国城市发展的新阶段。

城市发展制度解体过程的另一面是市场经济体制形成的过程。与上述阶段分别对应的是探索阶段、突破阶段、形成阶段和完善阶段，包括非公经济发展的尝试与肯定、有计划的商品经济、社会主义市场经济体制和完善发展等。虽然从局部来看，去单位化过程与市场机制的确立并不是一方逐步弱化并退出和一方强化发展的严密互动过程，如 1980 年代和 1990 年代单位在住房建设及配置中的作用曾有所增强；但从总体趋势和大的发展过程而言，两者是相互配合的。另外值得注意的是，在城市发展模式去单位化和市场机制形成的过程中，也出现了贫富差距、环境污染等一系列问题。“十二五”提出了一系列的调整方向和措施，包括以人为本、生活质量、环境可持续等等，这些又预示着城市发展的一个新阶段。

6.4 去单位模式下城市制度再安排的特性

1）渐进性

去单位模式下城市制度的变革过程从 1978 年开始，到现在已经超过 30 年，还未彻底结束，尤其是对事业和机关单位而言。企业在政企关系、与非公有制经济的关系方面尚需进一步向市场机制深入。影响城乡和不同城市之间关系的户籍制度依然是改革的焦点。从已经发展的过程来讲，很多变革都是先局部尝试，成功后再推广。对单位模式下的城市制度的某方面而言，要经历一个相对较长和复杂的过程，如统购统销一直持续到 1990 年代初，而价格、就业等经历了双轨制的特殊时期。渐进性是务实主义的表现，与具有乌托邦色彩的“休克疗法”相比，虽然时间长，但降低了不确定性和风险性。

2）彻底性

去单位模式下城市制度的调整过程是从知识体系到一系列制度安排的彻底性重构。知识领域重构了对国际局势的判断、对社会主义本质的理解、对中国国情的判断；发展目标从产品产量转移到经济增长；具体的生产性制度和消费性制度都发生了变革；社会经济发展的组织框架发生了系统性的改变。这是政府与经济和社会关系的根本性调整，是发展模式的“革命”。这种系统性变革不仅彻底重塑了企业的生产组织，改变了居民的选择与日常生活模式，还从根本上调整了国家、企业与居民之间的相互关系。

3）分异性

去单位模式下城市制度的变革过程是一个复杂多维的过程，涉及数量众多的单位和大量的社会群体。在从计划性和集中性走向市场机制下的分散性的过程中，不同制度安排之间、单位之间、社会群体之间在进度、方向等方面出现显著的分异。不同制度安排之间主要表现为调整的不同步：有些已经基本完成，如居民就业、商品价格；有些还有待深化，如户籍制度。单位之间的分异不仅表现在不同性质的单位之间，还表现在单位的隶属关系，甚至是不同区位的单位之间。社会群体之间的分异体现在对新的生存环境的适应能力上，从而形成差异化的就业、收益、生活及相应的心理状态。

注释

① 强调中国属于第三世界，要加强同第三世界国家的团结同时，还要争取与第二世界国家的联合。在第一世界美苏两个超级大国之中，发展与美国的关系，集中力量反对苏联的霸权主义。

②《邓小平文选》第二卷，北京：人民出版社，1993 年，第 241 页。

③《邓小平文选》第三卷，北京：人民出版社，1993 年，第 105 页。

④《邓小平文选》第三卷，北京：人民出版社，1993 年，第 233 页。

⑤ 预计引进 43 亿美元的成套设备，也被称为“43 方案”。

⑥ 1974 年江青指责引进美国彩色显像管生产线时所言。

⑦《邓小平文选》第二卷，北京：人民出版社，1994 年，第 132 页。

⑧ 这一年中国政府官员及企业领导等官方代表团出访二十余次，走访了 50 多个国家，包括日本、泰国、马来西亚、新加坡、美国、加拿大、法国、德国、瑞士、丹麦、比利时等等。

⑨ 邓小平总结中国近代史和中国社会主义建设史所言。参见《邓小平文选》第三卷，北京：人民出版社，1993 年。

⑩ 陈云在题为《关于资本主义工商业改造高潮以后的新问题》的报告中指出：“我们的社会主义经济的情况将是这样：在工商业经营方面，国家经营和集体经营是工商业的主体，但是附有一定数量的个体经营。这种个体经营是国家经营和集体经营的补充。在生产计划方面，全国工农业产品的主要部分是按照计划生产的，但是同时有一部分产品是按照市场变化而在国家计划许可范围内自由生产的。计划生产是工农业生产的主体，按照市场变化而在国家计划许可范围内的自由生产是计划生产的补充。在市场方面，国家市场是主体，但附有一定范围内国家领导的自由市场作为国家市场的补充。”

⑪ 1978 年 2 月召开的五届人大一次会议通过，提出从 1978—1985 年要续建和新建 120 个大型项目，标志着这次“洋跃进”的高潮。

⑫ 陈云对中国共产党革命和建设经验的总结，并在 1990 年时得到系统阐述。

⑬《邓小平文选》第三卷，北京：人民出版社，1993 年，第 372 页。

⑭ 邓小平南方谈话时指出："要害是姓'资'还是姓'社'的问题。判断的标准，应该主要看是否有利于发展社会主义社会的生产力，是否有利于增强社会主义国家的综合国力，是否有利于提高人民的生活水平。"

⑮ 1988 年 9 月 5 日邓小平在会见捷克斯洛伐克总统胡萨克时，提出了"科学技术是第一生产力"的论断。

⑯ 中共中央文献研究编辑室，《三中全会以来重要文献选编》（上册），北京：人民出版社，1982 年，第 6—7 页。

⑰《邓小平文选》第三卷，北京：人民出版社，1993 年，第 373 页。

⑱ 其他方面还包括：培育和发展市场体系；转变政府职能，建立健全宏观调控体系；建立合理的个人收入分配和社会保障制度；深化农村经济体制改革；深化对外经济体制改革，进一步扩大对外开放；进一步改革科技体制和教育体制；加强法律制度建设。

⑲ 返城知青人数估计在 1 700 万左右，约占所有城市人口比重的 10%。参见马立诚，《大突破：新中国私营经济风云录》，北京：中华工商联合出版社，2005 年，第 147 页。

⑳ 根据《中国统计年鉴 1981》和《中国统计年鉴 2003》就业数据计算。

㉑《邓小平文选》第三卷，北京：人民出版社，1993 年，第 51—52 页。

㉒ 数据来源于《中国工业统计年鉴 2002》。

㉓ 同上。

㉔ 在全国统筹规划和指导下，实行劳动部门介绍就业、自愿组织起来就业和自谋职业相结合的方针。

㉕ 按照择优上岗的原则，通过层层招聘而组成新的劳动者群体，并签订合同。表现不好的将不能续签，另行安排工作，但待遇会有所差别。

㉖ 即原则上个人购房只需支付房价款的三分之一，其余部分由政府和所在单位分担补贴。

㉗ 主旋律以突出党的领导、弘扬革命传统、倡导社会主义精神文明为基本特征。参见孟繁华，《传媒与文化领导权——当代中国的文化生产与文化认同》，济南：山东教育出版社，2003 年，第 146 页。

7 去单位模式下的城市空间再组织

对中国城市而言，去单位模式的落实过程是城市发展模式的一次根本性改变。空间生产理论认为，任何一种社会模式都要生产出与其对应的社会空间。中国城市的发展模式从单位向去单位的切换必然会生产出新的空间来，以替代原来的空间结构而成为城市发展的一部分。从空间历史演变的过程来看，这一过程是城市空间去单位化的过程。事实的确如此，自 1970 年代末以来，中国城市空间在短短 30 年左右的时间内经历了革命性的重构。在去单位模式的作用下，主导城市空间的根本属性实现了从使用价值向交换价值的转换，作为手段的符号价值在目标导向上也进行了调整。城市空间经历了从物质空间的扩张与郊区化到社会空间的职住关系调整与基层治理结构的改变等诸多变化。

本章将从空间的角度解读中国城市发展的去单位模式。首先探讨城市空间属性的变化以及城市空间生产模式的转变，并分析去单位模式下城市空间调整的基本原则与相应的表现。然后，以案例的形式介绍去单位模式下中国城市空间的不同表现。接下来从社会空间的角度分析空间的变迁，包括社会架构的转变以及资本循环模式的调整。最后，对去单位模式下城市空间的总体特征进行概括和总结。

7.1 去单位模式下城市空间的生产模式

7.1.1 城市空间的属性：交换价值与符号价值的主导

1）空间交换价值的激活与主导作用

单位模式下，城市空间是整个公有制体系的一个组成部分，政府主要通过划拨的形式将其与其他生产要素组合，形成推动工业化发展的系统动力。随着市场机制作用的发挥，尤其土地有偿使用制度和出让方式转向协议和"招、拍、挂"等纷纷出现，城市空间的交换价值开始发挥作用，地租开始成为重要的生产成本被纳入生产组织和资本循环过程。在去单位模式下，地租在城市空间中分布具有不均匀性。在城市空间不同的区位意味着生产要素和市场可达性的巨大差异，如市中心可能意味着更容易接近全市的消费者，而郊区则往往意味着便利的对外交通和更低的土地使用成本。去单位模式作用的另一个结果是单位在一定程度上获得了市场主体的身份，并由此导致不同行业类型，甚至不同企业之间存在付租能力的差异。从过程角度来讲，在交换价值的主导下，不同市场主体面对非均质的地租分布，产生了激烈的竞争。

对于已经通过划拨获得无偿使用的单位来说，空间交换价值的出现意味着原来仅具有使用价值的土地变成了可以交易的资产。对于那些位于优势区位的单位来说，则意味着更多的资产。如果转移到低租金的区位同样可以满足生产的需求，意味着在不改变其他条件的情况下，可以获得巨大的“租金差价(rent difference)”①。在实践中，这促进了许多企业的郊区化，实现了通过空间转移获得租金差价，推动企业发展的目的。对地方政府来说，通过分权获得了发展激励。分税制的实施从根本上调整了中央与地方的财政关系，使中央处于更有利的地位。但城市空间的主要属性从使用价值向交换价值的转移为地方政府带来了获取土地出让金的机会。“以地生财”的土地财政模式[389]不仅促使地方政府积极推动城市更新，更推动了城市空间的大范围扩张。城市空间交换价值带来的巨大收益也被称作“土地红利”[390]。在交换价值的主导下，空间(土地)不仅要计入生产成本，而且在被纳入生产体系之前，通过其本身的运作就可以为相关主体带来巨大收益。

从效果上来说，交换价值的激活直接导致了使用价值地位的下降。在资本获利的语境中，交换价值意味着不同的成本和收益，意味着市场主体的经营状况和生存状态；而使用价值中空间(土地)的自然属性则要次要得多，在很多情况下处于隐匿的状态，在资本循环盈利的过程中处于被忽略的地位。

2) 空间符号价值向资本竞争转变

单位模式下的城市运行是政府组织生产与居民生活的结果。在这一过程中，政府具有全能作用，空间的符号价值则完全为其所用，为单位模式服务，因而，符号价值体现的是单位模式中的社会主义意识形态。而随着去单位模式的展开以及市场化机制的深入，空间的符号价值作为一种手段没有发生变化，但其主体和目标都发生了变化。

在经历了分权之后，地方政府成为具有相应利益诉求和自我决策的主体。对地方政府而言，GDP 增长成为重要的竞争与考核内容，而将城市发展嵌入(国际)资本循环是最重要的实现增长的途径。在这一逻辑下，为招商引资而进行的城市形象塑造以空间符号的形式表现出来，基础设施、城市地标等是重要的表现形式。另一方面，政府还承担相应的政治及社会职责，相应地，也会通过空间符号有所表现，如通过标语对城市精神和社会理念的表现。但整体而言，这方面的意识形态化大为减弱，从偏“左”走向更加实用的状态。其次，对于去单位模式下的企业而言，资本收益是其最重要的目标。实现这一点，必须通过竞争胜出，空间符号是其中的手段之一。具体而言，空间符号既有表达企业形象与实力的一面，更有面向消费者的产品宣传。这些符号会通过建筑设计、广告等形式实现空间化。

7.1.2 空间生产的模式：市场机制下的政府、企业与居民互动

1) 去单位模式下城市空间的生产模式

与单位模式下的空间生产相比，去单位模式下的相关主体及其关系发生了根本性的变化(图 7.1)。在地方分权以及财政体制的包干和分税制改革之后，地方政府成为了具有自身利益追求的主体，并产生了激烈的相互竞争，集中表现为诸侯经济[2]、政府企业化[391]等行为特征。这种竞争的目的直接指向经济增长，尤其是 GDP 的增长，并在一定程度上演化成为一种锦标赛[3]。而竞争的重要方式之一就是招商引资，并从盈利性资本中以地租税收等形式获取财政收入。单位模式下的企业在经历了市场

化变革之后，逐步向现代企业演变，资本盈利已经成为最主要的发展诉求。而去单位模式下的私有、外资等体制外经济成分更是天生的盈利性资本。资本通过生产制造，与居民生活消费相关的住房、购物、休闲等产业运营，以及相应的基础设施建设实现盈利。而空间将作为介质参与到这两方面的资本循环过程中，这就是城市空间去单位化的原动力所在，而其去单位化的逻辑则是资本的盈利原则以及相应的资本之间多种方式的合作与竞争。这就意味着城市空间将依据资本的需求而发生变化，或保持、或更新、或扩张。在此过程中，符号作为资本循环与盈利的手段被利用，并以空间符号的形式表现出来。政府将通过相应的产业政策、土地出让以及城市规划等对这一过程施加影响，如对于能够促进地方经济增长的产业实施优惠政策，构建政策洼地来吸引资本。

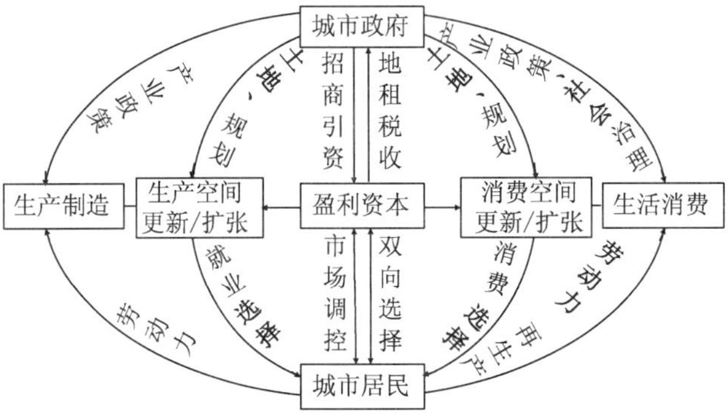

图 7.1　去单位模式下的城市空间生产组织

对体制内成员，尤其是企业员工来说，去单位模式彻底结束了过去居民对单位全面依赖和单位对居民全面负责的关系，实现了"单位人"向"社会人"的转变，在就业方面签订劳动合同，而就业单位只履行市场经济下有限的责任。单位与员工简化形成了依托劳动力市场的契约关系。而新增城市人口则是一步到位地直接以这种形式确立与企业的关系。生活消费方面的市场化选择与就业单位的资本实现了分离，居民根据自身的支付能力，从市场获取消费资源，完成劳动力的再生产。其中，住房消费的市场化逐步导致了居民的迁居以及居住空间的分异与隔离。购物、休闲等消费也日益走向分化，不同空间的消费成为社会身份差异的重要标志。

2）去单位模式下空间生产的多重表现

去单位模式下中国城市空间的重构包括原有城市空间（存量）的更新和城市空间的扩张（增量）两个部分（图 7.2）。单位模式下产生的资本与居民捆绑的模式在去单位模式中逐渐解体，单位资本在现代企业制度的导向下逐渐转变为具有市场主体意义的、以盈利为目的的资本。"单位人"也随着就业模式的改变以及单位社会职能的消减逐步向城市居民，即"社会人"转化。部分单位在市场机制下破产或郊区化，原生产空间开始经历更新改造，而保持不变或仅有内部调整的生产空间则形成了残留型的生产空间。单位模式下的部分生活空间也在市场条件下被拆迁改造，形成更新型的生产空间或生活空间。而空间上不变或内部调整的残留型生活空间也大都经历了住房产权私有化和居民迁居带来的社区杂化。

在去单位模式下，地方政府积极招商引资，鼓励本地非公有制经济发展，由此产生了大量的生产和相应的空间需求。在 GDP 的导向下，政府为了吸引资本、促进产业升

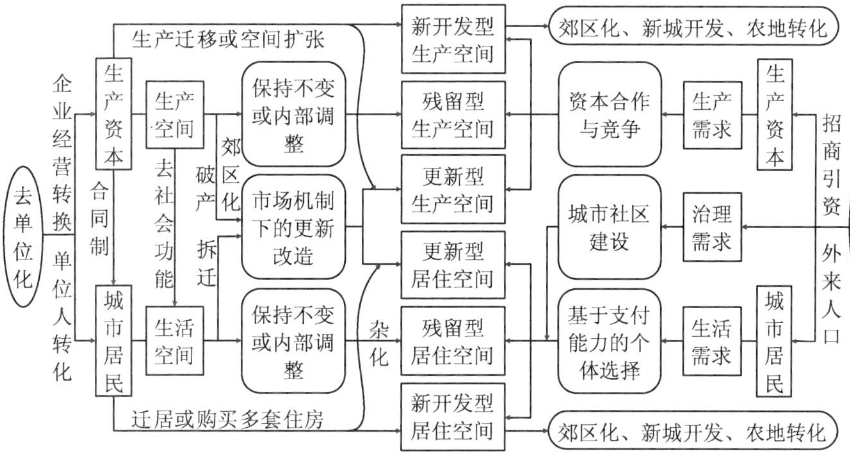

图 7.2　去单位模式下城市空间生产的多重表现

级改造和旧城空间更新,在郊区以及远离城市的区域以产业园区、新城等形式进行空间开发,满足资本循环的需求。新的生产资本与体制内改革形成的生产资本相互竞争与合作,在扩张了的城市空间范围内主要以市场原则获取自身增值需求的空间。户籍制度的松动为城市产业发展带来了大量的廉价劳动力,形成了产业发展的人口红利。这部分新增的城市人口的居住需求与原来的城市人口由于迁居、购买多套住房而产生的住房需求相互叠加,促进了大规模的居住郊区化和明显的内城绅士化改造。这样,多样化的社会群体主要以支付能力为原则,在新开发的、更新的和残留的居住区之间进行住房选择,居住空间分异不断展开和深化。

外来人口的增加以及单位的去社会功能推动了城市社会基层治理转型的需求,自1990年代开始城市社区建设开始启动,将不同类型的居住空间纳入政府的治理范围。在去单位化和市场机制的双重作用下,生产资本和居民居住对空间的需求都从过去的静止状态被激活,不同类型的生产资本以及不同社会群体的居住需求在城市空间内重新布局,整个城市的职住关系被重新洗牌。与此同时,大规模的郊区化和新城开发大大推动了城市空间的扩张。二元的土地制度为城市发展提供了巨大的土地红利,加强了农村土地的转化,也造成了城乡之间和城市化过程的深层矛盾。

7.2　去单位模式下城市空间生产的基本原则

7.2.1　空间符号价值的应用:城市及资本竞争的空间表达

1) 城市营销中的空间符号

资本逐利的本性决定了它的空间流动性,这也是全球化形成的根本原因。资本的空间流动性和城市位置的固定性使得城市处于被动地位,由此引发了为吸引全球资本而进行的不断升级的竞争,并进一步导致了城市管治模式从管理型向企业型的转变[392]。在此基础上,城市营销成为了重要的竞争手段,主要包括城市品牌、城市形象和城市大事件等几个方面[393]。不可否认的是,其中包括了很多政绩工程和形象工程。城市品牌是城市在吸引资本方面对自身的独特定位,是把城市当作一件商品向资本推销的结果。与单位模式下城市的生产性定位不同，努力嵌入国际资本体系是去单位模式下城市品牌的目标，因此“国际城市”便成了许多城市发展的定位[394]（表7.1）。更直接的做法是套用国际知名城市，如“东方威尼斯”“中国光谷”等等。

表7.1 去单位模式下中国部分大城市的功能定位(“九五”期间)

城市	发展定位	城市	发展定位
深圳	现代化国际性城市	广州	现代化国际大城市
哈尔滨	国际经贸城	长春	国际化大都市
沈阳	现代化国际性城市	大连	社会主义北方香港
济南	现代化国际性城市、经济强市	青岛	现代化国际城市
杭州	现代化国际风景旅游城市	宁波	现代化国际港口城市
南京	现代化国际性城市	上海	国际经济中心城市
成都	现代化国际大都市	重庆	长江上游经济中心
西安	北方西部中心城市、国际旅游城市	厦门	现代化国际风景旅游城市
北京	现代化国际性城市	天津	现代化国际港口大都市

相对城市品牌的抽象而言，城市形象更多通过实体建筑来体现，尤其是通过建筑高度和特色建筑等手法构建城市地标。为了塑造城市形象、吸引资本，争夺“第一高度”是许多城市建筑乐此不疲的手法。从1976年高114 m的广州白云宾馆到1990年208 m的京广中心，再到1998年420 m的上海金茂大厦[395]，建筑高度不断增加。这与为了产品而工业化的烟囱林立形成了绝佳的对比。同样地，特色建筑改变了计划经济时期具有苏联影响和意识形态的建筑风格，彰显了城市魅力。以北京为例，其曾在1980年代和1990年代评选了新时期的十大建筑，其中1990年代的建筑包括北京国际金融中心、北京新东安市场、中央电视塔等[396]，但这些建筑在21世纪的国家体育场和国家大剧院面前已经显得“过时”了。

城市营销的第三种手段是大事件，指由政府主导的具有明确时间节点、享有特殊专项政策、有巨量资金投入并进行大规模开发建设的具有国际影响的重大体育赛事、节庆会展以及政经活动[397]。大事件除了媒体宣传和提升城市影响力外，在空间方面由于短时间内超大规模资金的注入，往往导致超常规演变。以上海世博会为例，在5.28 km^2的红线范围内包括了大量的近现代工业厂房和住宅，按保护建筑、保留建筑和改造建筑分类处理[398]。其中，拆迁涉及1.8万户居民和272家企业②。世博园建设在短期内导致了城市局部空间的根本性改变。

2）资本竞争中的空间符号

如果说城市营销是城市之间进行资本争夺的结果，那么背后是城市政府的强大发展动机。资本之间同样存在激烈的竞争，同样会通过空间符号进行表达。这是资本从实物和有形资产向抽象的无形资产、符号领域扩张的表现[399]。品牌的价值已经成为资本核心的组成部分，很多产品的符号价值远远超过其使用价值本身。在中国，从物质匮乏向买方市场的转变加剧了资本之间的竞争，对空间符号的利用是一种强化。

资本竞争中空间符号的运用既有展示资本形象与实力的一面，更有向消费者进行宣传、吸引消费的另一面，而具体操作则主要通过空间规划与设计表现出来。在市场机制下，空间符号的运用已经基本摆脱了意识形态的束缚，因此具体的表现手法也多种多样。形体夸张、通俗具象、复古怀旧以及国际文化等是很常用的手法[400]。这些在城市空间的更新以及新区开发中都有所运用。但无论其外在形式如何，其背后的逻辑都是一致的，即资本竞争的空间化，通过个性和差异的符号表达来实现在激烈的竞争中脱颖而出。

7.2.2 城市活动的空间组织：交换价值下的空间竞争与选择

1）区位竞争下的产业空间置换与重构

土地有偿使用和供给模式的改变激活了城市空间的区位，并产生了以租金支付能力为基础性原则的区位竞争。依据不同产业类型的付租能力，在空间上将形成商业位于城市中心的最优区位、工业和住宅处于外缘、农业处于外围的格局。当然，由于大城市多中心的存在以及其他因素的影响，实际的产业空间重构要复杂得多。不过基本的规律是优势产业在区位竞争中胜出，引发原有城市空间的重构。在产业空间方面则重构了计划经济时期划拨土地模式下以单位为单元所形成的生产空间，集中表现为政府推动下产业结构的"退二进三"。以北京市为例，1985 年以来的工业布局调整大体经历了扰民搬迁（1985—1995）、布局调整搬迁（1996—2001）、迎接奥运和落实城市新总体规划三个阶段[401]。第一阶段在"关、停、并、转、迁"等强制性措施下完成搬迁 57 项，转让土地面积 29.4 万 m^2。第二阶段将企业搬迁与园区建设结合起来，完成搬迁项目 112 项，转让土地面积 421.1 万 m^2。第三阶段共搬迁四环以内 200 家工业企业，腾出约 450 万 m^2 的土地。在这之后出现新的生产空间调整继续不断，但遵循的逻辑都是相同的。

产业入园和旧住宅区改造为 CBD、休闲购物中心和住宅的建设提供了空间。在国际城市目标的驱动下，CBD 逐渐成为了许多城市走向国际的必需要素，改变了计划经济时期城市中心以游行、集会等为主的仪式性功能[21]。以北京市为例，随着商贸、办公、金融等第三产业的发展，商业营业用房和办公楼（写字楼）的年度施工面积快速增长（图 7.3）。在此过程中，北京第一机床厂改造后成为建外 SOHO 商住综合体，北京汽车摩托车联合制造公司的用地更新为央视办公用地、北京手表厂更新为双安商城等等[344]。另外，还有部分单位厂房通过内部改造，形成艺术创作的空间，如国营 798 等电子工业的厂房改造为现在的 798 创意工厂和上海钢铁十厂车间经过更新形成的红坊创意园区等等。

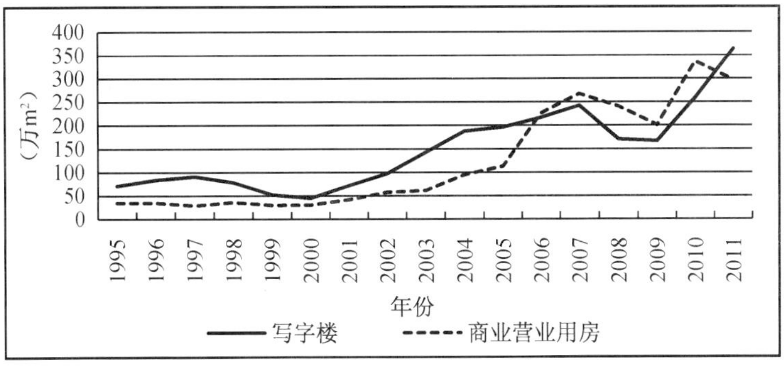

图 7.3 北京市写字楼和商业营业用房开发面积

与城市空间存量中的产业置换相对应的另一面是城市扩张区域的产业发展。这一部分产业除前述旧城空间中通过产业置换和郊区化的形成产业外，很多是通过招商引资而来的外地/国际资本。这部分空间有开发区、产业园区等多种形式。截至2006年，国家级开发区共有222家，其中经济技术开发区49家、高新技术开发区53家、保税区15家、出口加工区58家、边境经济合作区14家、其他类开发区33家，省级开发区1 346家③。事实上，开发区已经成为了国际和城市内部资本转移的重要载体，逐渐演变为城市经济的重要增长点，并以多样的类型重构了城市空间的结构[402]。经历了产业置换和城市新区产业的发展，城市产业的空间布局发生了根本性的调整。

2）基于支付能力的居住迁移与分异

城市活动的另一部分是居民的消费活动。这里以影响时间长、范围广的居住空间调整来说明。一方面，在所有制类型的多样化和就业市场化等因素的作用下，城市居民的收入逐渐分化，从而产生了差异化的住房需求和支付能力。另一方面，公有住房产权的私有化和住房供给模式的变革激活了住房供给市场。受其影响，以需求和支付能力为取向来获取住房和迁居成为最主要的模式[209]。在单位居住区中，受教育程度及收入等较高的、条件好的家庭具有更高的迁移率[198, 403]，并引起了单位居住区的过滤[72]。新的住户以租赁或者购买的形式进入单位居住区，引起包括住房来源及居民构成的杂化。由此，单位居住区作为一个整体开始滤下，并渗透到居民的日常生活及心理感受中。迁出单位居住区的居民在市场机制的作用下，主要根据支付能力进入不同消费水平的居住区。这样，原来基于业缘和地缘的、联系密切的居住群体逐渐走向分化和隔离，其生活模式和心理归属开始经历新的调适和改变。

相对而言，拆迁安置导致的居住空间重构更加快速和剧烈。2001年开始实施的新的《城市房屋拆迁管理条例》更加鼓励货币化补偿④，从客观上强化了市场机制下的迁居与分化。在拆迁补偿方面，新的《城市房屋拆迁管理条例》第24条规定："货币补偿的金额，根据被拆迁房屋的区位、用途、建筑面积等因素，以房地产市场评估价格确定，具体办法由省、自治区、直辖市人民政府制定。"补偿办法虽然考虑了不同地区的差异，但也为地方政府制定评估规则时多考虑自身利益、少考虑被拆迁人利益留下了缺口[404]。实践中，由于政府存在自身的利益取向，且其与开发商的利益呈正相关，容易导致两者结成利益共同体，并尽力控制拆迁补偿的成本[405]。相对弱势的居民往往由于补偿不足，而被动迁往郊区。并在迁居过程中，居民受就业、家庭状况和个人偏好等因素的制约，以个体形式选择不同的居住区，从而彻底重构了原有的邻里关系。

与产业的空间调整类似，居住也存在大量的郊区化。但不同的是，新建居住空间面向消费实力不同的群体形成了差异化的格局。在中国的郊区中，既有上风上水和景色宜人的别墅区，也有位置偏僻的政策性住房区，同时还存在城中村等类型的"非正规"居住空间。这样，在市场机制下，主城区与郊区居住空间的重构相互叠加与互动，共同推动了城市的居住空间不断调整与重构，而基于区位的价格因素在其中起着越来越重要的作用。

3）作为结果的职住错位与居住分异

通过上述分析可以看出，虽然在单位模式下同属于一个单位，但生产区和生活区却经历着不同的去单位逻辑。单位剥离社会功能为两种类型的空间经历不同的去单位化路径创造了前提，其具体去单位化的经历则取决于在市场原则下政府、企业、居民等主体对成本和收益的对比与博弈。从城市层面来讲，生产活动与居住等消费活动在市场竞争原则下的调整与再组织引起的一个重要后果就是职住关系的错位和居住空间的分化。这种现象的发生，表面来看是城市活动的组织模式发生了变化，即单位模式下政府统筹生产和生活消费的模式向市场机制转移，生产活动由企业自主组织、生活消费由居民自主选择两部分相互分离而造成的。更进一步来看，有两点值得特别关注。

首先，城市活动组织模式从政府的完全统筹走向市场机制下相关主体很大程度上的自主选择，这必然导致职住关系以及居住空间分化的发生，也就是说这是去单位模式下市场机制引入不可避免的结果，是城市活动空间调整与再组织过程中的伴生现象。就此而言，如何缓解转型的阵痛，降低城市活动组织模式切换之间的负面效果是顺利的去单位发展必须要考虑的内容。其次，市场机制本身有其天然的缺陷，竞争必然导致分化。职住错位和居住分异的发生部分是由"市场失灵"造成的，这与模式切换无关，而是新模式内生缺陷的外在表现。如 2013 年媒体报道的"井底人"现象⑤，反映了在有就业需求的内城空间区域，按交换价值定价的居住空间所产生的驱赶效应，从本质上来说是居住空间中交换价值与使用价值的冲突，并导致空间功能异化的结果。"市场失灵"导致的错位与分化是城市活动组织新模式带来的新问题，以后会在新的模式下不同程度地长期存在，同时也是政府职能转换中需要面对的新问题。

7.2.3 城市政府的双重角色：强力推动与部分矫正

1）旧城更新中的政府推动作用

城市发展模式的去单位化给地方政府带来了将城市发展嵌入（国际）资本循环、推动经济发展的压力（城市竞争、地方职责）、动力（地方财政收入、政绩激励）和能力（管理分权、国际资本流动）。这样，城市政府就成为了城市空间去单位化的积极推动者。此外，中国的地方政府是对单位模式下全能政府的继承，具有先天的对经济发展干预的惯性和能力，这在一定程度上构成了政府推动城市空间去单位化发展的权力保障。从效果上来说，出于对稀缺资本的吸引和适应资本循环的需求，地方政府的积极参与往往表现为迎合资本的需求以及和资本的联姻与合谋。相关的总结，既有国家层面发展型政府的概括[406]、新结构经济学的提出[407]，也有地方政府层面关于诸侯经济和政府企业化以及增长机器的分析等等。在旧城更新中，政府不仅有相关的政策激励，更有直接的参与，尤其是在去单位模式的初期阶段。以北京市的企业郊区化为例，政府在企业搬迁中开始以强制性措施为主，后期主要通过政策性措施引导[401]。在政策的运用上，政府往往通过"土地、财政、税收"等多种方式进行推动[408]。

下面以成都市东郊工业区的改造为例简要说明政府在去单位模式下城市存量空间更新中的积极推动作用[409]。早在"一五"期间，该区就安置了 156 个重点项目中的 8 个。之后，又经历了三线建设的加强，形成了包括航空、航天、兵器以及高校、科研院所等众多单位在内的重要工业基地，在 1990 年占全市国有工业总产值的 75%。空间重构的整体思路是利用工业区与开发区之间的地租差价，通过"腾笼换鸟"，将该区改造成为集生活居住、物流配送、金融商贸、科技产业、旅游休闲为一体，功能齐全、设施完善的新城区。改造中，政府对企业区别对待，搬迁改造一批、关闭破产一批和改造成都市型工业一批。在搬迁中，政府充分运用规划手段，一方面将产业布局的调整纳入城市发展的总体规划，另一方面运用工业区的新定位努力促使土地升值，为更新改造创造条件。此外，政府还制定了分区域、分时段的优惠政策，促使企业单位尽早搬迁。政府通过“深度”参与，大大加快了工业区的更新改造。

2）基础设施和新区建设中的政府推动作用

全球化的推进为资本通过空间修复缓解资本过度积累的矛盾提供了机遇，而中国城市则努力迎合这一过程，嵌入全球化进程中，通过吸引资本落户，实现国际资本的空间修复，从而推动城市的发展。为迎合资本进入和加速循环的需求，地方政府通过大量投资做好相应的基础性辅助工作，其中基础设施投资和开发区及城市新区开发是重要的组成部分。在基本建设投资的构成方面，自 1992 年开始，地方开始超过中央成为主要的投资者，且所占比重逐渐提高[410]。其中，分权后地方政府在“招商引资”上的标尺竞争是至关重要的推动因素[411]。在实践中，基础设施也构成了提高城市竞争力的重要手段[412]。

如果说基础设施是吸引投资、加速资本循环的通道，开发区则是资本空间修复的重要载体。开发区在发展过程中，得到国家的重点支持，享受优惠政策，对外开放度高，是一种特殊的政策空间[43]。为加速资本循环，政府大都对土地进行整理，直接向企业提供熟地，入驻开发区的资本不仅能够享受到政府提供的土地使用和税收等方面的优惠，还借助开发区使用了中国廉价的劳动力资源[413]，从而大大降低了资本循环中的生产成本。这样就形成了“政府搭台、企业唱戏”的模式，政府与企业合作，推动资本循环，迅速生产出了适合（国际）资本流动与盈利需求的空间。城市新区开发与开发区的逻辑基本一致，只是范围更大、更加强调空间的综合功能，同样是政府与资本联合推动的结果。

3）去单位模式中政府对市场的矫正作用

对城市社会和经济的发展而言，城市空间的去单位化既有积极的效应，也有消极的影响。后者构成了政府应对去单位模式以及市场缺陷，促进城市可持续发展的重要推动力。这些方面既有物质方面的居住隔离、职住错位，也有心理归属的破坏。这里以政府应对居住条件过分分化来说明对去单位化和市场缺陷的修补。在去单位模式下，随着居民收入的市场化，城市居民的收入差距日益显现[414]。这一差距又通过市场化的住房供需模式形成了居住条件和空间的分异与隔离。从居住条件来说，“蚁族”、城中村直到豪华别墅形成了住房供给的复杂谱系。虽然中国城市没有出现西方城市中市中心与郊区的居住隔离，但彼此临近、以居住区为单元的隔离日益显现[403]。为应对这一问题，政府通过三次大的制度变革确立了保障性住房供应体系[415]，并提出了在“十二五”期间建设 3 600 万套保障房的目标。在此过程中，为了应对不同阶层和不同状况的住房困难，出现了多种类型的保障性住房，如廉租房、经适房、公租房以及共有产权房等等。

除新建住房外，政府还通过老旧小区改造等措施，对迁居滤下过程中日益衰败的单位居住区进行改造。以北京市为例，2013 年完成了 1 137 万 m^2 的改造⑥。海淀区采用的方法是“大企业、大标段、大流水、大采购”的方法，即将零星分布的小区捆绑到同一个标段内，由一家建筑企业投标，施工按同一标段工期安排，并对建材和设备进行集体采购。此外，北京市规划委员会还发布了《北京市老旧小区综合改造工程指导性图集》，并将其发放给全市所有参与老旧小区改造的设计单位，从环境整治、立面改造和项目实例三个部分帮助提升改造的进度和效果。

政府的矫正作用在应对去单位化发展的阵痛以及市场失灵方面确实发挥了积极作用,但整体而言,距离社会的需求和期望还有差距。从政府双重角色的对比来看,对市场化的推动大于对其修补,重心有所失衡。就保障性住房建设和配置而言,除了公平性不够充分的分配机制、信息统计滞后、单个项目规模过大等问题外,还在空间方面集中表现为布局的边缘化,进而又衍生出了与就业不匹配、公共服务不足等问题[416]。而对滤下和衰败的居住区而言,老旧小区改造并不能解决所有的问题。虽然发展模式的切换过程,必然伴随多样化的问题,但上述社会问题未能解决的根本原因在于政府对社会效益重视程度的不足。从空间措施来说,就需要矫正交换价值与使用价值的严重失衡,从经济效益和社会效益的综合效果来衡量空间去单位模式的成绩。如在商品房小区中配建保障性住房,政府牺牲一部分经济收益,实现混居、职住接近等空间及社会效果。

7.3 去单位模式下城市空间生产的典型类型

去单位模式下市场机制作用的发挥对中国城市空间的重构,既包括原城市空间内部不同类型的更新,也有城市新区的扩张。从尺度而言,前者以局部更新为主,体现在单位大院和相应的生产区及生活区的更新改造;后者以开发区、新城等为空间载体。这里的分析从单位大院和城市两个尺度展开:前者根据原有空间的保留程度,分为调整发展型、部分残留型和彻底更新型来说明;后者以城市新区和新建城市来进行阐述。

7.3.1 调整发展型:北京同仁园和石油大院的案例

调整发展型是城市空间去单位发展程度最低的一个类型,指原有空间整体上未发生功能和肌理上的根本性重构,只是在用地范围、局部功能和设施等方面出现了一定程度的调整。整体而言,由于企业单位的去单位化改革更加提前和深入,加之原有城市空间重构中"退二进三"的影响,调整发展型的单位以机关和事业单位居多。在此以北京石油大院和同仁园为例进行说明。

石油大院始建于1953年,1969年之前为石油学院所在地。学院搬迁至山东东营后,该址成为以石油勘探开发研究院为主的单位大院[417]。1978年,石油大院的生产区主要由办公、实验和运动休闲设施构成(图7.4a)。经过30多年的发展,该区域的功能仍旧以科研办公为主,使用主体也未发生大的变动。空间重构主要表现为用地结构的调整和建筑类型的变化。除原来的运动场改建为医院外,还新建和重建了多栋高层办公楼房和部分平房,建筑密度显著增加。另外,大院西南侧的办公楼改造为宾馆,构成了单位大院商业化的一部分(图7.4b)。

同仁堂最早始于1669年(清康熙八年)创办的同仁堂药室,1954年实现了公私合营,1992年成立北京同仁堂集团公司,1997年成立同仁堂股份有限公司⑦。1970年代的同仁堂是一个以生产区为主的单位大院,仅有少量的住房和生活设施分布在生产区的外缘。从用地结构来说,比重最高的为仓储用地(51.4%),其次为行政办公(21.1%)和工业(20.0%),而居住和商业服务的用地总量低于10%[189]。到2006年,其变成以居住(23.6%)、工业(12.8%)及仓储(14.7%)和绿地休闲(25.8%)为主

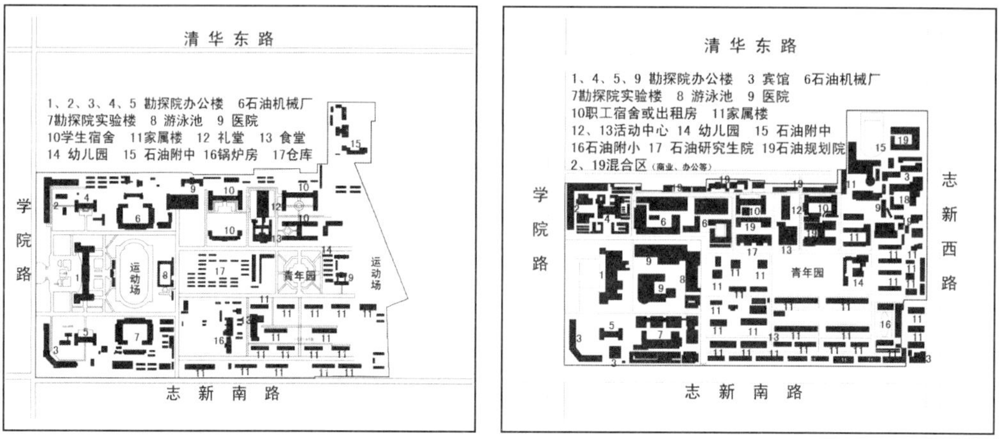

(a) 1978年　　(b) 2011年

图 7.4　去单模式下北京市石油大院的调整发展

要类型的单位大院。对同仁堂来说，虽然经历了部分严重污染的生产线停产和部分生产线迁移至郊区，但整个空间的主要职能未发生根本性的变化。从用地结构来说，生活方面的居住和绿地休闲面积大幅度增加，生产与生活之间的关系更加平衡。需要强调的是，同仁园生活用地和设施的增强主要发生在 1980 年代末到 1990 年代的单位社会职能强化期，之后随着去社会职能的推进，部分福利设施开始对外部开放，盈利成为重要目标[189]。

总体而言，调整发展型的单位生产区延续了原有的主要职能，同时原空间格局和肌理也往往得到继承；但包括建筑高度、外观设计方面往往发生较大的变化，整体的空间景观得到改变。另外，还有许多事业和机关单位等职能部门在转型期存在较大幅度的调整，包括取消、合并、调整名称及职能等；但原来的生产办公区域大多继续使用，最核心的变化往往不在建筑格局，而在单位空间的使用主体上。北京市化工大院就属于此种情况，虽然化工、煤炭及石油等部门在机构设置和职责分配方面发生了复杂的变化，但办公区域并未因此发生物质空间上的大规模调整[93]。

去单位模式下，调整发展型的空间变化主要反映了中国城市发展模式切换过程中的渐进性和对过去模式的继承性。无论是在空间结构和肌理上，还是在主要功能上，该类型的空间变化幅度都是最小的。这也是去单位模式差异化的表现。

7.3.2　部分残留型：京棉二厂的案例

相比调整发展型的单位空间，部分残留型的空间经历了程度更深的去单位发展。在空间变化过程中单位空间只有部分得以保留，其余则经历了功能及景观方面很大的变化。功能方面多为竞租能力更强、污染少的第三产业对第二产业的替代，而景观方面的变化则与具体案例中的空间规划和设计有关。下面以京棉二厂的案例来说明。

单位模式下的京棉二厂是一个职住合一、生产及生活设施齐全的典型单位大院。在去单位模式下，京棉二厂整个空间从职能到设施都发生了很大的变化，并且随着单位社会职能剥离和城市社区建设，生产区和生活区的相互关系日益分离（图 7.5）。1997 年，京棉一厂、二厂、三厂联合组建北京京棉纺织集团有限公司（简称京棉集团），之后企业生产活动搬迁至顺义区。2009 年，京棉集团与北京市国通资产管理有限责任公司合作成立了国棉文化创意发展公司，开始对京棉二厂的主厂房部分进行功能改造。依据京棉二厂所在区域的城市规划，该厂分布在北京市从CBD到定福庄的传媒走廊上。受此影响，生产区经更新开发，形成莱锦创意产业园，于2011年开园。在改造过程中，厂房大面积完整而连续的锯齿屋顶作为体现特定时代工业特征的元素而得到保留[418]，内部则改造成了相互独立的庭院式工作园区(图7.6 a)。原办公楼没有变化，但功能上已经调整为与园区运行相关的办公及餐饮场所。同时，原来沿朝阳路内向布局的托儿所、车库、浴室等经过整体改造成为了面向外部城市空间的餐饮、购物等商业设施。另外，南端的库房、交通等闲置土地经过京棉集团与方恒置业房地产公司的合作开发成为商品房居住区。

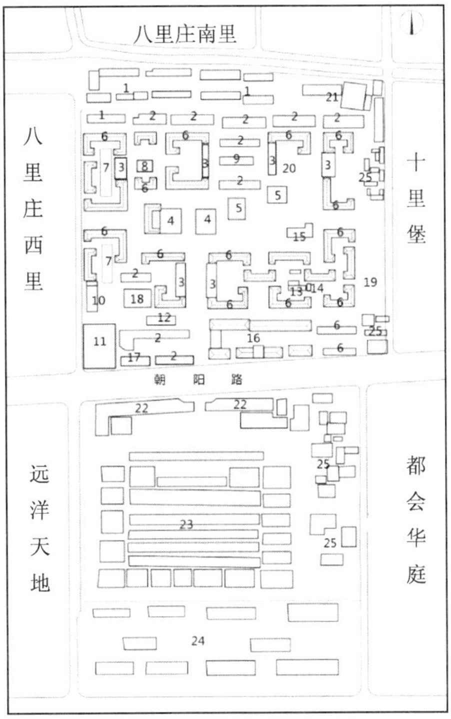

图7.5 去单位模式下的京棉二厂空间

注：1. 八里庄东里北巷；2. 1980年代新建住宅；3. 1990年代初期重建住宅；4. 1990年代后期重建住宅；5. 2000年代初重建住宅；6. 旧住宅楼；7. 平房；8. 社区菜站；9. 幼儿园；10. 八里庄派出所；11. 苏宁电器、法宝超市；12. 社区卫生服务站；13. 社区居委会；14. 社区警务工作站；15. 废弃教室；16. 外租学生宿舍、沿街商业等；17. 邮局；18. 宾馆；19. 停车场；20. 活动广场；21. 中国旅游学院附中；22. 沿街商业；23. 莱锦创意产业园；24. 东恒时代商品房居住区；25. 废弃建筑。

生活区方面，1980年代在居住区北部闲置空间新建了5栋5层和6层的住宅楼。1990年代初拆除了建厂之初的6栋3层住宅楼，并在原地新建成6层和7层的住宅楼。1990年代末期和2000年代初期，在拆除生活区中部的礼堂、职工乐园和小学等公共设施的基础上新建了4栋高层住宅。虽然生活区在建筑历史和形态等方面的混合性不断增强，但在核心功能使用方面则随着集体性公共设施的拆除和住宅的新建变得更加单一。这是单位生活区向城市居住区转变的体现。社会治理方面，2001年成立八里庄东里社区，并将北部非京棉二厂的居住区(八里庄东里北巷)纳入统一的管理范围。同时，社区卫生服务站、社区警务工作站和社区菜站等逐步建立。另外，在生活区内的开敞地带地摊式的生活市场逐渐形成。同时许多餐饮及生活服务以个体经营的形式开始出现，导致生活区的商业性和城市性不断增强。

在京棉二厂案例中，在单位住房供给的增强阶段，单位新建和重建了很多住宅，对改善居住条件起到了重要作用。后期，因住房制度改革和单位社会职能的退出以及国企改革和职工下岗的影响，京棉二厂生活区日益衰败(图7.6 b)。而生产区则随着更新改造资本的进入重新焕发生机，凸显了资本循环对空间的选择和强大的生产作用。生产区与生活区在空间去单位化过程中不同的境遇展现了两者不同的去单位逻辑：生产区因成功嵌入资本循环而焕发生机；而生活区则随着单位社会职能的剥离和居民构成及收入的变化逐步走向衰落。

(a) 创意产业园区　　(b) 生活区现状

图 7.6　去单位模式下京棉二厂生产区与生活区的差异变迁

京棉二厂作为部分残留型的案例首先反映了空间属性从使用价值向交换价值的转换。在交换价值的驱动下，生产职能实现了替代。同时，工业化建筑的一部分作为竞争的符号得到保留和应用。其次，地方政府制定的城市规划对该区域的定位，以及企业之间的合作是去单位模式下财政激励的结果，体现了城市政府和企业在市场环境中的积极竞争。再者，该案例还反映了单位办社会的结束以及社会基层治理模式的转变。在单位居住区向城市社区转换的同时，地方政府还对基层治理的空间范围进行了调整。

7.3.3　彻底更新型：北京毛纺织基地的案例

彻底更新型是去单位模式下空间变化最为彻底的一个类型，指设施和建筑经历了推倒重来的改变。在此过程中，物质景观和空间功能都发生了彻底的变化。这里以北京市北五环外的清河毛纺织基地为例说明。该基地的前身是 1908 年建设的薄利呢革公司，是当时中国四大毛纺织厂之一。该厂几经兴衰逐渐发展成为主要由北京毛纺厂、清河毛纺厂和清河制呢厂构成的毛纺织基地。从 1970 年代毛纺织基地的空间布局图上可以看出三家工厂的生产区相互邻接，生活区主要分布在东部和西部（图 7.7 a）。在生产区范围内除了厂房外还分布有少量的生活服务设施，包括礼堂/食堂、医院、小学和幼儿园等。由于单位之间相互独立性的存在，同一种类型的设施都不止一个，分别属于不同的企业。

2007 年，北京毛纺厂、清河毛纺厂和清河制呢厂等企业重组建立北京清河三羊毛纺织集团有限公司，同期生产基地转移至距北京市区 50 km 的平谷马坊工业区内。同时，毛纺企业原生产区土地的转让收入被用来清偿债务、归还贷款和安置分流人员。该地块经过挂牌竞价，由华润集团以 25.65 亿元竞得，按当时规划进行开发，形成包括住房（商品房为主）、商业和教育在内的居住区，目前属于学府树家园社区的空间范围（图 7.7 b）。再加上之前由北京方宏置业有限责任公司、北京方恒房地产开发有限公司和北京天润城房地产开发公司先后开发的规模较小的居住区，整个生产基地在职能、建筑、空间肌理和格局方面发生了彻底的变化[207]。经过拆除重建，原毛纺生产基地经历了断裂式的空间变迁（图 7.8）。

生活区方面，在 1980—1990 年代的单位社会职能强化期内，原来的平房改建成为楼房，并在 1990 年代末期的城市社区建设中转型成为毛纺南社区。2011 年，该社区被纳入北京市老旧小区改造范围，由北京市政府投资三千多万元对楼房外立面、管线、

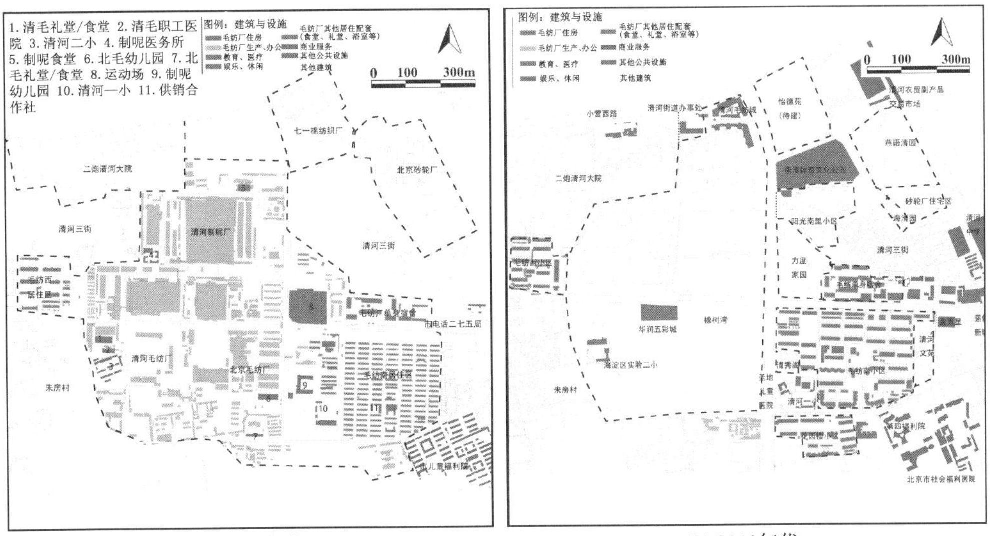

(a) 1970年代 (b) 2010年代

图 7.7　去单位模式下北京市清河毛纺织基地的彻底更新

(a) 清河毛纺厂厂房 (b) 华润五彩城（新建商业设施）

图 7.8　去单位模式下北京市清河毛纺织基地的空间变迁

社区道路、绿化及违章建筑等进行了改造。改造后，社区物质环境改善明显。

彻底更新型的案例在许多城市中都存在，如京棉三厂厂区的拆除重建、西安陕西钢厂由工业用地向居住区的转换[419]等等。从彻底更新的原因来说，既有可能是企业的郊区化、企业之间的重组，也有可能是企业的破产倒闭。从重建的目标来说，有商业、办公和居住等不同类型，但都受到具体城市规划的制约，须与单位空间的周边区域形成整体性的发展。此外，更需要注意的是彻底更新型的空间变迁所带来的社会影响。对于那些生活区也经历彻底更新的单位来说，原来单位模式下形成的社会共同体往往被分解，以个体或家庭的形式在城市空间中重新布局（尤其是对于异地安置的居民来说），同时原来的社会邻里关系也被迫经历剧烈变迁。

北京毛纺织基地的彻底更新首先反映了城市空间交换价值在去单位模式中的作用。案例中，工业生产被居住、商业等更具竞争力的产业代替，企业通过获得地租差价得到了新的发展。其次，新建居住区以商品房的形式建设，完全不同于单位模式下的企业办社会。这进一步导致了居民自主选择住房以及相应的空间分异。再者，毛纺南社区在去单位模式下快速滤下，导致与周围的社会空间分化明显。政府通过老旧小区改造展现了对市场不足的矫正。

7.3.4 新区扩张型:克拉玛依市的案例

地处荒漠的克拉玛依市是随着油田的建设而逐步发展壮大的。1955 年一号油井出油,1958 年正式建市。1957 年总人口只有 1.8 万余人[⑧],此后随产业发展,人口不断增长。1985 年总人口为 18.5 万,2012 年达到了 37.5 万(其中非户籍人口 8.9 万)[⑨]。单位模式下的克拉玛依市与大庆市相似,是典型的单位型城市,是生产石油的一个基地。整个城市的发展围绕石油产业而组织和发展,包括人口迁移以及产业设置。单位模式下强调生产为核心的发展理念对克拉玛依市的产业结构具有深远的影响。2012 年,三次产业的比重为 0.57∶88.07∶11.36,服务业发展明显落后。在空间上,因生产职能的分散而形成了相互分离的片区,包括克拉玛依区、独山子区、白碱滩区和乌尔禾区。

根据《克拉玛依市城市总体规划 2006—2020》对城市性质的定位,克拉玛依市将向现代化综合服务型城市发展,到 2020 年总人口突破 50 万人。2011 年的《新疆新型城镇化战略规划研究报告》提出克拉玛依建设"世界石油城"的目标,要发挥其对外开放和在区域内的辐射与服务作用。从城市定位而言,克拉玛依市不再是强调生产、为祖国提供石油的简单角色,不再是一个单纯的"生产"基地,而是向"综合的""城市性"的方向发展;不仅注重非油产业的发展,更强调城市服务业的增强。

这一发展战略的转变将主要由中心城区来承担。事实上,发展战略的调整已经促进城市空间开始调整,未来将随着规划的实施发生更大的变化。在调整、优化现有城区功能的同时,克拉玛依区将重点向南部扩张,形成新的产业与生活城区(城南新区)。机场、公路等重要基础设施和城市公园、行政中心已经投入使用。规划建设的还包括图书馆、剧院影城、博物馆、综合体育场等生活服务设施,另外还有火车站及科技园区、工业园区等。同时在建的还有大量的住宅,主要面向三部分群体,包括区内居民的改善性需求、外来人口的住房需求和其他城区的迁移需求。第三部分群体的产生是主城区生活服务设施改善导致吸引力增强的自然结果,同时也是对单位模式下空间布局的一种调整。

总体而言,克拉玛依市的空间扩张体现了城市去单位模式下空间扩展的特点。首先,作为一个整体从单位模式下的生产基地向去单位模式下的现代城市发展,城市的自主性增强,面临未来发展的竞争压力,因考虑到不同城市间竞争的地位,主动谋求多元化发展。其次,先生产、后生活的主导原则发生变化。在发展中,居民生活质量提升、多样化的生活需求成为重要的内容,同时也是推动经济发展和空间扩张的动力。基于此,多样化的生活性服务设施得到建设。最后,从具体操作来说,是按市场机制展开,通过新区的规划开发和招商引资等形式来实现。

7.4 去单位模式下的社会架构与资本循环

7.4.1 去单位模式下的社会架构:政府、企业和社会的分离与互动

随着去单位模式下市场机制作用的发挥,单位模式下居民—单位—国家的嵌入与依赖模式逐渐分解,并向政府、企业和社会相对独立与互动的方向发展(图 7.9)。受

市场机制的要求及制约和单位社会向城市社会的转变，政府由原来的全能、管制型政府向相对有限、服务职能增强的政府转变[420]。单位随着政企关系的调整和社会职能的退出向市场机制下的企业转变，并体现出资本逐利的特性。而居民则经历了从"单位人"向"社会人"的转变，并与城市化过程中的外来人口共同构成了城市社会的多样化群体。但总体上，由于全能政府的惯性以及市场和社区建设中对政府主导作用的需求，政府对企业和社会还存在许多直接的干预和影响。作为市场主体的企业有了很大程度的发展，但市场机制建设和去单位化过程还未彻底完成（如单位隐形社会职能的存在）。社区和社会组织建设启动的时间相对滞后，社会领域相对弱小。

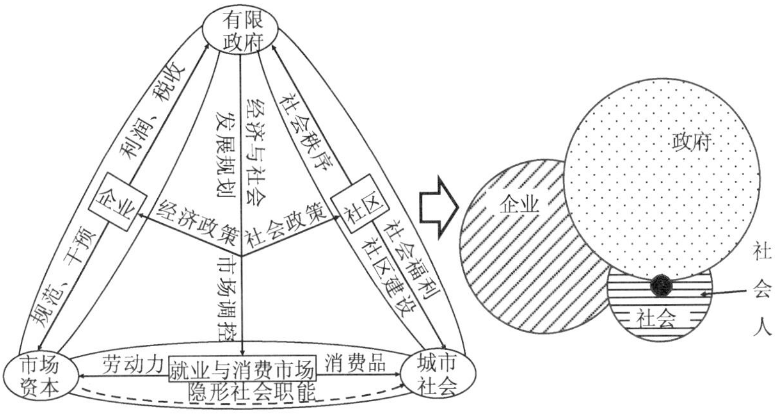

图 7.9　去单位模式下的城市社会架构与空间表现

在市场机制的约束下，政府与企业之间改变了单位模式下政企不分和完全控制的模式，形成了政府通过市场建设和经济政策引导和规范企业发展的格局。这一变革过程经历了政企分开（扩大企业经营权）、政资分开（政府作为国有资产所有者职能和社会管理职能分开）和资企分开（国资委国有股东权和公司法人财产权分开）的过程[421]。但由于变革的渐进性与过程性，在当前还存在政府替代市场以及对企业的干预等现象。在市场体制中实现增值的资本则需要向政府提供税收以及政府作为资产所有者的相关收益。去单位模式下市场机制作用导致社会架构调整的第二个方面是政府（国家）与社会之间的关系。其核心是将社会从行政一体化的框架中释放出来，做到"政社分开"，使社区成为相对独立的主体[422-423]。这一过程是在单位去社会职能、退休及下岗职工大量出现和城市化下的外来人口大量增加的背景下产生的，正式的社区建设始于 1990 年代末期。与此同时，单位福利共同体向政府领导下的社会统筹转变，进一步明确和强化了国家与社会之间的相对独立和互动调整。社会架构变革的第三方面是市场化资本与城市社会之间的关系。其核心是"单位人"对单位的全方位依赖关系向市场机制下的契约关系转变，其中的关键是就业制度从统包统配向合同制的转变。传统意义上的单位向纯粹意义上的就业场所转变，"单位人"向"社会人"转变，并与就业单位在市场机制的契约关系下形成劳动付出与薪金收获的互动模式。另外，政府通过法规及政策对资本与居民之间的契约关系进行调控，如再就业、最低工资等等。

7.4.2　去单位模式下的单位大院：产品生产与劳动力再生产的空间分离与扩张

去单位模式改变了政府、单位与居民之间的相互关系，同时不同单位之间发生了差异化的变迁过程。这里对单位大院空间组织的分析主要基于前述京棉二厂的变化形成。在去单位模式下，政府由对单位的直接管理转变为市场机制下的宏观调控。地方政府主要通过相应的经济政策和城市规划影响企业的发展，并从企业的生产中获取税收、土地出让金等财政收入。同时，政府通过城市社区建设推动单位生活区向城市居住区的转型(图 7.10)。

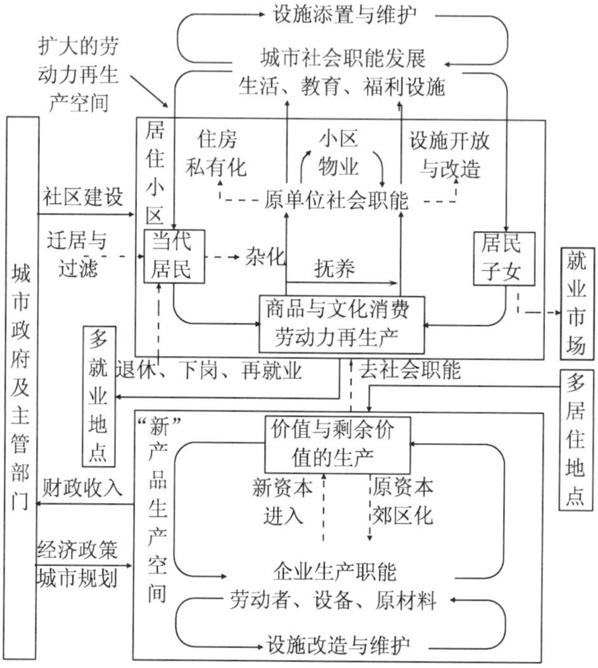

图 7.10　去单位模式下单位大院的空间组织

虽然空间范围和空间肌理都未发生本质性的变化，但从空间组织，尤其是活动空间的组织来说，这里的空间已经彻底脱离了原来的模式。本书的分析从物质空间和活动空间两个层面展开。在去单位模式下，产品生产空间和劳动力再生产空间经历了不同的变化路径。前者在更新改造之后成为新产业的固定资产，并由企业的相应部门负责维护与更新。后者的物质设施在组织方式上经历了单位的去社会功能，住房经历了私有化的过程；在组织管理上则逐步脱离了原单位，并向城市社区转变。与此同时，原来部分公共设施失去了使用价值，在改造之后也一同归社区的物业管理。另外，在去单位模式下，城市空间的服务设施日益增多，与居住小区内的设施共同构成了扩大的劳动力再生产空间的物质基础。整体而言，在物质空间的组织上，单位大院作为一个整体已经貌合神离。

产品生产空间的组织虽然同样是劳动者和设备等相互作用的过程，但在经历了郊区化和新资本的进入后，具体的生产类型发生了更替。这又进一步引起了劳动者的改变，从而导致生产活动与整个城市空间形成互动。与此同时，随着资本独立性的增强，生产活动的目的也从产品和利润的生产转变为价值和剩余价值的生产。

去单位模式下的劳动力再生产组织经历了更加复杂的调整，整体上表现为空间的扩张以及从被动模式向主动模式的转变，并呈现消费的差异化格局。随着居住区住房的私有化和社区的迁居与过滤，劳动力再生产的主体发生了构成上的变化。同时，原来单位的很多职工经历了退休、下岗和再就业的变迁，加上新迁居群体的加入，居民的就业地点转变为整个城市空间。从活动的范围来讲，城市设施已经成为其生活必不可少的组成部分，活动空间逐步向外溢出，与城市空间互动增强的同时依赖性也有所增加。在去单位模式下，居民的就业需要通过就业市场，以双向选择的形式来实现。

从空间组织的角度来看，去单位模式下的单位大院无论是在物质设施的维护利用还是生产与劳动力再生产的组织都从一个封闭性的、内部循环强烈的独立性空间走向了不同部分之间分离的、与外部城市空间融合与互动的空间。在去单位模式下，不同的单位空间在组织上经历了相似的变化。除了空间范围扩大和日益融入所在城市空间外，单位空间一个重要的变化是劳动力再生产和生产活动在空间上的分离。这样，不同居民的劳动力再生产和不同企业的生产活动在空间上相互叠加，且这一过程在体制外人员和空间的作用下变得更加复杂。结果是整个城市的生产与劳动力再生产活动相互交织，彻底打破了以单位为基础的、具有圈层特点的空间格局，表现出了复杂的城市活动和移动景观；但同时也在通勤距离、交通状况以及环境影响方面产生了负面影响。

7.4.3 去单位模式下的资本循环：政府与资本共同推动的生产与消费循环

在城市发展制度去单位的影响下，城市资本循环的相关主体及环境都发生了根本性的变化。如前所述，全能政府向有限政府转变，但在城市经营的过程中还直接大量参与了城市建设；单位向企业转变，资本属性得以释放，“单位人”向“社会人”转变。在这种情况下，资本循环不仅是资本盈利的必需条件，也是城市经济增长的依托。因此，整个资本循环呈现出了政府与资本共同推动的特征。此外，商品匮乏的告别和消费社会的出现，在很大程度上改变了生产与劳动力再生产（消费）的关系（图 7.11）——在很大程度上，消费已经演变为生产的动力。

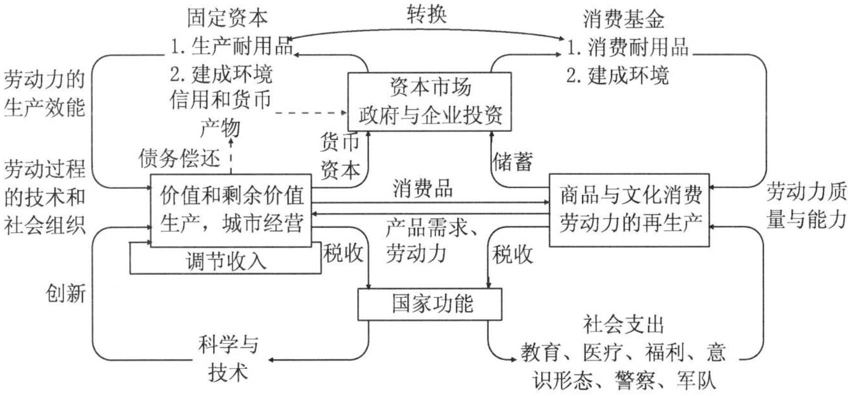

图 7.11　去单位模式下的城市资本循环

第一循环（生产循环）为价值与剩余价值的生产循环，由以盈利为目的的企业完成。这部分企业除体制内去单位化形成外，有大量的非公有制经济成分。对第一循环来说，资本不再受政府生产计划和指令的直接干预，生产变得更加自主。此外，出于竞相吸引资本的需求，地方政府还为资本发展提供大量的便利，包括税收、土地方面的优惠政策，帮助雇佣劳动力等等。第一循环的运行呈现了鲜明的政府与资本合作的特点。

第二循环(建成环境)中可以更清晰地看到政府的作用。在资本全球流动的时代,基础设施等构成的投资环境建设成为吸引资本的重要条件。政府通过大量投资城市基础设施不仅可以迅速提高城市的GDP总量,还可以吸引国际资本的到来。更重要的一个方面是,土地财政和土地金融的出现。政府通过土地出让获得相应的收入,形成了土地财政和以地养地的滚动发展模式。此外,政府还可通过土地抵押获得贷款,与其他收入一起推动城市空间的开发与扩张[424],土地金融得以形成。这种模式是推动大规模城市开发的重要动力,迅速、大范围地改变了既有的空间景观,开发区、新区等城市建成环境大量出现。

第三循环(科技与社会支出循环)已经基本上转变为国家职能,不再通过单位实施,而是依托相应的专门机构实现。第三循环中最重要的变化包括两个方面:一是国家配给与控制的模式已经不存在,政府只提供相应的政策进行适当的调控,并对市场的缺陷进行一定程度的矫正和修补,如,保障性住房政策的实施。二是,居民消费不再是控制的对象,而转变为鼓励的内容。政府希望通过消费增长拉动内需,而资本更是通过广告极力刺激消费,加速资本循环,以获取更多的剩余价值。

在经历了去单位模式的重塑之后,城市的资本循环已完全不同于单位模式下的资本循环。资本的活力得到释放,政府从对生产的直接控制转向了为资本循环提供便利,同时对消费从控制转向了激励。这直接导致了消费社会特征的出现以及第三循环中社会群体的消费差异,并隐含了不公平的社会矛盾。

7.5 去单位模式下城市空间再组织的特性

1) 竞争性

去单位模式下的城市空间变革是在原来的模式中引入市场竞争并在政府的推动下发生的,竞争性是其中的最重要的特征。竞争性首先表现在不同城市与地方政府之间。以GDP为导向,以城市经营为手段,吸引和助推资本循环成为了城市之间竞争的主要内容,并推动了政府在旧城更新和新区开发中的积极作用。其次,竞争性表现在不同资本的剩余价值生产之间。市场化变革激活了城市空间的交换价值,基于不同类型资本之间付租能力的区位竞争构成了中国城市空间重构的重要特性,尤其表现在城市中心区产业转换的“退二进三”过程中。最后,竞争性还表现在居民消费中。原来的配给制向市场机制下基于支付能力的转变激发了居民在劳动力再生产中的消费差异,并在空间中表现和固化。这一过程既表现在相对静态的居住迁居和住房消费中,也表现在居民的日常行为空间中。

2) 分异性

单位模式下的城市发展是政府以计划经济模式组织现代化的结果,并在空间上表现出一定的相似性,诸如单位之间的封闭、单位内部设施的雷同等等。去单位模式的变革促使单位向真正的市场主体转变,单位本身在性质、规模、区位、经营状况、领导决策等方面的差异性开始发挥作用,并展现为单位之间空间重构的分异性。此外,这种分异性还表现在更小和更大的空间尺度上。在市场机制下,成本和收益成为空间重构的重要因素。单位空间中的生产区往往由于改造成本低、见效快,更容易发生空间重构。生活区则相反，投资的不足往往导致整个居住区的质量下降和迁居中的逐步滤下。从区域及全国尺度来说，不同的城市在去单位化过程中有不同的进度，在对外开放中也存在领域和深度的差别，进而导致了空间重构在城市之间的分化。

3）扩张性

单位模式下以项目为基础和条块分割的发展模式使得单位成为城市空间中的基本单元，单位之间相互封闭，单位内部自我循环是重要的特征。去单位模式打破了这种格局，地方分权使得城市政府有更大的力量对整个城市的发展进行规划和重构。企业市场地位的形成和经营权的扩大使得其发展不再局限于当初划定的范围内，从所在城市到全国以及全球都成为了企业合作与竞争的平台。同时，城市化不仅使在户籍、就业和生活设施供给等制度下形成的居民流动性的僵化逐渐松动，体制内的单位成员向社会人转变，引发了居住及就业地点的改变；还引发了大量外来人口的增加，并参与到城市就业与居住的重新选择中。总体而言，单位模式下僵化的城市空间随着城市、企业和居民自主性的增强，主要以市场机制为原则，突破了原来封闭、分割的空间模式，向整个城市甚至更大的空间扩张和互动。

注释

① 在绅士化研究中，史密斯提出了地租缺口（rent gap）的概念，用来指城市中心绅士化前后地租的变化。这一概念是针对同一区位随着环境因素和设施构成的改变而发生的租金变化，与这里的租金差价概念有所不同。

②《新华社：上海世博园建设拆迁进展如何》，网址：http://news.163.com/07/0731/10/3KNN4IMR0001124J.html。

③ 王立民，《中国开发区发展态势评析》，《经济参考报》，2011年12月7日。

④ 关于拆迁安置，1991年的《城市房屋拆迁管理条例》规定："对被拆除房屋使用人的安置地点，应当根据城市规划对建设地区的要求和建设工程的性质，按照有利于实施城市规划和城市旧区改建的原则确定"。2001年新的《城市房屋拆迁管理条例》规定："拆迁补偿的方式可以实行货币补偿，也可以实行房屋产权调换"。

⑤ 指部分打工者因房租过高而在地下管道通过的井下居住的现象。以王秀青为例，他在郊区怀柔有自己的家庭和房子，但出于生计，到内城区以擦车为工作。资料来源：人民网，http://house.people.com.cn/n/2013/1209/c164220-23783111.html。

⑥ 耿诺，《老旧小区改造目标超额完成》，《北京日报》，2013年12月27日。

⑦ 北京同仁堂，《同仁堂历史》，网址：http://www.tongrentang.com/brandstory/history.php。

⑧ 来源于克拉玛依市公安局统计数据。

⑨ 克拉玛依市统计局，《克拉玛依市国民经济和社会发展统计公报》。

8 单位模式的反思与启示

1949年中国共产党领导的新生政权的建立为中国主动意义上的现代化建设创造了政治条件。在国内外压力与挑战和已有社会主义国家示范的作用下，计划经济成为推动中国实现现代化发展的选择，进而导致了单位模式在城市的形成，并主导了中国城市大约30年的发展过程。然而，单位模式并未实现预期的共产主义，发展成效的反差引起了对已有模式的反思，并在尝试和借鉴市场机制的过程中形成了中国城市发展的去单位模式。该模式有效地解决了物质层面的匮乏，并实现了整体意义上的富裕，但其物化的发展目标以及市场机制本身的不足导致了可持续性的问题，这已经开始引发中国城市发展模式进一步的调整。未来的城市发展应该批判地借鉴前两种模式的优点，将其在新的发展目标和环境中合理应用，以实现城市以人为本的发展。

本章将从逻辑上对中国城市发展模式的演进过程进行解析，并指明对未来城市发展的启示。首先对单位模式的形成逻辑进行阐述，并明确其优点和缺陷；然后以同样的思路对去单位模式进行分析；接下来从“人”的角度对以人为本的概念进行解读，明确以人为本的具体指向；最后在对中国城市发展模式演进比较的基础上，说明以往模式对未来城市发展的启示。

8.1 单位模式的形成逻辑及其效应

任何城市发展模式的形成都有其相应的时代和社会背景，因此，对其评述应首先将其还原，进行“复原”式的分析，而不是事后的简单判断。本研究中的城市发展模式包括城市制度和城市空间两部分，并认为前者是后者的结构性因素。城市制度中最关键的是其中的知识体系，是其发展模式形成和转换的原动力。但事实上的制度实践效果与制度设计的预期目标总会有差异。这些非意图后果会导致对原有模式的反思，从而引起知识体系的调整。如果非意图后果足够巨大，而反思又足够强烈，则会导致知识体系的彻底重构，并进一步导致制度的变革以及实践的变迁。这里对城市发展模式的分析将遵循这一路径展开，即城市模式—实践效果—反思—模式转换与调整。

8.1.1 单位模式的形成:生存与发展压力下的彼岸选择

从过程来看，中国城市发展的单位模式代表了中国推动国家发展现代化的一个阶段(图 8.1)。从类型上来说,中国的现代化属于后发外生型①,即不仅其现代化的启动直接来自外部的刺激与挑战,其后的整个现代化进程也都要受到外部环境与外部因素的重要影响[425]。19 世纪中叶,西方已经走上现代化的国家借坚船利炮改变了中国的社会发展进程,中国开始经历"数千年未有之变局",并由此产生了中国的总体性危机[105]。

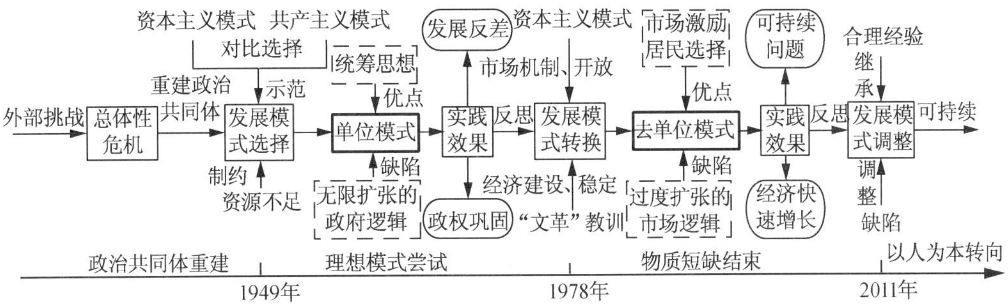

图 8.1　中国城市发展模式的演进过程与未来指向

根据布莱克的分析,现代化过程包括以下几个阶段:现代性的挑战——现代观念和制度、现代化拥护者的出现;现代化领导的稳固——权力从传统领袖向现代领袖转移;经济和社会的转型——经济增长和社会变迁达到一定程度,社会从以农村和农业为主的生活方式转型到以城市和工业为主的生活方式;社会整合——经济和社会转型导致了整个社会基本结构的重组[426]。通过简化,可以将其概括为重建(调整)政治共同体和实现以经济起飞为动力的文明结构转型两个大的阶段[427]。1949 年之前,中国一直处在第一阶段,即外部挑战出现,内部通过一系列的行为试图建立一个高效率的政治共同体,从而推动经济发展和社会结构的转变。这一过程从早期的清末新政和洋务运动到辛亥革命,再到抗日战争以及国内战争,持续了上百年的时间。新中国的成立标志着这一过程的结束,同时也是从被动应对向主动现代化转变的起点[98]。但中国作为现代化的后发国家,并不是复制先进国家的发展模式那样简单。从外部环境来说,最重要的是已经有了两种模式的现代化类型及其示范效应的存在,即英美等资本主义模式和以苏联为代表的共产主义模式。就两者的关系而言,后者对前者具有批判意义,在理论上集中表现为马克思主义的相关论点。这一点对新中国发展模式的选择具有重要影响。当然,选择共产主义模式与中国传统的大同社会理想及三民主义等是一脉相承的[105]。最重要的一点是作为执政党的主体所信仰的是马克思主义,因此选择共产主义作为国家的现代化目标就成为很自然的事情了。这就为苏联示范作用的发挥提供了先决条件。另外,冷战的国际环境、第三次世界大战的判断以及中苏关系破裂等等给中国新生政权带来巨大压力,并进一步成了制定工业化赶超战略的重要原因。就国内的情况而言,资源不足成为制约发展经济的最重要因素,这就从客观上增加了政府对经济干预的责任,以便将有限的资源集中到经济建设中。此外,社会组织的涣散进一步强化了政府的组织职责,构成了对全能型政府的客观需求。

从发展模式来说,国内外因素的综合作用不仅帮助国家明确了发展的目标,更重要的还在于发现了具体的操作路径。前者是指比资本主义更先进的社会主义和共产主义；后者是指计划经济。这样，便形成了一种具有蓝图特点的范式，而且是有范例可以参照的。不过可以参照的对象还没有实现共产主义，而且鉴于国情的差别，单位模式的形成并非简单照搬，而是与中国历史和现实条件紧密结合的结果，是通过计划经济手段在中国展开以实现共产主义现代化为目标的社会试验。

8.1.2　单位模式的缺陷：无限扩张的政府逻辑

单位模式的缺陷集中表现为无限扩张的政府逻辑，即城市的经济活动和生活活动完全嵌入到政府领域中，并表现为全能型政府在城市生产和生活中的深度介入。政府逻辑在经济领域的扩张是计划经济本身的必然要求，其表现是通过单位实现对资本运行的控制。这又进一步分为两个层次，即资源配置和日常运行。在资源配置方面，政府凭借行政权和财产权的统一，将有限的资源配置到对国家现代化目标更重要的（重）工业部门。在日常运行方面，政府通过定价、生产计划等形式将自身的意图贯穿到企业的生产活动中。不过从效果上来说，政府逻辑向经济领域的扩张并非一无是处。这种具有战时特点的模式能够在短时间内集中资源，对于生产的恢复有重要的作用。但从长远来说，政府逻辑的植入使得经济活动的计划性无所不在，抹杀了资本活跃的本性；同时，对资本的激励不足、自身发展的惰性以及经营亏损受到软预算约束的保护，在一定程度上形成了负向激励。

政府逻辑在经济活动中的扩张在空间上表现为单位纵向存在的委托代理关系，而横向之间缺乏竞争和互动（图 8.2）。这样，资本意义上的企业经营活动演变为政府计划控制之下的车间，是政府发展意愿的具体化。这同样体现在资本循环的过程中，政府投资的项目主导、单位之间相互分割。在物质空间方面，政府的计划逻辑首先导致了空间交换价值的隐匿，进而形成了僵化、静态和割裂的城市空间。

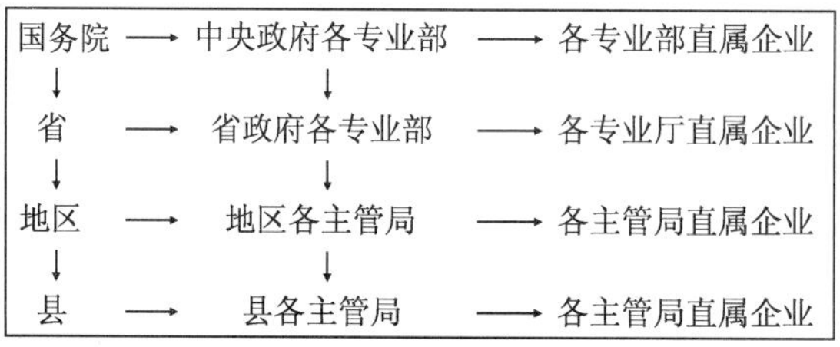

注：箭头方向表示权力委托代理方向。

图 8.2　单位模式下企业之间的关系

政府逻辑在社会领域的扩张总体上是组织社会、促进生产的需求。这又进一步分为社会基层治理和居民生活的调控两个方面，并且相辅相成。前者通过单位实现了就业管理和社会管理的统一，单位成了城市社会基层治理的依托，而街道和居委会只在城市的社会治理中起辅助作用。后者是通过工资、票证以及单位福利等实现了对居民消费的调控。生活资源的配置与治理相互配合，即不服从者不得食。这样，整个社会系统的运行就被纳入到政府的逻辑中，从而服务于国家发展的目标。从效果上来说，这种组织模式对于快速改变中国社会的散乱状况和恢复社会秩序起到了积极作用；但从长远来说，政府逻辑对社会领域的扩张和侵蚀影响了社会组织的发育，同时，对居民消费的控制制约了居民的消费水平，同时压缩了居民的选择机会，不利于居民生活质量的提升。

从空间上来说，政府逻辑在社会领域的影响主要通过单位社区表现出来。从关系上来说，单位作为政府的代理承接了政府的职能，成为社会治理和居民生活调控的直接主体，但单位相对于城市的独立性以及单位之间的相互分离直接导致了社会空间的割裂。不同单位的生活区都向完整的社会职能发展，生活服务设施在单位之间不能共享，这在物质上反而造成了重复建设以及资源利用效率的不足。同时，居民在居住空间上缺乏自由流动的机会，导致了空间的固化与僵化。

单位模式中政府逻辑向经济及社会领域的无限扩张导致了资本活力和社会活力的降低，并在空间上形成了相互孤立和封闭的城中之城。这样虽然短期内形成了强有力的城市整体性组织，实现了生产和生活的有序；但从长期来看，这形成了对资本和社会本身自主性的压制。从效果上来说，这导致了企业和社会的惰性，而政府又必须保障整个体系的继续运行。这种政府的过度、无效干预，同时又要承担其后果的矛盾是单位模式不可持续的根本原因。这是单位模式最重要的特点，同时也成了单位模式最致命的缺陷。从根本上来说，单位模式最终走向解体是其内因作用的结果，从其形成之时起这一根本性的矛盾就不断推动单位模式走向不可持续和最终的转换。

8.1.3 单位模式的优点：城市生产与生活的统筹理念

虽然单位模式有其致命的缺陷，但对城市的可持续发展而言并非毫无价值。前面在关于城市空间的分析中已经有所涉及，在此作进一步总结和深化。在单位模式中，政府高度集权并获得了对社会资源的支配权，从而形成对整个城市活动系统的支配。以此为出发点，政府自然形成了对城市生产与生活进行统筹处理的理念。

这一点可以从活动统筹和空间统筹两个方面来理解。对前者而言，虽然生产是第一位的，但在实际操作中将生产与生活统筹考虑，为居民的生活需求提供了较为全面的社会福利和保障。虽然从经济上而言，这是对低工资政策和控制性消费的不可缺少的补充，从政治上来说是社会主义优越性的体现，但对居民生活、城市社会秩序的稳定和社会关系的和谐也起到了至关重要的作用。这种统筹观念在空间上表现为生产与生活的关系以及生活多样化需求的处理上。前者以职住接近的原则降低城市运行的成本，后者以多样化的设施应对居民的多重需求。这样就形成了对城市发展具有重要积极意义的居住和生活的匹配以及生活区的土地混合利用。

城市生产与生活得以统筹处理的一个重要基础是对空间使用价值的把握，即在将相互关联的活动落地的过程中，遵从的是将城市空间作为使用价值参与到城市活动中，而不是按交换价值考虑空间在其中的成本。从效果上来说，虽然产生了不利于城市空间按交换价值优化布局的一面，但在职住关系及生活设施的便利方面却起到了非常积极的作用。

不可否认的是在生产与生活活动统筹处理的过程中存在着单位分割、效率不高的问题；但从根本上来说，这是统筹操作的方式所导致的，是一个技术问题，而不是理念问题。依托单位，而不是通过社会的整体统筹是导致问题的原因。换言之，如果采取了更合理的方式，系统统筹的理念会有更好的实践效果。另外，还需认识到的是单位模式中对生产和生活的统筹处理是全能政府职责下的产物。在单位模式下，政府获得全能型支配权的同时，也承担了对生产、生活等全方位的职责。在无可选择的情况下，对城市活动进行统筹处理可以提高城市的效率，进而有利于整体目标的实现。正因为如此，这样的统筹在效果上实现了较为全面的社会保障和有利的空间组织。

8.2 去单位模式的形成逻辑及其效应

8.2.1 去单位模式的形成：经济增长压力下的此岸渐进

从逻辑上来说，从单位模式到去单位模式转换的核心动力来自对单位模式发展成效的反思。从效果上说，单位模式并没有实现共产主义的伟大理想，这推动了从国内和国际两个方面对单位模式的反思。在国内，经过几十年的发展并未实现理想中的共产主义，相反却经历了“文革”造成的巨大破坏甚至是发展的倒退。这既构成了反思的动力，同时也是发展的压力。经历了“文革”时期的中国人民在心态上需要社会稳定，这是导致渐进式变革的重要原因[428]，这也是邓小平所说的“要以大局为重”②。对“文革”动乱的反思首先所推动的是拨乱反正，重新将经济建设作为中心。然后在此基础上，开始了扩大企业自主权的调整，以调动企业的积极性。当然，这还只是在单位模式的框架内的局部微调。

国际方面，西方国家展现了通过资本主义模式取得的现代化成果，显示了市场机制的活力与创造力，同时也衬托了中国经济的落后，并形成了变革的压力。但市场在中国怎样实践，以及如何在保持稳定大局的前提下借鉴则是中国必须面对的技术性问题。在降低风险的约束条件下，中国采取了试验观察然后再推广的办法，这就逐渐打开了非公经济发展的大门，并开启了与原有体制内经济的互动。

从思路和操作手段上来说，这次发展模式的转换完全不同于单位模式形成的过程。单位模式是在已经有了计划经济的形式、共产主义的目标以及其他国家示范的作用下发生的，因而是一种具有相对明确的目标导向的模式建设过程。这也是 1950 年代初期社会主义改造加速实施的根本原因。而这次的模式转换是在单位模式的基础上，在保持稳定环境的过程中，通过借鉴其他国家的做法、调整已有的模式等手段，促进经济的发展。这一点在对待非公经济和市场机制的态度中有充分的体现。从操作上来说，对于模式的转换没有明确的目标，是按照实用主义的原则，采取摸着石头过河的方式逐步展开的。

8.2.2 去单位模式的缺陷：过度扩大的市场逻辑

确切而言，去单位模式是市场化的去单位模式，即推动现有单位模式的市场化转变。相对单位模式而言，去单位模式最大的区别是市场逻辑在其中的作用。从领域来讲，市场逻辑不仅在经济领域逐步确立（虽然还很不完善），还向政府和社会领域过度扩张，并导致了一系列问题的出现。

市场逻辑向政府领域的过度扩张导致了政府的企业化。在市场的逻辑下，地方政府将城市作为经营性的资产，主张在具体操作中努力追求 GDP 的增长以及政府财政收入的增加。与此同时，地方政府出现了经济人的倾向，成本、收益等成为影响其决策的核心要素。这在实践中导致了一系列行为的偏差。出于城市营销的需要，地方形象工程大行其道。在土地财政的驱使下，城市空间粗放扩张，蔓延明显。在此逻辑下，社会性的投入、外来人口的转化等则构成了城市发展的成本（尤其在短期内来看），这导致了社会保障、外来人口市民化的不足。虽然政府对市场逻辑有一些矫正与修补，但还远远不够。

市场逻辑向社会领域的过度扩张导致了社会的阶层化以及明显的空间分异与隔离。在市场逻辑下，购买力成为社会阶层区分与空间分化的关键标准。这样，收入差距的扩大必然导致包括空间在内的消费分化。由此，原有的单位居住区在经历了迁居及过滤之后出现了衰败的趋势，这对于那些受收入低、破产和下岗影响严重的居住区而言，更加明显。新建的居住区、具有自我演化特征的城中村等则更表现出了明显的分化，空间的符号化日益显现。并且，市场逻辑向政府领域的扩张与空间分化相互叠加，导致了公共服务不均衡等更加严重的问题。在去单位模式下，虽然城市作为一个整体在很大程度上消解了单位作为基本单元的空间割裂，但过度渗透的市场机制逐步导致了新的空间分隔和社会矛盾。

8.2.3 去单位模式的优点：市场激励与自我选择

随着去单位模式的展开，市场机制逐渐在中国城市中深化并发挥作用。与此同时，企业和居民分别逐渐从单位和单位人向市场主体转变。在此基础上市场的激励作用以及市场主体的自我选择日益成为推动城市发展的重要因素。对企业来说，其不仅获得了更加独立的自主经营权，还逐渐摆脱了原来所承担的社会功能。前者意味着企业与政府之间的直接控制逐渐向通过市场的间接调控转变，由此带来的变化是企业原来依赖政府的纵向关系逐渐向企业之间互动的横向关系转变，为企业之间的竞争与合作创造了条件。社会功能的卸载则降低了企业发展的成本束缚。当然，与此相伴的是软预算约束的逐渐弱化和企业压力的增强。

对居民来说，向市场主体地位的转变则意味着对单位的依赖关系向市场条件下的双向互动转变。就业单位仅仅是付出劳动换取报酬的场所，消费则通过自我选择的形式实现。与此相伴发生的一个重大调整是社会逐渐从政府的逻辑中脱嵌，并逐渐形成与市场和政府互动的格局。这样，随着收入的增加、自我选择的增多和社会流动性的增强，居民日益根据自己的偏好安排自己的生活，进而促进生活质量的提高。这些变化在社会层面则表现为多元化的生活方式和状态。

从空间来看，企业市场主体地位的增强和社会职能的解除使得其空间移动更加自由，企业与城市的关系由僵化走向灵活。这推动了企业通过郊区化的形式获得新的发展空间，并且为金融、商业等第三产业的发展创造了条件。城市空间也因此在整体上得到了优化。对居民来说，市场机制下的灵活性在很大程度上解除了单位模式下的消费的空间制约。同时，住房市场和城市服务业的发展则与居民消费需求相匹配，居民日益灵活地根据自己的需求进行迁居和日常生活的消费，活动空间与城市空间紧密互动。

去单位模式的优点得以空间化的一个重要因素是空间交换价值作用的发挥。去单位模式导致土地利用从无偿、无限期向有偿、有限期转变，不同区位空间的交换价值成为影响企业生产和居民生活的重要因素。受此影响，市场逻辑逐渐通过生产和生活活动空间区位的调整实现了空间化。

8.3 从以物为本到以人为本的模式转变

以人为本已经成为中国城市未来发展的核心导向，在国家的"十二五"规划纲要及新近发布的《国家新型城镇化规划(2014—2020年)》等政府文件中都是核心的指导理念。学术研究对以人为本持积极的肯定态度，研究涉及哲学层面的含义剖析、思想史方面的源流过程以及操作层面的实践等等，但整体而言，还未形成一个较为一致的表述[429]。以人为本理念的关键是准确把握其中的"人"，并在实践中将其置于"本"的位置。这里首先将"人"置于中国城市经历的不同发展模式中，分析其定位，然后从未来发展的角度探讨"人"的含义以及如何将其置于"本"的位置。

8.3.1 以物为本的模式：单位模式和去单位模式下的城市居民

1）城市居民作为单位模式下的劳动者

单位模式的形成是新中国成立后，在工业化赶超战略中一系列具体制度实施的结果。在这一城市总体的发展模式中，绝大部分城市居民都通过所属单位嵌入整个制度体系，从而成为这一战略的组成部分。从功能的角度看，"单位人"是整个发展体系的劳动力供给者，在其中参与生产、推动工业化快速实现。在整个体系运行过程中，劳动者的消费就转化为生产的成本。因此，工业化赶超的战略自然就会形成多劳动、少消耗的总体定位。具体而言，劳动者要对国家倡导的理念有崇高的信仰，并通过自身的实际劳动为之作出贡献。个人的价值将在这一过程中最大化实现；而个人的、生活的、享受的则是不被这一体系所接受的，因而是被批判的。

1953年，毛泽东在接见青年团第二次全国代表大会主席团时对青年提出"身体好、学习好、工作好"的要求。1957年，在《关于正确处理人民内部矛盾的问题》中指出："我们的教育方针，应该使受教育者在德育、智育、体育几方面都得到发展，成为有社会主义觉悟的有文化的劳动者。"他对干部的总体要求是"又红又专"。在个人和集体利益的关系上，毛泽东指出"要强调个人利益服从集体利益，局部利益服从整体利益，要把集体利益放在第一位，不能把个人利益放在第一位"③，同时"要保持过去革命战争时期那么一股劲，那么一股热情，那么一种拼命精神，把革命工作做到底"④。他认为广大人民群众要"成为旧世界的批判者，新世界的建设者和保卫者"，"拿起锤子能做工，拿起锄头犁耙能种田，拿起枪杆子就能打敌人，拿起笔杆子就能写文章"⑤。这些对居民的要求虽然角度和内容多样，但都离不开国家现代化对劳动者的核心需求。

2）城市居民作为去单位模式下的生产者与消费者

在去单位模式下，政府和国家领导人对居民的要求已显著不同，意识形态色彩已经日益淡化。这一点集中体现在邓小平提出的"有理想、有道德、有文化、有纪律"的"四有"新人思想上⑥。不过，来自经济领域的影响则更加直接、具体和复杂。首先，出于经济增长的考虑，降低劳动力成本成为一个重要的考虑。这一点尤其体现在城市居民的增量中，即大量的非户籍常住居民中。据统计，2012年中国的城镇化率达到了52.6%，但户籍人口城镇化率只有35.3%，两者相差17.3个百分点，与其对应的主要群体是2.34亿农民工及其随迁家属⑦。对城市来说，户籍的转换意味着与之相关的大量福利，这对仅限于经济增长的目标来说显然是发展模式的"负担"。这部分群体构成了去单位模式中最重要的人口红利，但却具有明显的“透支”特点[430]。这样，这部分群体就构成了去单位模式中低成本的劳动力供给者。

另一方面，随着中国从整体上告别短缺经济，为应对经济危机及出口不利的影响，鼓励消费成为了重要的制度安排。这一点在1998年前后有着明显的体现。当年的政府工作报告指出“长期以来困扰我国的商品紧缺现象已经根本改观了”⑧，与此同时，国企改革导致的下岗增多以及亚洲金融危机的冲击使得扩大内需成为促进经济发展的重要措施，包括提高收入、发放信贷以及调整节假日安排等等[431]。在中国发展“新常态”背景下，于2016年3月通过的《中华人民共和国国民经济和社会发展第十三个五年规划纲要》中的拓展发展动力的第一部分将促进消费升级作为推动经济发展的核心动力。同时，随着单位向市场主体的转变，以广告为重要载体的消费文化成为影响居民消费的重要因素。在居民消费提升的背景下，住房、汽车等大宗物品的消费以及旅游、信息等日常消费都成为拉动经济增长的重要力量。在这样的发展模式中，居民被塑造为消费者参与整个体系的运行，多消费、加速资本的循环成为其重要的角色定位。

虽然单位模式下和去单位模式下，城市居民在具体的角色定位上有显著的差别，但在逻辑上却是非常的一致。单位模式和去单位模式虽然在实现手段上有所差别，但在目标上都是“物化”的，即工业化的产品生产和经济增长。换言之，在这两个模式中，城市居民都不是城市发展的目标指向，而只是实现目标的某种要素。在这样的以物为本的发展模式中，城市居民处于被动支配的地位，作为以人为本的发展的对立面而存在。

8.3.2 以人为本的含义：城市居民地位的回归

由于单位模式研究所分析的是不同发展阶段中国城市的发展模式，因此对以人为本的分析将与未来城市发展的情境相关，而不将哲学意义上的、抽象的“人”和“本”作为探讨的对象。这里所要分析的是当前及未来一个时期内中国城市现实状况中的“人”及其地位，既有对现存问题的针对性分析，也有对未来发展指导的探讨。

首先，人本意义上的居民地位。人本意义上的人是具有人本主义特征的人，强调的是人的“非理性”的一面，即情感、心理、偏好等等，而不是只讲究效益最大化的经济人。对中国的城市而言，最重要的有两点：一是居民的偏好与选择，即通过城市的发展尽量降低发展模式对居民的制约，而满足居民多元化的需求。从中国城市发展的历程来看，单位模式虽然为居民提供了不会失业的“铁饭碗”和较为全面的福利保障，但却形成了居民对单位的全面依赖，并导致了社会的僵化和同质化。这与人本意义上的居民需求是相悖的。而去单位化则通过市场机制显著地降低了单位模式的制约，更加符合以人为本的城市发展需求。二是居民的心理归属，即通过心理归属感和地方感来化解现代化所带来的诸如压抑、焦虑等弊端。单位模式下，单位居住区的居民相互熟知、联系密切，并形成了较强的心理归属感。但去单位模式一方面导致单位居住区的迁居和过滤，地方感遭受负面冲击；另一方面，大量的城市化人口从农村来到城市，经历了心理上更大的跨越，在下一阶段的城市发展中，重建居民的心理归属感是以人为本模式的重要内容。

其次，整体意义上的居民地位。以人为本的城市居民应该是多维度的整体，而不是简化的或者碎片化的居民。这一点可以从居民的综合需求来进行分析，包括就业和生活两个大的方面。将居民作为一个整体对待就需要解决好居住与就业、居住与生活多样化需求以及居民个人和家庭成员之间的关系。从居住和就业的关系来说，不能将居民简化为生产者和城市居住者中的任何一个，而是整体考虑以避免为了解决住房问题而将保障房边缘化，或者为了产业发展而不考虑外来人口的生活需求问题。从居住与生活的多样化需求来说，应将居住区视为生活区，同时解决居住、购物、休闲等多样化的需求，而不是将居民简化为需要有房子居住的“居”民。从居民个体和家庭需求来说，就是要将居民家属及子女的多方面需求进行考虑，避免配套缺失的现象。对以人为本中的整体意义而言，最关键的一点是空间尺度。因为从城市的整体功能而言，满足居民的综合需求基本上不存在问题。但如果不在一定的空间范围内进行整体考虑，居民的综合需求将被迫在很大的范围内实现，从而表现出被动的空间碎片化状态。这与降低制约的条件下形成的、基于居民自我选择的空间活动范围的扩大有本质的区别。

最后，发展阶段意义上的居民地位。除了上述从一般意义上理解以人为本的城市居民外，对当前的中国城市而言还有两点需要特别关注。一是不同社会群体之间的关系。随着去单位化的深入，中国城市居民的构成日益多元和分化，并在空间上呈现分异与隔离的趋势。促进不同社会群体之间的和谐应是以人为本的重要内容。从这一点来说，须先承认不同社会群体在现代化过程中的遭遇差异，从公平与正义的角度保障弱势群体的生存与发展需求，促进不同群体间的互动与融合。当然这并不是要提倡单位模式下的平均主义，而是通过基本保障降低城市发展对居民生活造成的冲击，共享实现发展的多种机会。二是中国当前整体上摆脱了温饱阶段，正处于发展型的小康社会建设阶段，对生活质量的追求成为了以人为本的重要内容。目前来说，重点是满足居民生活的多样化消费与生活需求，其实现手段是相关设施和空间的合理配置。

概而言之，当前中国城市以人为本的发展需要重点关注居民选择与偏好下的多元化需求、心理归属和地方感、就业及生活的综合性和整体性、社会群体之间的和谐以及居民的生活质量等内容。这些问题的解决与实践就是将“人”落实到“本”的地位的过程。就是要从发展模式上将这些作为发展的目标，实现从“物”到“人”的切换，实现从“人”为“物”的发展服务到“物”的发展为“人”服务的切换。

8.3.3 以人为本的实现路径：发展模式的批判与继承

通过前述的分析，可以看出中国城市发展模式演进的逻辑。单位模式应对了新生政权的巩固与初步发展，但并未解决中国发展的物质短缺问题（表 8.1）。去单位模式的产生正是这一问题的结果，以经济增长为目标的模式和机制的转换在很大程度上解决了发展中的物质短缺问题。但由于市场逻辑的过度扩张导致了一系列的社会和环境问题，同时在告别物质短缺后，生活质量成为更高的发展需求。因此，未来的发展模式将在此基础上产生。

从发展机制来说，全能型的政府和扩张的政府逻辑能够迅速集中有限资源，是应对国内外生存与发展挑战的结果。去单位模式是富裕目标下的结果，其中的市场机制是在反思、借鉴和尝试的基础上逐步推开而形成的，其形成的过程同时也是不断接受实用主义原则的过程，是在其对经济增长贡献的肯定中形成的。而未来的发展则是要在可持续的总目标下，按以人为本的原则展开。从发展目标的调整以及发展机制的转换来看，中国城市发展的模式经历了从低到高的演进过程，体现了从生存到发展、从数量到质量、从物到人的演变过程。

表 8.1　中国城市发展模式的演进与展望

	单位模式	去单位模式	未来发展
形成动因	巩固政权、快速发展	实现富裕	以人为本、可持续发展
发展目标	(重)工业化赶超	经济增长、GDP 总量	公正、归属、效率、选择
发展机制	计划经济体制	市场化的经济体制	完善的市场经济体制
居民属性	劳动者	生产者、消费者	城市人
空间属性	使用价值、符号价值	交换价值、符号价值	价值平衡
空间组织	计划落实、生产为中心	市场竞争、效率优先	可持续导向的效率
模式优点	统筹理念、地方感	市场激励、自我选择	—
模式缺点	扩大的政府逻辑	扩大的市场逻辑	—

因此，对过去发展模式的评析和对比不能用现在的标准简单来看，必须回到其相应的历史情境中去，尽量客观地把握其优点与不足。不能简单地下结论认为去单位模式完全优于单位模式，而未来的模式又完全优于现在的安排。城市的发展过程是非线性的，这也是过去成功经验可以再利用的原因。不过，对于过去模式优点的继承也需将其置于新的目标和约束条件下，合理借鉴。绝对不能因为要重建居民的心理归属感，就重建单位居住区，因为消除竞争的压力就要恢复不会失业的铁饭碗。

面向未来的以人为本和可持续发展的需求，中国城市的发展模式将进一步调整。从具体目标来说，是在告别物质匮乏之后的更高追求，包括社会群体间的和谐与公正、居民的心理归属感、发展的效率以及居民制约的进一步解除和更自由的选择等。这种发展模式的机制将以去单位模式诞生的、经过进一步完善的市场机制为基础，以保持效率、激励与自我选择。在以人为本的发展中，城市居民不再是简化的、服务于以物为本的发展模式，而是反转为城市发展的最终指向，从被解构的状态转向重新建构，最终促进城市居民的发展。从空间上来讲，要矫正交换价值和使用价值的关系，以以人为本的使用价值为目标，以交换价值为提升效率的手段，促进空间价值的平衡，同时实现有效率的可持续空间组织。

8.3.4　以人为本的空间模式：以生活为中心的城市空间再组织

单位模式下的空间组织是以生产为中心的空间安排，体现在职住合一的单位大院、就近安排的工人新村以及新建的工业区和单位型城市等等方面。去单位模式下，受到空间交换价值和资本竞争的影响，生产与消费发生了空间分离，居民生活空间发生了分化与分异。未来以人为本的空间模式应该转向以生活为中心的空间安排[432]。具体来说，包括居住小区、城市社区、日常通勤、扩展空间和整个城市空间等几个基本的空间尺度（表 8.2）。

表 8.2 以生活为中心的城市空间再组织模式

空间尺度	主要设施	空间功能	时空特征	主要交通方式	基本特点
居住小区	住房、公共活动	居住、居民互动	固定空间、零散时间	步行	空间封闭
城市社区	购物、教育、医疗、休闲	日常生活、心理归属	固定空间、零散时间	步行、自行车	配套完整
日常通勤	就业地点	日常工作	惯例的空间和时间	自行车、公共交通	职住接近
扩展空间	大型休闲、购物、社交设施	全面的城市生活	相对固定的空间和时间	公共交通、私人汽车	灵活空间
城市空间	全部设施	多样的城市生活	灵活、潜在的空间和时间	公共交通、私人汽车	潜在空间

最小的空间尺度为居住小区,其中最主要的设施是住房和部分公共活动空间。从功能上来说,居住小区的安排在于满足居民的居住和日常交往的需求。该空间的一个重要特征是封闭性和内聚性,其意义在于通过绿化、围墙等设施构建安全、安静的适合居住和有利于小区内部居民互动的空间组织。这是对中国传统院落和单位大院等空间形式中围墙功能的继承。另外,居住小区的尺度通过不同类型住房的配建来改善居住空间的分异,促进不同类居民的适度混居。再者,从尺度上来说,居住小区不宜过大,整体上控制在组团的尺度比较合适。这样既可以实现小区的生活功能,也可以避免小区过大对城市交通的负面影响。居住小区的空间很固定,但时间利用则非常灵活,尤其是零散时间的利用。另外,小区内的交通方式是步行。

城市社区尺度由居住小区及其周围的生活设施共同构成,来满足居民日常生活的基本需求。主要的设施包括日常所需的购物、基础教育及基础性的医疗和日常化的休闲设施。从空间范围来说,这些设施辐射多个居住小区。在此范围内,基于较为完备的多样化设施,居民日常生活所需基本可以得到满足。从影响上来说,首先,通过公共服务设施的均衡配置,可以提升空间公正与公平;其次,这一空间范围是居民日常生活的核心,将在时间累积的基础上促进居民心理归属感的形成;最后,通过与人口结构和特色需求对接创建多样化的生活环境[433]。在城市社区尺度,多样化的设施对应居民多样化的生活需求,是对单位模式统筹理念的继承。另外,这一尺度上的设施构成和居民活动也是实施我国街区制的落脚点。基于时空间行为的数据和方法探索为社区尺度的生活空间识别与调整提供了支撑[434]。社区的空间也比较固定,时间利用也非常灵活。由于范围比居住小区大,交通方式在步行的基础上增加自行车等非机动方式。

日常通勤的空间尺度是从城市社区的尺度上扩展到日常通勤的空间范围,将居民的就业地点囊括其中。在继承生产与生活统筹理念的基础上,通过空间优化改善职住错位以提升职住接近的空间效果。这一空间范围由于包括了居民的就业及生活,从而形成了居民在整个城市空间中最为重要的活动空间。由于存在较高比例的内部通勤和满足居民生活的多样化设施,日常通勤空间构成了整个城市空间的一个基础性单元,形成了城市空间中具有一定独立性的中心。从城市尺度来看,具有多中心(单元)的特点,中心内部拥有更高的循环活动比例,之间则相对较低,从而改善去单位模式下职住错位和长距离通勤等负面效应。这一点是将单位模式下职住接近理念在市场机制下运用的结果。对工作地点固定的居民来说，日常通勤范围内的活动具有时间和空间都相对固定的特征。基于职住接近的空间特征，这一范围内的交通方式将以自行车和公共交通为主。

比日常通勤范围更大的则是扩大的生活空间。在这一空间尺度上形成了居民全面的城市生活，即在日常工作的基础上增加了诸如周末休闲、购物之类的消费活动。这一空间尺度上的活动在时间上对应居民以周为周期的城市生活。因此，扩大的生活空间内的活动在时间和空间上也具有相对固定的特征。居民之间时空间活动的多元分化，导致这一空间的主要交通方式为公共交通和私人小汽车。虽然涉及了更多的私人小汽车，但以周为基本频率的空间利用特征将不会导致明显的交通拥堵及环境问题。

在城市地域，最大的空间尺度为整个城市。对于大城市而言，这一空间范围要远大于上一空间尺度。但对居民的日常工作和生活而言，很大部分的空间不是必需的，因而是居民的潜在活动空间。诸如音乐会等偶然性的消费活动会涉及这部分潜在空间。该空间尺度内的活动在时间和空间上则非常灵活，很多都具有偶然性和潜在性。由于活动范围大、时间灵活，该空间范围的出行方式将以公共交通和私人小汽车为主。虽然潜在的城市空间利用率低，但却为居民提供了更多的选择，因而在城市空间范围内将形成更加丰富多样的城市生活。

注释

① 与其相对应的是早发内生型现代化。详见孙立平，《后发外生型现代化模式剖析》，《中国社会科学》，1991 年。

② 参见于光远，《1978：我亲历的那次历史大转折》，北京：中央编译出版社，1998 年，第 283—284 页。

③《毛泽东选集》第八卷，北京：人民出版社，1999 年，第 136 页。

④《毛泽东选集》第五卷，北京：人民出版社，1999 年，第 420 页。

⑤《全国都应该成为毛泽东思想的大学校——纪念中国人民解放军建军三十九周年》，《人民日报》，1966 年 8 月 1 日。

⑥ 1985 年 3 月全国科学工作会议上提出。

⑦ 数据来源于《国家新型城镇化规划（2014—2020 年）》。

⑧ 时任国务院总理李鹏在 1998 年 3 月 5 日九届人大第一次会议上的政府工作报告。

9 单位模式的研究展望

本研究以单位模式为视角分析和评价了新中国成立以来城市发展模式的演进阶段，并在辨识中国城市发展模式演进逻辑的基础上，提出了未来以人为本的城市发展在空间组织方面的结构和特征。研究从结构主义的角度重新理解了新中国成立以来中国城市在制度建构和空间生产方面的内部逻辑以及外部表现，并以城市发展中的影响因素和事件为基本要素，划分了中国城市从单位模式向去单位模式演进的不同阶段。同时，通过物质空间方面的典型案例和社会空间方面的组织结构与资本循环分析了中国城市不同模式下的城市空间特征。研究最后回归到城市发展的本源主体，在以人为本的基本理念下探讨了中国城市发展下一程的空间组织特征。但城市发展模式的研究不仅局限在制度和空间两个维度，居民心理、城市文化等同样是城市发展的重要内容。因此，单位模式的未来研究还需要从宽度上进行延展。另外，基于单位模式研究提出的未来城市发展的思路也需要进一步的具体化。

本章是本书的最后一个章节，将对研究进行一个总结性的概括和展望。首先，将提炼中国城市单位模式研究的主要结论；然后，对其创新之处进行概括和说明；最后，对单位模式的未来研究进行适当的展望。

9.1 单位模式研究的主要发现

9.1.1 单位模式是政府组织下以生产为中心的制度和空间安排

单位模式在新中国成立后快速形成并主导了中国城市经济社会的第一个发展阶段。从实施的机制或者动力来说，全能型的政府通过计划经济的形式控制了城市的各个方面。全能型政府形成的重要原因是中国现代化过程中遭遇的总体性危机。外部入侵危机和国内的涣散导致了对政府全能作用的需求。在新中国成立后，这一点得到了继承，以应对资源不足和人口众多条件下的工业化建设。全能型政府可以快速将有限资源运用到国家发展战略中，从而被认为是有效的组织方式。因而，从总体特征来说单位模式具有理想化的特点。这一方面来源于政府部门所掌握的理论知识，另一方面源于先行国家的示范效应。同时，由于资源有限和赶超压力，政府主要以项目的形式展开投资，并围绕职工的需求配套生活设施。第三产业相对滞后则对此有进一步的强化作用。基于此形成了以具体单位为模块的总体性方向安排，其特点包括：生产为中心、具有相对独立性和单位之间的相互封闭。

1）单位模式下的城市制度是政府集中有限资源推动工业化的组织方式

单位模式下政府通过公有制实现了行政权和财产权的合一，成为集中资源推动工业发展的重要保证。从宏观的层面来说，农村要支持城市的发展：这一方面表现为向城市低价供给粮食及部分工业原料；另一方面是限制农村人口向城市流动，从而减少城市发展中的物资消耗。从具体安排来说，依托财政制度将主要资金应用到生产性建设中，同时控制生活性的消费。国有化的土地和无偿划拨的方式降低了工业生产的成本，同时也方便了工业项目的空间布局。统包统配的就业制度为政府组织劳动力的配置提供了直接的操作手段。这样，政府通过直接的控制，将企业的生产活动演变为政府工业化发展战略的实施车间。一方面，在生活上，通过低工资和统购统销及票证制度降低了居民的生活消费，同时基础性的、全面的福利制度安排为居民生活提供了安全保障；另一方面，还通过精神文化的消费来弥补物质激励的不足。

总体而言，通过单位模式的制度安排，政府将产业发展和居民生活纳入到自身的理想框架中，从政府到单位再到居民形成了层层的主动性约束，反向则形成了层层的被动性依赖。就过程而言，单位模式经历了孕育、准备、形成、调整和成熟等几个阶段。其中最为关键的是社会主义改造和“一五”规划主导的 1950 年代，在此期间单位模式下的城市制度迅速建立，开始主导城市的发展过程。

2）单位模式下的城市空间是政府通过单位统筹生产和生活的空间表征

单位模式下，城市土地以公有制的身份和无偿使用的方式进入政府组织实施的经济社会发展过程，从属性来说体现的是城市空间的使用价值。出于服务于国家现代化建设的目的，符号价值的应用主要在社会主义的导向下通过建筑物、空间规划与设计和空间改造等方式呈现出来。从空间生产的方式来说，政府一方面通过以单位为基本投资方式的新建增量实现对生产和生活的组织，另一方面通过具有社会主义性质的改造对原有的城市空间存量进行变革，将其对应的生产和居民的生活纳入到政府的组织体系中来。这其中的一个重要特点是单位在其中的中介作用，即政府将生产和生活组织进入一个个单位而形成空间管理的模块。在此基础上通过对一个个单位的管理来推动整个社会经济的运行朝既定方向展开。

空间生产原则方面除前述表达社会主义的符号外，生产的重要性和生产与生活的统筹处理也非常重要。前者是工业化赶超战略的内在需求，后者是全能型政府职能的自然延伸。总体性原则在具体的发展过程中呈现出了多样化的表现，有旧企业的改造、职住合一的单位大院和职住接近的工人居住区；城市尺度则有新建的单位型城市，也有飞地型和连续型的空间扩张。社会空间方面，政府通过单位将生产组织和社会治理纳入其运行逻辑，并在单位大院的尺度形成了封闭性和内部循环的空间形式。而整个城市的资本循环也是政府通过单位组织实施的结果。

9.1.2 去单位模式是市场机制下生产与生活分离的制度和空间演变

去单位模式的形成是在对单位模式反思和对国际上市场经济国家观察借鉴的基础上逐步展开的。作为一种具有理想化特点的发展模式，单位模式并未实现赶超战略和共产主义的伟大理想，反而出现了发展落后的情况。同时，包括新兴市场国家在内的市场经济国家的经济发展成效让中国重新认识了市场机制的作用，并在认知上逐渐接纳。这样，随着单位模式的退出，市场机制开始发挥越来越大的作用。市场机制逐渐在生产领域、居民消费领域中发挥作用，同时政府通过积极的参与和推动加速了这一过程。在市场导向下，单位在向现代企业转变的过程中逐步卸载其承担的社会功能，并从空间上推动单位社区的分离以及向城市社区转变。企业的区位调整、居民的迁居和流动人口的增多进一步强化了分离的趋势，并导致了城市空间的根本性重构。

1）去单位模式下的城市制度是计划机制退出与市场机制增长的双向变革过程

从规范经济社会组织的制度安排来讲，去单位模式下的城市制度一方面体现的是旧的组织模式逐渐弱化和退出，另一方面是新机制在尝试、观察和推广中逐步增长。一定程度上，计划机制的退出可以看作体制内成分的变革，展现的是存量调整，具体而言包括主体的调整和发展环境的变革。前者主要是国企从单位模式下政府的生产车间向具有市场主体地位的经营主体转变。这一过程始于放权让利及承包等原有模式下的调整，到后期逐步向现代企业制度转变。与此相对的是发展环境的逐步市场化，包括价格形成机制的调整以及要素和商品市场的培育等等。相对上述体制内的制度和企业的变革，非公有制经济成分则直接具有市场化的特点，在原有社会经济的主体之外不断增长。这样，从构成来说就形成了开始阶段双轨并行的特点。从功能来说，非公有制经济除自身的发展外，还为市场机制的作用赢得了认可，并对公有制经济成分的调整起到了帮助和示范效应。

在具体的制度安排方面，宏观层面的户籍制度调整及统购统销的结束为城镇化提供了条件，而对外开放将中国的经济发展与世界资本循环对接。随着政治职能的弱化以及社会职能的剥离，公有制的企业逐渐成为经济利益导向的主体，企业之间的合作与竞争不断展开。同时，随着就业制度、工资制度和住房及福利制度的变革，居民逐步脱离了对就业单位的全面依赖，社会流动不断加强，空间分异也逐渐显现。

2）去单位模式下的城市空间是交换价值主导的生产与生活各自再组织的空间表征

对去单位模式下的城市空间而言，一个重要的变化是土地有偿使用制度的实施，进而激活了城市空间的交换价值。另一方面，企业和居民作为市场环境中相对独立性的主体拥有了更多的选择机会。对企业来说，不仅不同的区位意味着不同的生产成本，而且已经拥有的空间变成了可以经营的资产。同时在政府的推动下，城市的产业空间不断调整。主要表现为原有城市空间中的“退二进三”，并在工业园区中与外来资本共同推动了城市空间的扩展。对居民来说，收入的差异化不断通过居住区的选择而空间化，社会空间的分异就此不断扩大。去单位模式下，地方政府同样面临着激烈的竞争，通过基础设施、园区及新城建设吸引资本，并从土地和城市的运营中获取收益。

在去单位模式下，原有的城市空间经历了差异化变迁，有调整发展、部分残留以及彻底更新等类型。而新的城市空间增量更直接地展现出了政府与市场推动下的空间生产特点。从社会空间来看，随着政府、企业和居民关系的调整，层层依赖的模式向分离互动的关系转变。单位大院也随着功能调整与城市空间发生了更多的互动关系。同时，资本循环不再是政府通过单位控制的结果，而转变为政府与企业为主要主体来共同推动。在去单位模式下，对同一个居民而言，就业、住房、日常消费等对应不同的资本，居民在选择中与之互动，导致了职住关系和社会空间的深层调整。

9.1.3 未来发展应反思历史模式并从以物为本转向以人为本

就本质而言，单位模式和去单位模式都是以物为本的发展模式。单位模式的直接目标在于工业化赶超战略，在全能型政府的组织下形成了“先生产，后生活”的总体性原则，城市居民在其中成为工业化发展的劳动者。去单位模式的直接目标在于经济增长，在实践中效率优先、经济总量崇拜成为最核心的原则，城市居民在其中转换为促进经济发展的生产者和消费者。但从发展阶段来看，单位模式和去单位模式的形成都有其内在的逻辑和发生的机理，而对其评价也需还原到历程的长周期中以客观分析。单位模式巩固了现代化建设的政治共同体，并对理想化的发展模式进行了探索。而去单位模式则在国内反思和借鉴国际经验的基础上，通过模式的调整解决了现代化建设中的物质匮乏问题。

未来的城市发展将是在此基础上向更高阶段的进步，生活质量、社会和谐等是重要的发展指向，而其实现的途径则是以人为本的发展。其中的人应是具有人本色彩的人，是整体性和多样化需求的人，同时也是不同群体共同发展和需求生活质量的人。为此，要在市场激励及居民自我选择的基础上，通过统筹的理念和人本的关怀实现向以人为本发展模式的转变。在空间组织上则是要实现从生产与生活的分离及社会空间的分异走向以生活为中心、体现社会公正和生活质量的空间安排。

9.2 单位模式研究的创新之处

中国城市的单位模式研究在对已有中国城市研究梳理与总结的基础上，运用结构主义的分析思路，通过质性方法对历史文献和案例的分析，形成了对新中国成立以来中国城市发展模式演进的整体性理解，并得到了对未来发展的部分启示。其主要创新点包括：

1）运用结构主义方法对中国城市发展模式的演进过程进行了分析

与大部分单位视角的中国城市研究不同，这里的分析运用结构主义作为方法论展开分析，旨在发现发展模式选择、制度安排及空间表达背后的逻辑及机理。在模式的选择方面，将其还原到当时的历史情境中，分析其选择的约束条件和其中蕴含的理性成分。在制度方面，将分析内容从具体安排扩展到知识体系，分析制度形成的动因与指向，同时阐述了不同具体制度安排之间的互动关系。空间方面运用空间生产和资本循环等理论，分析了空间现象背后的生产机制，解读了社会空间的组织架构及运行模式。

通过结构主义的分析，在城市发展模式演进及制度和空间解析方面得到了独特的理解。通过分析，发现了中国城市发展模式演进背后从建立政权到尝试调整、从解决物质短缺到发展提升的总体性过程。制度方面，发现了从实践到效果反思、再到知识体系调整和再实践及再反思的运行逻辑。空间方面，发现了不同阶段的空间属性、空间生产的独特模式以及相应的物质及社会空间表现。

2）对中国城市发展过程进行了单位模式和去单位模式的划分

研究根据单位在中国城市发展中的作用过程将新中国成立以来的城市发展过程分为单位模式阶段和去单位模式阶段。前者是单位模式迅速形成直至成熟的阶段，对应于中国城市发展的计划经济时期。后者是单位模式逐步退出的阶段，对应于中国城市的市场化转型过程。这种划分方法着眼于在中国城市发展过程中有重要影响的单位，更加关注了中国城市的独特性，同时两个阶段的划分体现了阶段性与前后的延续性。

通过单位模式和去单位模式的划分，发现了不同模式下中国城市的独特特点。单位模式下，全能型政府通过单位主导了中国城市的发展，无论是生产组织还是社会基层治理以及居民生活都是这一总体性安排的结果。去单位模式下，中国城市演绎了计划机制退出与市场机制进入的双向互动过程。

3）从制度和空间两个维度解析了中国城市发展模式的演进过程

研究从制度和空间两个维度将中国城市的发展过程打开，深入分析了不同阶段的结构性因素及其相应的空间和社会表征。制度方面，从制度的深层的知识体系和表层的制度安排展开，后者进一步分为生产制度和消费制度，并关注了两方面的相互关系，从而形成了体系性的观察。空间方面，从空间属性及对应的物质及社会空间表现展开，从而丰富了对城市发展模式空间表征的理解。

通过分析，发现了中国城市发展不同阶段制度和空间的整体性特征。单位模式下的城市制度是政府集中有限资源推动工业化的组织方式，而去单位模式下的城市制度是计划机制退出与市场机制增长的双向变革过程。单位模式下的城市空间是政府通过单位组织生产和生活的空间表征，去单位模式下的城市空间是交换价值主导的生产与生活各自再组织的空间表征。

4）从宏观层面阐释了中国城市空间发展模式的演进逻辑及未来以人为本的转向

研究对中国城市未来发展的分析不是局限在将来时，而是将中国城市未来的发展置于中国现代化的长周期历史中进行考察。作为后发外生型现代化国家，中国的发展过程经历了遭遇总体性危机、重建政治共同体、理想发展模式尝试、调整发展模式解决物质匮乏等阶段，未来是发展质量提升和注重社会效应的阶段，而以人为本是最重要的指导理念。

通过这种长周期的分析，不仅发现了不同模式形成背后的选择逻辑，更重要的在于发现了不同模式的优点与缺陷，从而明确了在未来发展中可以借鉴的合理性理念和应努力避免的问题。对空间组织的转变而言，未来以人为本的城市空间将实现从过去以生产为中心的空间安排向以生活为中心的空间转变，通过居住小区、城市社区、通勤空间、扩展空间和城市空间等差异化的尺度实现相应的功能。

9.3 单位模式研究的未来展望

新中国的政府采用计划经济体制推动中国的发展，并在城市中以单位的形式具体落实。由此，单位主导了中国城市的发展，并在 1970 年代末的渐进式变革中持续作用。因此，单位也就成了中国城市研究中不可回避的话题。但大部分研究是在中国城市转型的研究体系中，从土地、住房、城镇化和空间重构等内容出发而展开分析。在这些研究中，单位呈现一种碎片化的状态，作为转型之前城市某一方面的特征而被关注。相对而言，直接将主导中国城市发展的单位作为研究对象的成果较少，其中又以市场化转型阶段的变化关注较多。在长周期的视域中，卢端芳现代化发展和城市主义角度的研究、薄大伟社会治理角度的研究和柴彦威等新单位主义的研究比较有代表性。中国城市的单位模式研究也属于从长周期的过程入手，分析中国城市发展模式的演进过程，并面向未来城市的可持续发展展开了一定的探讨。整体而言，单位视角的中国城市研究更直接地关注了中国城市中的本土化现象，而长周期的分析则展示了中国城市发展演进的阶段性特点和不断转换的内在规律性。对理解中国城市发展过程的独特性和对未来的启示而言，单位视角的中国城市研究发现了兼具一般性和中国化的理解，成为了中国城市研究的重要领域。

中国城市的单位模式研究从制度和空间两个维度解读了中国城市的发展演进过程及未来趋势。但作为复杂社会现象的城市发展在具体内容方面要复杂得多，城市未来发展的趋势在具体内容方面会存在很突出的不确定性。因此，未来中国城市的单位模式研究需要进一步的拓宽和延展。这种研究的深化以中国城市的单位研究为需求，即深刻地总结中国城市发展的内容与脉络，更科学地预判中国城市下一阶段的发展趋势，更合理地调控中国城市未来发展的可持续性。

未来中国城市的单位模式研究在内容上的拓宽集中在三个方面。首先是社会流动与社会基层治理的研究。未来一个时期中国的城镇化进程将继续深化，居民的迁居以及社会空间的分化与变动会进一步强化。将这些变化与城市社会基层治理进行整合式的研究，是促进城市发展公平公正以及共享现代化成果的重要突破点。其次是居民和社会心理的研究。从单位模式下社会心理鲜明的意识形态性到去单位模式下明显的物质性转变几乎重塑了城市居民和社会整体的心理特征。分析社会心理的变迁的具体内容及其逻辑，面向未来城市可持续的需求，寻求更适合的心理状态是未来提升城市发展质量的核心内容。最后是城市精神与文化的研究。中国城市的精神与文化先后受到了计划经济与单位主义和市场文化与增长主义的深刻影响，但都不是城市文化的理想归宿。面向未来的城市灵魂与文化需求，回溯中国城市精神与文化的演变过程，探索中国城市的文化特质与本质精神将会是中国城市后物质主义时代的重中之重。

未来中国城市的单位模式研究在时间上的延伸也包括三个方面。首先是未来城市发展模式及其框架的探究。本书对未来城市发展的探讨局限在以人为本的总趋势层面，对城市发展模式，尤其是框架的探讨几乎没有涉及。未来的研究需要从运行的角度对城市解析，明确经济发展、社会治理、居民生活的整体组织以及相应的空间表现，从而更清晰地展示下一时期城市的发展模式。其次是未来城市发展模式中的延续性及其逻辑。将城市发展模式作为持续演进的过程展开分析，从城市发展的基本矛盾和核心驱动力的角度分析不同阶段城市发展模式之间的批判与继承的逻辑，从而更清晰地把握未来城市发展的动向。最后是城市向未来发展模式转变的路径。在明确发展方向与总体框架的基础上，从城市发展的现状，尤其是现存的关键问题出发，探讨城市发展模式转型的突破口及推进路径，是促进中国城市持续发展和质量提升的最终落脚点。

中国城市单位模式研究的拓宽与延伸是单位视角下中国城市研究在发展模式方面的深化和具体化。具体的研究内容将与单位视角的其他方面研究共同构成中国城市的单位理论，从而对中国城市发展过程的理解以及未来发展的优化有所助益。

参考文献

[1] Harding H. China's Second Revolution: Reform After Mao[M]. Washington, D. C.: Brookings Institution Press, 1987.

[2] 沈立人，戴园晨. 我国"诸侯经济"的形成及其弊端和根源[J]. 经济研究，1990(3):12-20.

[3] 周黎安. 中国地方官员的晋升锦标赛模式研究[J]. 经济研究，2007(7):36-50.

[4] 罗纳德·哈里·科斯，王宁. 变革中国:市场经济的中国之路[M]. 徐尧，李哲民，译. 北京：中信出版社，2013.

[5] Lin J Y, Cai F, Li Z. State-owned Enterprise Reform in China[M]. Hong Kong: The Chinese University Press, 2001.

[6] 杨圣明. 价格双轨制的历史地位与命运[J]. 经济研究，1991(4):36-42.

[7] 张学兵. 粮食统购统销制度解体过程的历史考察[J]. 中共党史研究，2007(3):54-60.

[8] 刘社建. 就业制度改革三十年的回顾与反思[J]. 社会科学，2008(3):117-124.

[9] 中国证券监督管理委员会. 中国资本市场发展报告[M]. 北京：中国金融出版社，2008.

[10] 吴缚龙，马润朝，张京祥. 转型与重构　中国城市发展多维透视[M]. 南京：东南大学出版社，2007.

[11] Zhang X Q. Urban Land Reform in China[J]. Land Use Policy, 1997,14(3):187-199.

[12] 孙立平，王汉生，王思斌. 改革以来中国社会结构的变迁[J]. 中国社会科学，1994(2):47-62.

[13] 陆学艺. 当代中国社会阶层的分化与流动[J]. 江苏社会科学，2003(4):1-9.

[14] Fan C C. China on the Move: Migration, the State, and the Household[M]. Oxon: Routledge, 2008.

[15] Chan K W, Zhang L. The Hukou System and Rural-Urban Migration in China: Processes and Changes[J]. The China Quarterly, 1999(160):818-855.

[16] Huang Y, Jiang L. Housing Inequality in Transitional Beijing[J]. International Journal of Urban and Regional Research, 2009,33(4):936-956.

[17] Tolley G S. Urban Housing Reform in China: An Economic Analysis[M]. Washington, D. C.: The International Bank for Reconstruction and Development/the World Bank, 1991.

[18] Huang Y. From Work-unit Compounds to Gated Communities: Housing Inequality and Residential Segregation in Transitional Beijing[M]//Ma L J C, Wu F. Restructuring the Chinese City: Changing Society, Economy and Space. London and New York: Routledge, 2005.

[19] Wu F. China's Changing Urban Governance in the Transition Towards a More Market-oriented Economy[J]. Urban Studies, 2002,39(7):1071-1093.

［20］ 何海兵. 中国城市基层社会管理体制的变迁:从单位制、街居制到社区制[J]. 管理世界，2003(6):52-62.
［21］ Wu F，Xu J，Yeh A G. Urban Development in Post-Reform China[M]. London：Routledge，2007.
［22］ Wu F，Yeh A G. Changing Spatial Distribution and Determinants of Land Development in Chinese Cities in the Transition From a Centrally Planned Economy to a Socialist Market Economy：A Case Study of Guangzhou[J]. Urban Studies，1997,34(11):1851-1879.
［23］ Gaubatz P. China's Urban Transformation：Patterns and Processes of Morphological Change in Beijing，Shanghai and Guangzhou[J]. Urban Studies，1999,36(9):1495-1521.
［24］ Zhou Y. Beijing and the Development of Dual Central Business Districts[J]. Geographical Review，1998,88(3):429-436.
［25］ He S，Wu F. Property-led Redevelopment in Post-reform China：A Case Study of Xintiandi Redevelopment Project in Shanghai[J]. Journal of Urban Affairs，2005,27(1):1-23.
［26］ 于雪梅. 在传统与时尚的交融中打造文化创意园区——以前民主德国援华项目北京 798 厂为例[J]. 德国研究，2006,26(1):55-60.
［27］ He S. State-sponsored Gentrification Under Market Transition：The Case of Shanghai[J]. Urban Affairs Review，2007,43(2):171-198.
［28］ Broudehoux A. The Making and Selling of Post-Mao Beijing[M]. New York：Routledge，2004.
［29］ Wang J J，Xu J. An Unplanned Commercial District in a Fast-growing City：A Case Study of Shenzhen，China[J]. Journal of Retailing and Consumer Services，2002,9(6):317-326.
［30］ 耿宏兵. 90 年代中国大城市旧城更新若干特征浅析[J]. 城市规划，1999,23(7):13-18.
［31］ Deng F F，Huang Y. Uneven Land Reform and Urban Sprawl in China：The Case of Beijing[J]. Progress in Planning，2004,61:211-236.
［32］ Liu J，Zhan J，Deng X. Spatio-temporal Patterns and Driving Forces of Urban Land Expansion in China During the Economic Reform Era[J]. Royal Swedish Academy of Sciences，2005,34(6):450-455.
［33］ Wei Y H D. Restructuring for Growth in Urban China：Transitional Institutions，Urban Development，and Spatial Transformation[J]. Habitat International，2012,36:396-405.
［34］ 周一星，孟延春. 中国大城市的郊区化趋势[J]. 城市规划汇刊，1998(3):22-28.
［35］ 冯健，周一星. 近 20 年来北京都市区人口增长与分布[J]. 地理学报，2003,58(6):903-916.
［36］ 高向东，张善余. 上海城市人口郊区化及其发展趋势研究[J]. 华东师范大学学报，2002,34(2):118-125.
［37］ 冯健，刘玉. 转型期中国城市内部空间重构:特征、模式与机制[J]. 地理科学进展，

2007,26(4):93-106.

[38] 柴彦威，周一星. 大连市居住郊区化的现状、机制及趋势[J]. 地理科学，2000,20(2):127-132.

[39] 柴彦威，胡智勇，仵宗卿. 天津城市内部人口迁居特征及机制分析[J]. 地理研究，2000,19(4):391-399.

[40] Wu F, Webber K. The Rise of "Foreign Gated Communities" in Beijing: Between Economic Globalization and Local Institutions[J]. Cities, 2004,21(3):203-213.

[41] 冯健，周一星，王晓光，等. 1990 年代北京郊区化的最新发展趋势及其对策[J]. 城市规划，2004,28(3):13-29.

[42] 贺灿飞，梁进社，张华. 北京市外资制造企业的区位分析[J]. 地理学报，2005,60(1):122-130.

[43] 张晓平. 我国经济技术开发区的发展特征及动力机制[J]. 地理研究，2002,21(5):656-666.

[44] 王兴平，崔功豪. 中国城市开发区的空间规模与效益研究[J]. 城市规划，2003,27(9):6-12.

[45] 石忆邵，谢萌秋. 基于熵值法的大学城土地利用综合评价——以广州大学城为例[J]. 现代城市研究，2013(1):98-102.

[46] 于伟，杨帅，郭敏，等. 功能疏解背景下北京商业郊区化研究[J]. 地理研究，2012,31(1):123-134.

[47] 冯健，周一星. 郊区化进程中北京城市内部迁居及相关空间行为——基于千份问卷调查的分析[J]. 地理研究，2004,23(2):227-242.

[48] 张景秋，陈叶龙，张宝秀. 北京办公业的空间格局演变及其模式研究[J]. 城市发展研究，2010,17(10):87-91.

[49] 陈叶龙，张景秋. 郊区办公活动的区位影响因素分析——以北京市亦庄为例[J]. 首都师范大学学报，2010,31(6):69-73.

[50] 蒋芳，刘盛和，袁弘. 北京城市蔓延的测度与分析[J]. 地理学报，2007,62(6):649-658.

[51] Zhang T. Land Market Forces and Government's Role in Sprawl: The Case of China[J]. Cities, 2000,17(2):123-135.

[52] Zhou Y, Ma L J C. Economic Restructuring and Suburbanization in China[J]. Urban Geography, 2000,21(3):205-236.

[53] 蒲泽强，蔡运龙，杨友孝，等. 中国粮食安全与耕地资源变化的相关分析[J]. 自然资源学报，2001,16(4):313-319.

[54] 封志明，刘宝勤，杨艳昭. 中国耕地资源数量变化的趋势分析与数据重建:1949—2003[J]. 自然资源学报，2005,20(1):35-43.

[55] 陆大道，姚士谋. 中国城镇化进程的科学思辨[J]. 人文地理，2007,22(4):1-6.

[56] Wang E, Song J, Xu T. From "Spatial Bond" to "Spatial Mismatch": An Assessment of Changing Jobs-housing Relationship in Beijing[J]. Habitat International, 2011,35:398-409.

[57] 宋金平，王恩儒，张文新，等. 北京住宅郊区化与就业空间错位[J]. 地理学报，2007,62(4):387-396.

[58] 孟斌. 北京城市居民职住分离的空间组织特征[J]. 地理学报，2009,64(12):1457-1466.

[59] 刘志林，王茂军. 北京市职住空间错位对居民通勤行为的影响分析——基于就业可达性与通勤时间的讨论[J]. 地理学报，2011,66(4):457-467.

[60] 李强，李晓林. 北京市近郊大型居住区居民上班出行特征分析[J]. 城市问题，2007(7):55-59.

[61] Zhao P, Lü B, de Roo G. Urban Expansion and Transition: The Impact of Urban Form on Commuting Patterns on the City Fringe of Beijing[J]. Environment and Planning A, 2010,42(10):2467-2486.

[62] 刘志林，张艳，柴彦威. 中国大城市职住分离现象及其特征——以北京市为例[J]. 城市发展研究，2009,16(9):110-117.

[63] Zhou S, Wu Z, Cheng L. The Impact of Spatial Mismatch on Residents in Low-income Housing Neighbourhoods: A Study of the Guangzhou Metropolis, China[J]. Urban Studies, 2012:1-19.

[64] 孟斌，郑丽敏，于慧丽. 北京市居民通勤时间变化及影响因素[J]. 地理科学进展，2011,30(10):1218-1224.

[65] Wang D, Chai Y. The Jobs-housing Relationship and Commuting in Beijing, China: The Legacy of Danwei[J]. Journal of Transport Geography, 2009,17(1):30-38.

[66] Norman J, MacLean H L, Kennedy C A. Comparing High and Low Residential Density: Life-cycle Analysis of Energy Use and Greenhouse Gas Emission[J]. Journal of Urban Planning and Development, 2006,132(1):10-21.

[67] 世界银行. 2009世界发展报告:重塑世界经济地理[M]. 胡光宇，译. 北京：清华大学出版社，2009.

[68] 潘海啸，汤諹，吴锦瑜. 中国"低碳城市"的空间规划策略[J]. 城市规划学刊，2008(6):57-64.

[69] 李志刚，吴缚龙，卢汉龙. 当代我国大都市的社会空间分异——对上海三个社区的实证研究[J]. 城市规划，2004,28(6):60-67.

[70] 马青裕，张文尝. 北京市居住郊区化分布特征及其影响因素[J]. 地理研究，2006,25(1):121-131.

[71] 丛艳国. 广州市人居环境满意度的阶层分异研究[J]. 城市规划，2013,37(1):40-44.

[72] 塔娜，柴彦威. 过滤视角下的中国城市单位社区变化研究[J]. 人文地理，2010,25(5):6-10.

[73] He S, Wu F. Socio-spatial Impacts of Property-led Redevelopment on China's Urban Neighbourhoods[J]. Cities, 2007,24(3):194-208.

[74] Gu S, Zheng L, Yi S. Problems of Rural Migrant Workers and Policies in the New Period of Urbanization[J]. China Population, Resources and Environment, 2007,17(1):1-5.

[75] Taylor P J. Places, Spaces and Macy's: Place-space Tensions in the Political Geography of Modernities[J]. Progress in Human Geography, 1999,23(1):7-26.

[76] 郑杭生，杨敏，黄家亮. 中国特色和谐社区建设"上城模式"实地调查研究——杭州

“上城经验”的一种社会学分析[M]. 北京：世界图书出版社，2010.
[77] Day K, Alfonzo M, Chen Y, et al. Overweight, Obesity, and Inactivity and Urban Design in Rapidly Growing Chinese Cties[J]. Health & Place, 2013,21:29-38.
[78] Bell AC, Ge K, Popkin BM. The Road to Obesity or the Path to Prevention: Motorized Transportation and Obesity in China[J]. Obesity Research, 2002,10(4): 277-283.
[79] Qin L, Stolk R P, Corpeleijn E. Motorized Transportation, Social Status, and Adiposity: The China Health and Nutrition Survey [J]. American Journal of Preventive Medicine, 2012,43(1):1-10.
[80] Ng S W, Norton E C, Popkin B M. Why Have Physical Activity Levels Declined Among Chinese Adults? Findings From the 1991—2006 China Health and Nutrition Surveys[J]. Social Science and Medicine, 2009,68(7):1305-1314.
[81] 迟福林. 二次转型与改革战略[M]. 海口：海南出版社，2012.
[82] Polanyi K. The Great Transformation: The Political and Economic Origins of Our Time[M]. Boston: Beacon Press, 2001.
[83] 张立. 论我国人口结构转变与城市化第二次转型[J]. 城市规划，2009,33(10): 35-44.
[84] 陈锋. 世界资本主义长程运动与我国城市规划的历史走向[J]. 城市规划，2011,35(1):23-34.
[85] 胡鞍钢. 第二次转型:以制度建设为中心[J]. 战略与管理，2002(3):34-38.
[86] 王绍光. 大转型:1980 年代以来中国的双向运动[J]. 中国社会科学，2008(1): 129-149.
[87] Jacobs J. The Death and Life of Great American Cities[M]. New York: Vintage Press, 1992.
[88] Nelson, C. A. A Review of “From Sprawl to Sustainability: Smart Growth, New Urbanism, Green Development, and Renewable Energy, (2nd ed.)”[J]. Journal of the American Planning Association, 2010,76(4):516-517.
[89] Danzig G B, Saaty T L. Compact City: A Plan for a Liveable Urban Environment [M]. San Francisco: W. H. Freeman and Company, 1973.
[90] 柴彦威，肖作鹏，刘天宝，等. 中国城市的单位透视[M]. 南京：东南大学出版社，2016.
[91] 柴彦威，刘天宝，塔娜，等. 中国城市单位制研究的一个新框架[J]. 人文地理，2013,28(4):1-6.
[92] Bray D. Social Space and Governance in Urban China: The Danwei System from Origins to Reform[M]. Stanford: Stanford University Press, 2005.
[93] 肖作鹏. 单位制度与中国城市主义的演进过程与特征研究[D]. 北京：北京大学，2013.
[94] 李路路，苗大雷，王修晓. 市场转型与“单位”变迁:再论“单位研究”[J]. 社会，2009(4):1-26.
[95] Lü X, Perry E J. Danwei: The Changing Chinese Workplace in Historical and Comparative Perspective[M]. New York: M. E. Sharpe, Inc. , 1997.

[96] 田毅鹏. “典型单位制”的起源和形成[J]. 吉林大学社会科学学报，2007,47(4)：56-62.
[97] 王沪宁. 社会资源总量与社会调控：中国意义[J]. 复旦学报(社会科学版)，1990(4)：2-11.
[98] Lu D. Remaking Chinese Urban Form：Modernity，Scarcity and Space，1949—2005[M]. London：Routledge，2006.
[99] 路风. 中国单位体制的起源和形成[J]. 中国社会科学季刊(香港)，1993(4)：66-87.
[100] 田毅鹏，刘杰. “单位社会”历史地位的再评价[J]. 学习与探索，2010(4)：41-46.
[101] 田毅鹏. 单位制与“工业主义”[J]. 学海，2016(4)：63-75.
[102] 田毅鹏，苗延义. 单位制形成过程中的“苏联元素”——以建国初期国企“一长制”为中心[J]. 吉林大学社会科学学报，2016(3)：80-90.
[103] 刘建军. 中国单位体制的构建与“革命后社会”的整合[J]. 云南行政学院学报，2000(5)：24-30.
[104] 刘建军. 单位中国——社会调控体系中的个人、组织与国家[M]. 天津：天津人民出版社，2005.
[105] 田毅鹏，刘杰. “单位社会”起源之社会思想寻踪[J]. 社会科学战线，2010(6)：165-173.
[106] 刘天宝，柴彦威. 结构主义视角下中国城市单位制的形成逻辑[J]. 人文地理，2012,27(1)：34-38.
[107] 李路路. “单位制”的变迁与研究[J]. 吉林大学社会科学学报，2013(1)：11-14.
[108] 路风. 单位：一种特殊的社会组织形式[J]. 中国社会科学，1989(1)：71-88.
[109] 李路路. 论“单位”研究[J]. 社会学研究，2002(5)：23-32.
[110] 孙立平. 转型与断裂：改革以来中国社会结构的变迁[M]. 北京：清华大学出版社，2004.
[111] 周翼虎，杨晓民. 中国单位制度[M]. 北京：中国经济出版社，1999.
[112] 李汉林. 变迁中的中国单位制度：回顾中的思考[J]. 社会，2008(3)：31-40.
[113] 李汉林. 转型社会中的整合与控制——关于中国单位制度变迁的思考[J]. 吉林大学社会科学学报，2007,47(4)：46-55.
[114] 刘平，王汉生，张笑会. 变动的单位制与体制内的分化——以限制介入性大型国有企业为例[J]. 社会学研究，2008(3)：56-80.
[115] Rocca J. The Rise of the Social and the Chinese State[J]. China Information，2003(1)：1-27.
[116] 曹锦清，陈中亚. 走出“理想”城堡——中国单位现象研究[M]. 深圳：海天出版社，1997.
[117] 何重达. 中国单位制度社会功能的变迁[J]. 城市问题，2007(11)：48-56.
[118] Lee M. Chinese Occupational Welfare in Market Transition[M]. London：Palgrave Macmillan，2000.
[119] Gu E X. Dismantling the Chinese Mini-welfare State? Marketization and the Politics of Institutional Transformation，1979—1999[J]. Communist and Post-Communist Studies，2001,34(1)：91-111.

[120] Francis C. Reproduction of Danwei Institutional Features in the Context of China's Market Economy: The Case of Haidian District's High-tech Sector[J]. The China Quaterly, 1996,147:839-859.
[121] Walder A G. Organized Dependency and Cultures of Authority in Chinese Industry [J]. The Journal of Asian Studies, 1983,43(1):51-76.
[122] 华尔德. 共产党社会的新传统主义——中国工业中的工作环境和权力结构[M]. 龚小夏, 译. 香港:牛津大学出版社, 1996.
[123] 李路路, 王修晓, 苗大雷. "新传统主义"及其后——"单位制"的视角与分析[J]. 吉林大学社会科学学报, 2009,49(6):5-16.
[124] 李猛, 周飞舟, 李康. 单位:制度化组织的内部机制[J]. 中国社会科学季刊(香港), 1996,16(5):135-167.
[125] 李汉林, 李路路. 资源交换——中国单位组织中的依赖性结构[J]. 社会学研究, 1999(4):44-63.
[126] 李路路, 李汉林. 单位组织中的资源获得[J]. 中国社会科学, 1999(6):90-105.
[127] 李路路, 李汉林. 单位组织中的资源获取与行动方式[J]. 东南学术, 2000(2):18-23.
[128] 李路路, 李汉林. 中国的单位组织:权力,资源与交换[M]. 杭州: 浙江人民出版社, 2000.
[129] 胡伟, 李汉林. 单位作为一种制度——关于单位研究的一种视角[J]. 江苏社会科学, 2003(6):68-75.
[130] Bjorklund E M. The Danwei: Socio-spatial Characteristics of Work Units in China's Urban Society[J]. Economic Geography, 1986,62(1):19-29.
[131] 于显洋. 单位意识的社会学分析[J]. 社会学研究, 1991(5):76-81.
[132] 李汉林, 渠敬东. 制度规范行为——关于单位的研究与思考[J]. 社会学研究, 2002(5):1-22.
[133] 李汉林, 李路路. 单位成员的满意度和相对剥夺感——单位组织中依赖结构的主观层面[J]. 社会学研究, 2000(2):1-17.
[134] 李汉林, 渠敬东. 中国单位组织变迁过程中的失范效应[M]. 上海: 上海人民出版社, 2005.
[135] 田毅鹏, 余敏. 单位制形成早期国企的劳动纪律问题[J]. 江海学刊, 2015(4):95-103.
[136] 傅春晖, 渠敬东. 单位制与师徒制——总体体制下企业组织的微观治理机制[J]. 社会发展研究, 2015(2):1-21.
[137] Kwan L C. The Labor Politics of Market Socialism[J]. China Quarterly, 1998,24(1):3-33.
[138] Kwan L C. The Transformation Politics of Chinese Working Class[J]. China Quarterly, 1999,25(2):4-31.
[139] 汪和建. 自我行动的逻辑: 理解"新传统主义"与中国单位组织的真实的社会构建[J]. 社会, 2006,26(3):24-47.
[140] Dickson B J. What Explains Chinese Political Behavior? [J]. Comparative Politics, 1992,25(1):103-118.

[141] 刘爱玉. 国有企业制度变革过程中工人的行动选择——一项关于无集体行动的经验研究[J]. 社会学研究，2003(6):1-12.
[142] 游正林. 也谈国有企业工人的行动选择——兼评刘爱玉《选择:国企变革与工人生存行动》[J]. 社会学研究，2005(6):1-12.
[143] 邱海雄，许杨先，赵巍. 国有企业组织结构转型的过程、原因及结果[J]. 社会学研究，1997(2):83-92.
[144] Zhao M, Nichols T. Management Control of Labour in State-owned Enterprises: Cases From the Textile Industry[J]. The China Journal, 1996,36:1-21.
[145] 李铒金. 车间政治与下岗名单的确定——以东北的两家国有工厂为例[J]. 社会学研究，2003(6):13-23.
[146] Erwin K, Adams V, Phuocle. Glorious Deeds: Work Unit Blood Donation and Postsocialist Desires in Urban China[J]. Body & Society, 2009,15(2):51-70.
[147] Agelasto M. Cellularism, Guanxiwang, and Corruption: A Microcosmic View From Within a Chinese Educational Danwei[J]. Crime, Law & Social Change, 1996,25:265-288.
[148] Unger J, Chan A. The Internal Politics of an Urban Chinese Work Community: A Case Study of Employee Influence on Decision Making at a State-owned Factory [J]. The China Journal, 2004,52(4):1-24.
[149] Dittmer L, Lu X. Personal Politics in the Chinese Danwei Under Reform[J]. Asian Survey, 1996,36(3):246-267.
[150] 李路路，王奋宙. 当代中国现代化进程中的社会结构及其变革[M]. 杭州：浙江人民出版社，1992.
[151] 边燕杰. 市场转型与社会分层——美国社会学者分析中国[M]. 北京：三联书店，2002.
[152] Bian Y. Work and Inequality in Urban China[M]. Albany: State University of New York Press, 1994.
[153] 安德鲁沃尔德. 关于中国城市中工作单位制度的经济社会学研究[J]. 国外社会学，1991(5):26-32.
[154] 冯仕政. 单位分割与集体抗争[J]. 社会学研究，2006(3):98-134.
[155] 陈凤兰，黄永斌. 单位制度对我国社会资本形成的制约[J]. 福建行政学院福建经济管理干部学报，2006(4):81-85.
[156] 仁学丽. 单位制度的初始意图与意外后果[J]. 理论探索，2010(5):111-114.
[157] 周雪光. 西方社会学关于中国组织与制度变迁研究状况述评[J]. 社会学研究，1999(4):26-43.
[158] 边燕杰，吴晓刚，李路路. 社会分层与流动——国外学者对中国研究的新进展[M]. 北京：中国人民大学出版社，2008.
[159] Wu X. Work Units and Income Inequality: The Effect of Market Transition in Urban China[J]. Urban Studies, 2002,80(3):1069-1099.
[160] Bian Y, Logan J R. Market Transition and the Persistence of Power: The Changing Stratification System in Urban China[J]. American Sociological Review, 1996,61(5):739-758.

[161] Xie Y, Wu X. Danwei Profitability and Earnings Inequality in Urban China[J]. China Quarterly, 2008,195:558-581.
[162] 边燕杰, 李路路. 结构壁垒、体制转型与地位资源含量[J]. 中国社会科学, 2006(5):100-110.
[163] Zhou X. Economic Transformation and Income Inequality in Urban China[J]. American Journal of Sociology, 2000,105(4):1135-1174.
[164] 武中哲. 制度变迁的交互作用及其分层效应——基于单位制度和住房制度改革的分析[J]. 社会科学, 2010(1):71-77.
[165] 李斌, 周红金. 中国城市单位职工对住房制度改革结果的主观评价[J]. 湖南大学学报(社会科学版), 2005,19(3):111-115.
[166] Zhou M, Logan J R. Market Transition and the Commodification of Housing in Urban China[J]. International Journal of Urban and Regional Research, 1996(3): 400-421.
[167] Romich M F. Decentralisation and the Danwei System: Economic Reform and Its Impact on Social Development in Chinese Cities[J]. China Report, 1994,30(4): 447-457.
[168] Chen J, Lu C, Yang Y. Popular Support for Grassroots Self-government in Urban China: Findings From a Beijing Survey[J]. Modern China, 2007,33(4):505-528.
[169] 张晓溪. 单位制变迁中工人与国企情感疏离研究[J]. 学海, 2016(4):82-88.
[170] 张晓溪. 工业主义语境中的单位制度再探讨[J]. 山东社会科学, 2016(6):57-62.
[171] 汤兆武. 单位制利益表达模式的嬗变及其社会风险[J]. 江西社会科学, 2014(1): 200-204.
[172] 仁学丽. 从基本重合到有限分离:单位制度变迁视阈下的国家与社会关系[J]. 社会主义研究, 2010(3):46-49.
[173] 田毅鹏, 吕方. 单位社会的终结及其社会风险[J]. 吉林大学社会科学学报, 2009,46(6):17-23.
[174] 郝大海, 王卫东. 理性化、市场转型与就业机会差异——中国城镇居民工作获得的历时性分析(1949—2003)[J]. 中国社会科学, 2009(3):140-151.
[175] 揭爱花. 单位制度变迁过程中的城市女性发展障碍[J]. 浙江大学学报, 2003(7): 121-129.
[176] 柴彦威, 刘志林, 沈洁. 中国城市单位制度的变化及其影响[J]. 干旱区地理, 2008,31(2):155-163.
[177] 柴彦威, 陈零极, 张纯. 单位制度变迁:透视中国城市转型的重要视角[J]. 世界地理研究, 2007,16(4):60-69.
[178] 刘天宝, 柴彦威. 地理学视角下单位制研究进展[J]. 地理科学进展, 2012,31(4):527-534.
[179] 郭湛. 单位社会化 城市现代化——浅谈单位体制对我国现代城市的影响[J]. 城市规划汇刊, 1998(6):60-65.
[180] 乔永学. 北京"单位大院"的历史变迁及其对北京城市空间的影响[J]. 华中建筑, 2004,22(5):91-95.
[181] 范炜. 单位用地割据——当前城市管理中面临的难题[J]. 城市规划汇刊, 2002

(6):76-79.
[182] 张帆. 单位大院的分解之路(之一)[J]. 北京规划建设，2006(2):67-70.
[183] 张帆. 单位大院的分解之路(之二)[J]. 北京规划建设，2006(3):89-91.
[184] 任绍斌. 单位的分解蜕变及单位大院与城市用地空间的整合[J]. 规划师，2002，18(11):60-63.
[185] 柴彦威，张艳. 应对全球气候变化,重新审视中国城市单位社区[J]. 国际城市规划，2010,25(1):20-24.
[186] 于文波，王竹，孟海宁. 中国的"单位制社区"vs美国的TOD社区[J]. 城市规划，2007(5):57-61.
[187] 张艳，柴彦威，周千钧. 中国城市单位大院的空间性及其变化:北京京棉二厂的案例[J]. 国际城市规划，2009,24(5):20-27.
[188] 王乐，梁江. 单位大院的形态演变模式分析[J]. 华中建筑，2009(7):151-154.
[189] 张纯，柴彦威. 中国城市单位社区的空间演化:空间形态与土地利用[J]. 国际城市规划，2009,24(5):28-32.
[190] 李乐洁，千庆兰. 粤北城镇企业型单位大院物质空间演化类型及贫困特征——以广东省乐昌市棉纺厂大院为例[J]. 热带地理，2014(4):473-481.
[191] 揭爱花. 单位:一种特殊的社会生活空间[J]. 浙江大学学报，2000,30(5):76-84.
[192] 李怀. 单位空间环境与职工集体维权行动的建构[J]. 广东社会科学，2009(6):158-164.
[193] 张勇. 介于城乡之间的单位社会:三线建设企业性质探析[J]. 江西社会科学，2015(10):26-31.
[194] 马学广. "单位制"城市空间的社会生产研究[J]. 经济地理，2010,30(9):1456-1461.
[195] 柴彦威. 以单位为基础的中国城市内部生活空间结构——兰州市的实证研究[J]. 地理研究，1996,15(1):30-38.
[196] 冯革群，马仁锋，陈芳，等. 中国城市社会空间转型解读——以单位空间向社区空间转型为例[J]. 城市规划，2016(1):60-65.
[197] 柴彦威，塔娜，毛子丹. 单位视角下的中国城市空间重构[J]. 现代城市研究，2011(3):5-9.
[198] 张纯，柴彦威. 中国城市单位社区的残留现象及其影响因素[J]. 国际城市规划，2009,24(5):15-19.
[199] 张纯，柴彦威. 从单位社区到城市社区的演替:北京同仁堂的案例[J]. 国际城市规划，2009,24(5):33-36.
[200] 谭文勇. 单位社区——回顾、思考与启示[D]. 重庆：重庆大学，2006.
[201] 吕传振，崔琳琳. 从单位制到社区制:国家与社会治理空间的转换——以现代国家政权建设为视角[J]. 武汉理工大学学报，2007,20(5):632-636.
[202] 徐晓燕. 单位社区嬗变中城市供给空间模式的转变——基于对合肥市的实证研究[J]. 华中建筑，2011(1):31-34.
[203] 张艳，柴彦威. 基于居住区比较的北京城市通勤研究[J]. 地理研究，2009,28(5):1327-1340.
[204] 柴彦威，肖作鹏，刘志林. 基于空间行为约束的北京市居民家庭日常出行碳排放

的比较分析[J]. 地理科学，2011，31(7)：843-849.
[205] 马静，柴彦威，刘志林. 基于居民出行行为的北京市交通碳排放影响机理[J]. 地理学报，2011，66(8)：1023-1032.
[206] Wang D, Chai Y. The Jobs-housing Relationship and Commuting in Beijing China: The Legacy of Danwei[J]. Journal of Transport Geography, 2009，17(1)：30-38.
[207] 毛子丹. 单位社区治理模式演变及其对居民日常生活的影响——以北京毛纺南社区为案例[D]. 北京：北京大学，2013.
[208] 周洁. 单位老年人长短期空间行为的生涯变化及其质性分析——以北京市核二院为例[D]. 北京：北京大学，2013.
[209] 柴彦威，陈零极. 中国城市单位居民的迁居：生命历程方法的解读[J]. 国际城市规划，2009，24(5)：7-14.
[210] 俞孔坚，方琬丽. 中国工业遗产初探[J]. 建筑学报，2006(8)：12-15.
[211] 刘伯英，李匡. 北京工业遗产评价办法初探[J]. 建筑学报，2008(12)：10-13.
[212] 贺旺. 后工业景观浅析[D]. 北京：清华大学，2004.
[213] 张艳，柴彦威. 北京现代工业遗产的保护与文化内涵挖掘——基于城市单位大院的思考[J]. 城市发展研究，2013，19(2)：23-38.
[214] 骆高远. 我国的工业遗产及其旅游价值[J]. 经济地理，2008(1)：173-176.
[215] 谷志莲，柴彦威. 老龄化社会背景下单位社区的"宜老性"研究——以北京大学燕东园为例[J]. 城市发展研究，2013，19(1)：89-96.
[216] 柴彦威，肖作鹏，张艳. 中国城市空间组织与规划转型的单位视角[J]. 城市规划学刊，2011(6)：28-35.
[217] Chai Y. From Socialist Danwei to New Danwei: A Daily-life-based Framework for Sustainable Development in Urban China[J]. Asian Geographer, 2013.
[218] 柴彦威，张雪，孙道胜. 基于时空间行为的城市生活圈规划研究——以北京市为例[J]. 城市规划学刊，2015(3)：61-69.
[219] 华伟. 单位制向社区制的回归——中国城市基层管理体制 50 年变迁[J]. 战略与管理，2000(1)：86-99.
[220] 李培林. 社区建设是构建和谐社会的基础[J]. 学习与实践，2005(11)：17-21.
[221] 王慧玲. 定居城市——从单位部落走向社区[J]. 城市问题，1997(4)：26-29.
[222] 轩明飞. 从"单位"到"社区"——困厄还是出路？[J]. 内蒙古社会科学，2003，24(2)：105-109.
[223] 邓晓梅. 从单位社区到城市社区[J]. 规划师，2002，18(8)：9-12.
[224] 李汉林. 中国单位现象与城市社区的整合机制[J]. 社会学研究，1993(5)：23-32.
[225] 卢汉龙. 单位与社区：中国城市社会生活的组织重建[J]. 社会科学，1999(2)：52-55.
[226] 张丽梅. 社会调控体系下单位社区发展研究[J]. 规划师，2005，21(10)：88-91.
[227] 田毅鹏，刘博. 单位社会背景下公共性结构的形成及转换[J]. 山东社会科学，2016(6)：40-50.
[228] 郭凤英，陈伟东. 单位社区改制进程中社区治理结构的变迁[J]. 湖南师范大学学报，2011，38(1)：44-48.
[229] 田毅鹏，薛文龙. "后单位社会"基层社会治理及运行机制研究[J]. 学术研究，

2015(2):48-55.
[230] 郝彦辉，刘威. 制度变迁与社区公共物品生产——从“单位制”到“社区制”[J]. 城市发展研究，2006,13(5):64-70.
[231] 李培林. 社会生活支持网络从单位到社区的转变[J]. 江苏社会科学，2001(1):53-55.
[232] 毛子丹，柴彦威. 中国城市单位社区治理模式转型路径及其未来趋势[J]. 城市发展研究，2013,20(3):17-22.
[233] 彭穗宁. 市民的再社会化:由“单位人”、“新单位人”到“社区人”[J]. 天府新论，1997(6):49-53.
[234] 田毅鹏. “典型单位制”对东北老工业基地社区发展的制约[J]. 吉林大学社会科学学报，2004(4):97-102.
[235] 王建民. 去单位化、社区记忆的缺失与重建——资源枯竭型城市社区建设的社会学分析[J]. 甘肃社会科学，2006(6):50-52.
[236] 郭凤英. 单位社区的终结和社区治理的转型——以湖北省 X 市 L 集团三个社区为个案[J]. 湖北社会科学，2007(11):59-62.
[237] 王美琴，李学迎. 城市住房体制改革与传统单位社区的底层化[J]. 山东社会科学，2011(4):80-85.
[238] 何亚群，王明生. 单位体制与社区体制:当前我国城市社会整合的二元模式探析[J]. 广东社会科学，2005(6):148-152.
[239] 黄锦辉，顾贤光，张一兵，等. 单位社区适老化社区环境改造研究——以徐州市为例[J]. 现代城市研究，2014(12):12-18.
[240] 芦恒. 后单位社会的“历史连续性”与基层社会的“优势治理”——基于东北棚户区改造后的思考[J]. 山东社会科学，2016(6):51-56.
[241] 陈伟东. 城市基层社会管理体制变迁:单位管理模式转向社区治理模式[J]. 理论月刊，2000(12):3-9.
[242] 李路路，李汉林，王奋宙. 中国的单位现象与体制改革[J]. 中国社会科学季刊(香港)，1994,春季卷:5-16.
[243] 李新春. 单位化企业的经济性质[J]. 经济研究，2001(7):35-43.
[244] 王建民. 去单位化、社区记忆的缺失与重建——资源枯竭型城市社区建设的社会学分析[J]. 甘肃社会科学，2006(6):50-52.
[245] 刘威. 从“去单位化”到“去社区化”——城市基层社会再整合的“结”与“解”[J]. 学术论坛，2011(6):63-68.
[246] 柴彦威，肖作鹏，张艳. 中国城市空间组织与规划转型的单位视角[J]. 城市规划学刊，2011(6):28-35.
[247] 何艳玲. 后单位制时期街区集体抗争的产生及其逻辑——对一次街区集体抗争事件的实证分析[J]. 公共管理学报，2005(3):36-41.
[248] 柴彦威，张纯. 地理学视角下的城市单位:解读中国城市转型的钥匙[J]. 国际城市规划，2009,24(5):2-6.
[249] 孙立平. 实践社会学与市场转型过程分析[J]. 中国社会科学，2002(5):83-96.
[250] Stamatov P. The Making of a “bad” Public: Ethnonational Mobilization in Post-communist Bulgaria[J]. Theory and Society，2000,29(4):549-572.

[251] 沃野. 结构主义及其方法论[J]. 学术研究，1996(12):35-40.
[252] 约翰斯顿 R J. 哲学与人文地理学[M]. 蔡运龙，江涛，译. 北京：商务印书馆，2001.
[253] 理查德·皮特. 现代地理学思想[M]. 北京：商务印书馆，2007.
[254] 周怡. 社会结构：由"形构"到"解构"——结构功能主义、结构主义和后结构主义理论之走向[J]. 社会学研究，2000(3):55-66.
[255] Gibson R. Structuralism and Education[M]. London: Hodder and Stoughton, 1984.
[256] 柴彦威. 城市地理学思想与方法[M]. 北京：科学出版社，2012.
[257] 叶超，柴彦威，张小林. "空间的生产"理论、研究进展及其对中国城市研究的启示[J]. 经济地理，2011(3):409-413.
[258] 包亚明. 现代性与空间的生产[M]. 上海：上海教育出版社，2003.
[259] 王志弘. 流动、空间与社会[M]. 台北：田园城市文化事业有限公司，1998.
[260] Lefebvre H. The Production of Space[M]. Oxford: Blackwell, 1991.
[261] 汪民安. 空间生产的政治经济学[J]. 国外理论动态，2006(1):46-52.
[262] 包亚明. 后现代性与地理学的政治[M]. 上海：上海教育出版社，2001.
[263] Soja Edward W. 第三空间——去往洛杉矶和其他真实和想象地方的旅程[M]. 上海：上海教育出版社，2005.
[264] 王丰龙，刘云刚. 空间生产再考：从哈维到福柯[J]. 地理科学，2013(11):1293-1301.
[265] 王丰龙，刘云刚. 空间的生产研究综述与展望[J]. 人文地理，2011(2):13-19.
[266] 何雪松. 社会理论的空间转向[J]. 社会，2006(2):34-48.
[267] 黄宗仪. 都市空间的生产：全球化的上海[J]. 台湾社会研究季刊，2004,53:61-83.
[268] 陈映芳. 都市大开发 空间生产的政治社会学[M]. 上海：上海世纪出版股份有限公司，2009.
[269] 刘云刚，王丰龙. 城乡结合部的空间生产与黑色集群——广州M垃圾猪场的案例研究[J]. 地理科学，2011(5):563-569.
[270] 高鉴国. 新马克思主义城市理论[M]. 北京：商务印书馆，2006.
[271] Harvey D. The Urban Process Under Capitalism: A Framework for Analysis[J]. International Journal of Urban and Regional Research, 1978,2(1-4):101-131.
[272] 彼得·豪尔，罗斯玛丽·泰勒，何俊智. 政治科学与三个新制度主义[J]. 经济社会体制比较，2003(5):20-29.
[273] 李汉林，渠敬东，夏传玲，等. 组织和制度变迁的社会过程——一种拟议的综合分析[J]. 中国社会科学，2005(1):94-109.
[274] 李路路. 当代中国社会分层的制度化结构[J]. 教学与研究，1996(3):30-34.
[275] 特伦斯·霍克斯. 结构主义和符号学[M]. 瞿铁鹏，译. 上海：上海译文出版社，1987.
[276] 孔明安. 从物的消费到符号消费——鲍德里亚的消费文化理论研究[J]. 哲学研究，2002(11):68-74.
[277] 尚·布希亚. 物体系[M]. 林志明，译. 上海：上海人民出版社，2001.
[278] 陈向明. 质的研究方法与社会科学研究[M]. 北京：教育科学出版社，2000.
[279] 袁方，王汉生. 社会研究方法教程[M]. 北京：北京大学出版社，1997.

[280] 潘慧玲. 教育研究的取经:概念与应用[M]. 上海: 华东师范大学出版社, 2005.
[281] 张梦中, 马克·霍哲. 案例研究方法论[J]. 中国行政管理, 2002(1):43-46.
[282] 罗伯特·K. 殷. 案例研究:设计与方法[M]. 2版. 周海涛, 李永贤, 李虔, 译. 重庆: 重庆大学出版社, 2010.
[283] 武力. 建国以来我国道德和价值观演变中的经济体制因素[M]//潘维, 廉思. 中国社会价值观变迁30年(1978—2008). 北京: 中国社会科学出版社, 2008.
[284] 谢晓娟. 社会主义核心价值观研究[M]. 北京: 中国社会科学出版社, 2012.
[285] 张亚斌. 50年代毛泽东对苏联建设经验的认识[J]. 东北师大学报, 1995(6):1-5.
[286] 张军, 漫长. 中央与地方的关系:一个演进的理论[J]. 学习与探索, 1996(3):4-15.
[287] 刘天宝, 柴彦威. 中国城市单位制形成的影响因素[J]. 城市发展研究, 2012,19(7):53-60.
[288] 虞和平. 中国现代化历程[M]. 南京: 江苏人民出版社, 2007.
[289] 陆益龙. 户籍制度:控制与差别社会[M]. 北京: 商务印书馆, 2003.
[290] 王清. 利益分化与制度变迁 当代中国户籍制度改革研究[M]. 北京: 北京大学出版社, 2012.
[291] 王素善. 新中国户籍制度形成与演变过程的历史考察[D]. 北京: 中共中央党校, 2002.
[292] 田锡全. 粮食统购统销制度研究的回顾与思考[J]. 中国经济史研究, 2006(2):98-102.
[293] 陈云文选(1949—1956)[M]. 北京: 人民出版社, 1984.
[294] 张学兵. 新中国票证制度的确立[J]. 首都师范大学学报(社会科学版), 2003(S1):68-75.
[295] 武力. 1949—1978年中国"剪刀差"差额辨正[J]. 中国经济史研究, 2001(4):5-14.
[296] 丁明. 战后国际关系与我国建国初"一边倒"方针的形成[J]. 当代中国史研究, 2003(2):92-99.
[297] 沈志华. 从西柏坡到莫斯科:毛泽东宣布向苏联"一边倒"——关于中苏同盟建立之背景和基础的再讨论(之二)[J]. 中共党史研究, 2009(4):14-33.
[298] 宋新中. 当代中国财政史[M]. 北京: 中国财政经济出版社, 1997.
[299] 王小林, 徐丽萍. 中国财政体制改革:制度演进与优化[J]. 经济研究参考, 2009(45):2-11.
[300] 冯海发, 李溦. 我国农业为工业化提供资金积累的数量研究[J]. 经济研究, 1993(9):60-64.
[301] 胡鞍钢, 程永宏. 中国就业制度演变[J]. 经济研究参考, 2003(51):2-19.
[302] 袁志刚, 方颖. 中国就业制度的变迁[M]. 太原: 山西经济出版社, 1998.
[303] 安德鲁·沃尔德. 关于中国城市中工作单位制度的经济社会学研究[J]. 国外社会学, 1991(5):26-32.
[304] 王爱云. 试析中华人民共和国历史上的子女顶替就业制度[J]. 中共党史研究, 2009(6):44-53.
[305] 陈潭. 单位身份的松动——中国人事档案制度研究[M]. 南京: 南京大学出版社,

2007.
[306] 吴次芳，靳相木. 中国土地制度改革三十年[M]. 北京：科学出版社，2009.
[307] 谢鲁江，刘解龙，曹虹剑. 国企改革 30 年——走向市场经济的中国国有企业[M]. 长沙：湖南人民出版社，2008.
[308] 章迪诚. 中国国有企业改革编年史(1978—2005)[M]. 北京：中国工人出版社，2006.
[309] 金太军，汪波. 经济转型与我国中央—地方关系制度变迁[J]. 管理世界，2003(6):43-51.
[310] 王丹莉. 新中国国有资产管理模式的演变——从全面介入到西权分离[J]. 当代中国史研究，2016(5):16-26.
[311] 李唯一. 中国工资制度[M]. 北京：中国劳动出版社，1991.
[312] 吕俊华，彼得·罗，张杰. 1840—2000 中国现代城市住宅[M]. 北京：清华大学出版社，2003.
[313] 张丽凤. 中国城镇住房制度变迁中政府行为目标的逻辑演进(1949—2008)[D]. 沈阳：辽宁大学，2009.
[314] 成思危. 中国城镇住房制度改革——目标模式与实施难点[M]. 北京：北京民主与建设出版社，1999.
[315] 王世联. 中国城镇住房保障制度思想变迁研究(1949—2005)[D]. 上海：复旦大学，2006.
[316] 景天魁，毕天云，高和荣. 当代中国社会福利思想与制度[M]. 北京：中国社会出版社，2011.
[317] 傅才武，宋丹娜. 我国文化体制的缘起、演进和改革对策[J]. 江汉大学学报，2004(2):83-89.
[318] 李斌. 毛泽东倡导的党的思想宣传工作的原则和方法[J]. 党的文献，2013(4):54-61.
[319] 刘起军. 毛泽东宣传工作理论探析[J]. 湖南社会科学，2004(4):36-38.
[320] 王炎. 新中国宣传思想工作制度的建立[J]. 思想教育研究，2009(5):6-9.
[321] 林毅夫，蔡昉，李周. 中国的奇迹:发展战略与经济改革[M]. 上海：上海三联书店，1994.
[322] 曹洪涛，储传亨. 当代中国的城市建设[M]. 北京：中国社会科学出版社，1990.
[323] 张京祥. 中国当代城乡规划思潮[M]. 南京：东南大学出版社，2013.
[324] 吴景祥. 建筑的历史发展和中国社会主义建筑新风格的成长[J]. 建筑学报，1961(8):5-6.
[325] 汪光焘. 中国城市规划理念 继承·发展·创新[M]. 北京：中国建筑工业出版社，2008.
[326] 申予荣. 半个世纪前天安门广场的规划与改建[J]. 北京规划建设，2002(6):63-65.
[327] 侯仁之. 论北京旧城的改造[J]. 城市规划，1983(1):20-32.
[328] 侯仁之，吴良镛. 天安门广场礼赞——从宫廷广场到人民广场的演变和改造[J]. 文物，1977(9):1-15.
[329] 董光器. 古都北京五十年演变录[M]. 南京：东南大学出版社，2006.

[330] 孙岩. 人民大会堂十个月建成的背后故事[J]. 城乡建设，2005(8):77-80.
[331] 谭威，柳肃. 20 世纪 50 年代中国建筑的民族形式复兴[J]. 南方建筑，2006(3)：118-120.
[332] 王军. 城记[M]. 北京：生活·读书·新知三联书店，2003.
[333] 林娜. 建筑中国 60 年:建筑创作发展历程分析(一)[J]. 建筑创作，2009(6)：152-160.
[334] 黄立. 中国现代城市规划历史研究(1949—1965)[D]. 武汉：武汉理工大学，2006.
[335] 汪定增. 上海曹杨新村住宅区的规划设计[J]. 建筑学报，1956(2):1-15.
[336] 韩曦. 毛泽东人民公社思想探源[J]. 青海师范大学学报(哲学社会科学版)，2003(5):65-67.
[337] 王秋成. 关于"人民公社"的历史反思[J]. 理论学刊，2000(1):102-104.
[338] 王均伟. 对城市人民公社历史的初步考察[J]. 当代中国史研究，1997(2):23-34.
[339] 李德华，董鉴泓，臧庆生，等. 青浦县及红旗人民公社规划[J]. 建筑学报，1958(10):2-6.
[340] 李德华,董鉴泓,臧庆生,等. 青浦县及红旗人民公社规划[J].建筑学报,1958(10):1-6.
[341] 试论城市人民公社是改造旧城市和建设社会主义新城市的有力工具[J]. 复旦学报(社会科学版)，1960(7):16-22.
[342] 陈兆镛. 沈阳市北关区红旗人民公社规划(沈阳市第一个的街道公社)[J]. 建筑学报，1958(11):31-33.
[343] 张仁忠. 北京史[M]. 北京：北京大学出版社，2009.
[344] 周陶洪. 旧工业区城市更新策略研究——以北京为例[D]. 北京：清华大学，2005.
[345] 史诗，王平. 干打垒——会战大军的摇篮[J]. 龙江党史，1996(Z1):63.
[346] "干打垒"房屋的设计与施工[J]. 建筑学报，1966(Z1):30-32.
[347] 贯彻"干打垒"精神,降低非生产性建筑造价——住宅、宿舍设计汇编[J]. 建筑学报，1966(3):2-13.
[348] 华揽洪. 重建中国:城市规划三十年 1949—1979[M]. 李颖，译. 北京：三联书店，2006.
[349] 何光耀，钱小康，钮建生，等. 中华造船厂志(1926—1990)[M]. 上海：上海三联书店，1996.
[350] 向旋. 1949—1978 江浙沪工人新村住宅建筑及其户外环境研究——基于空间形态和形式特征的研究[D]. 无锡：江南大学，2011.
[351] 杨辰. 社会主义城市的空间实践——上海工人新村(1949—1978)[J]. 人文地理，2011(3):35-40.
[352] 于一凡. 城市居住形态学[M]. 南京：东南大学出版社，2010.
[353] 丁桂节. 工人新村:"永远的幸福生活"——解读上海 20 世纪 50、60 年代的工人新村[D]. 上海：同济大学，2007.
[354] 付晨. 上海工人新村文化人类学思考[J]. 山西建筑，2005(14):14-15.
[355] 汪定曾，徐荣春. 居住建筑规划设计中几个问题的探讨[J]. 建筑学报，1962(2):

6-13.
[356] 秦志杰. 从分散到集聚——谈大庆城市规划指导思想的演变[M]//中国城市规划学会. 五十年回眸——新中国的城市规划. 北京：商务印书馆，1999.
[357] 大庆建成工农结合城乡结合的新型矿区[J]. 建筑学报，1966(Z1):24-27.
[358] 孙宝范. 大庆石油会战是怎样打响的？——从油田发现和会战组织看科学决策的重要[J]. 大庆社会科学，2007(1):136-141.
[359] 朱兆雄. 脱开旧城建新城——洛阳模式[M]//中国城市规划学会. 五十年回眸——新中国的城市规划. 北京：商务印书馆，1999.
[360] 彭秀涛. 中国现代新兴工业城市规划的历史研究——以苏联援助的156项重点工程为中心[D]. 武汉：武汉理工大学，2006.
[361] 丁一平. 工业移民与洛阳城市的社会变迁[D]. 石家庄：河北师范大学，2007.
[362] 柯焕章. 北京城市空间布局发展的回顾与构想[J]. 北京规划建设，2003(4):28-33.
[363] 柯焕章. 北京市区布局规划的形成与实践[M]//中国城市规划学会. 五十年回眸——新中国的城市规划. 北京：商务印书馆，1999.
[364] 薛凤旋. 中国城市及其文明的演变[M]. 香港：三联书店(香港)有限公司，2009.
[365] 柴彦威. 城市空间[M]. 北京：科学出版社，2000.
[366] 吴缚龙. 中国城市社区的类型及其特质[J]. 城市问题，1992(5):24-27.
[367] 陈嘉平. 新马克思主义视角下中国新城空间演变研究[J]. 城市规划学刊，2013(4):18-26.
[368] 张汉. 中国体制转型背景下的单位制社区变迁[J]. 南方建筑，2010(1):68-69.
[369] 徐勇. 论城市社区建设中的社区居民自治[J]. 华中师范大学学报(人文社会科学版)，2001(3):5-13.
[370] 章百家. 从“一边倒”到“全方位”——对50年来中国外交格局演进的思考[J]. 中共党史研究，2000(1):21-28.
[371] 陈东林. 20世纪50—70年代中国的对外经济引进[J]. 上海行政学院学报，2004(6):69-80.
[372] 高建国. 顾准全传[M]. 上海：上海文艺出版社，2000.
[373] 苏少之，任志江. 1949—1978年中国经济发展战略研究[J]. 中南财经政法大学学报，2006(1):131-135.
[374] 吴敬琏. 什么是现代企业制度[J]. 改革，1994(1):17-34.
[375] 王瑞芳. 统购统销政策的取消与中国农村改革的深化[J]. 安徽史学，2009(4):70-81.
[376] 赵燕菁. 经济转型过程中的户籍制度改革[J]. 城市规划汇刊，2003(1):16-20.
[377] 段成荣，王文录，王太元. 户籍制度50年[J]. 人口研究，2008(1):43-50.
[378] 非公有制经济发展问题与对策研究课题组. 制度、市场与非公有制经济[J]. 经济社会体制比较，2004(3):48-57.
[379] 王一晶. 知识青年上山下乡和劳动就业[J]. 青年研究，1991(11):36-41.
[380] 高尚全，杨启先. 中国国有企业改革[M]. 济南：济南出版社，1999.
[381] 高培勇. 奔向公共化的中国财税改革——中国财税体制改革30年的回顾与展望[J]. 财贸经济，2008(11):53-61.

[382] 李建建，戴双兴. 中国城市土地使用制度改革60年回顾与展望[J]. 经济研究参考，2009(63):2-10.
[383] 廖永林，雷爱先，唐健. 土地市场改革:回顾与展望[J]. 中国土地，2008(12):14-17.
[384] Wu F. Changes in the Structure of Public Housing Provision in Urban China[J]. Urban Studies，1996,33(9):1601-1627.
[385] 刘春燕. 再分配经济中的市场弹性 中国城市住房政策与制度(1949—2010)[M]. 桂林：广西师范大学出版社，2012.
[386] 宋晓梧. 中国社会保障制度改革[M]. 北京：清华大学出版社，2001.
[387] 王晓刚. 文化体制改革研究[D]. 北京：中共中央党校，2007.
[388] 温朝霞. 文化产业与文化事业之辨与辩[J]. 广州社会主义学院学报，2004(1):47-49.
[389] 蒋省三，刘守英，李青. 土地制度改革与国民经济成长[J]. 管理世界，2007(9):1-9.
[390] 高兆明. 土地红利的伦理之维——对当今中国财富增长方式的一种透视[J]. 天津社会科学，2011(1):35-39.
[391] 殷洁，张京祥，罗小龙. 转型期的中国城市发展与地方政府企业化[J]. 城市问题，2006(4):36-41.
[392] Harvey D. From Managerialism to Entrepreneurialism: The Transformation in Urban Governance in Late Capitalism[J]. Geografiska Annaler Series B—Human Geography，1989,71(1):3-17.
[393] 唐子来，陈琳. 经济全球化时代的城市营销策略:观察和思考[J]. 城市规划学刊，2006(6):45-53.
[394] 仇保兴. 城市定位理论与城市经营对城市竞争力的影响[J]. 城市开发，2003(11):4-7.
[395] 徐培福，王翠坤，肖从真. 中国高层建筑结构发展与展望[J]. 建筑结构，2009(9):28-32.
[396] 金磊. 北京新十大建筑简评[J]. 新建筑，2001(5):60-62.
[397] 于涛，张京祥，罗小龙. 城市大事件营销的空间效应:研究进展及思考[J]. 城市发展研究，2011(2):94-100.
[398] 左琰. 工业遗产再利用的世博契机 2010年上海世博会滨江老厂房改造的现实思考[J]. 时代建筑，2010(3):34-39.
[399] 李末子. 从资本符号看资本文明的演进逻辑及其发展趋势——马克思资本批判思想的当代反思与深化[J]. 上海交通大学学报(哲学社会科学版)，2010(3):75-82.
[400] 季松，段进. 空间的消费——消费文化视野下城市发展新图景[M]. 南京：东南大学出版社，2012.
[401] 傅晓霞，魏后凯，吴利学. 城市工业搬迁的动因、方式和效果——以北京市为例[J]. 经济管理，2007(21):66-71.
[402] 张晓平，刘卫东. 开发区与我国城市空间结构演进及其动力机制[J]. 地理科学，2003(2):142-149.

[403] 黄友琴. 从单位大院到封闭式社区——制度转型过程中北京的住房与居住变化[M]//吴缚龙，马润朝，张京祥. 转型与重构:中国城市发展多维透视. 南京：东南大学出版社，2007.
[404] 崔霁，钱建平，方之骥. 城市房屋拆迁补偿制度的国际比较及借鉴[J]. 中国房地产，2006(10):57-60.
[405] 冯玉军. 权力、权利和利益的博弈——我国当前城市房屋拆迁问题的法律与经济分析[J]. 中国法学，2007(4):39-59.
[406] Logan J R. Urban China in Transition[M]. Oxford: Blackwell Publishing Ltd, 2008.
[407] 林毅夫. 新结构经济学与中国发展之路[J]. 中国市场，2012(50):3-8.
[408] 施国庆，曹玮，刘小卫. 中国城市污染企业搬迁政策比较分析[J]. 河海大学学报(哲学社会科学版)，2009(2):13-17.
[409] 谢瑞武. 老工业基地改造的"成都模式"[J]. 财经科学，2005(3):168-175.
[410] 魏新亚. 中国基础设施建设投资构成的地区差异[J]. 上海经济研究，2002(12):20-25.
[411] 张军，高远，傅勇，等. 中国为什么拥有了良好的基础设施？[J]. 经济研究，2007(3):4-19.
[412] 倪鹏飞. 中国城市竞争力与基础设施关系的实证研究[J]. 中国工业经济，2002(5):62-69.
[413] 陈利根，郭立芳. 我国开发区土地利用现状、成因与对策[J]. 中国农业资源与区划，2004(3):1-5.
[414] 程永宏. 改革以来全国总体基尼系数的演变及其城乡分解[J]. 中国社会科学，2007(4):45-60.
[415] 邢海峰. "十二五"保障性住房供应体系建设思考[J]. 现代城市研究，2012(5):8-12.
[416] 柳泽，邢海峰. 基于规划管理视角的保障性住房空间选址研究[J]. 城市规划，2013(7):73-80.
[417] 杜春兰. 单位大院的物质空间混合性研究——以石油大院为例[D]. 北京：北京大学，2012.
[418] 夏天，屈萌，杨凤臣. 顺理成章地发生——莱锦创意产业园设计[J]. 建筑学报，2012(1):72-73.
[419] Ma L J C, Wu F. Restructuring the Chinese City:Changing Society, Economy and Space[M]. London: Routledge, 2005.
[420] 沈荣华. 关于转变政府职能的若干思考[J]. 政治学研究，1999(4):54-60.
[421] 郑海航. 中国国有资产管理体制改革三十年的理论与实践[J]. 经济与管理研究，2008(11):5-14.
[422] 徐中振，徐珂. 走向社区治理[J]. 上海行政学院学报，2004(1):66-72.
[423] 卢汉龙. 中国城市社区的治理模式[J]. 上海行政学院学报，2004(1):56-65.
[424] 武廷海. 建立新型城乡关系 走新型城镇化道路——新马克思主义视野中的中国城镇化[J]. 城市规划，2013(11):9-19.
[425] 孙立平. 后发外生型现代化模式剖析[J]. 中国社会科学，1991(2):213-223.

[426] 布莱克 C E. 现代化的动力——一个比较史的研究[M]. 景跃进，张静，译. 杭州：浙江人民出版社，1989.
[427] 许纪霖，陈达凯. 中国现代化史[M]. 上海：学林出版社，1991.
[428] 关海庭. “文化大革命”与当代中国改革模式的选择[J]. 当代中国史研究，2000(4):58-71.
[429] 张景荣，赵永忠. “以人为本”近期研究综述[J]. 思想理论教育导刊，2004(8):72-77.
[430] 郝晋伟. “陷阱”或抑“透支”? ——中国城镇化发展的现实情境辨释[J]. 城市规划，2014(2):54-61.
[431] 王宁. 从苦行者社会到消费者社会 中国城市消费制度、劳动激励与主体结构转型[M]. 北京：社会科学文献出版社，2009.
[432] Liu T, Chai Y. Daily Life Circle Reconstruction: A Scheme for Sustainable Development in Urban China[J]. Habitat International, 2015,50:250-260.
[433] 吴秋晴. 生活圈构建视角下特大城市社区动态规划探索[J]. 上海城市规划，2015(4):13-19.
[434] 孙道胜，柴彦威，张艳. 社区生活圈的界定与测度:以北京清河地区为例[J]. 城市发展研究，2016(9):1-9.

图片来源

图 3.2 源自：David Harvey，1978。
图 4.2 源自：《伟大的十年：中华人民共和国经济和文化建设成就的统计》。
图 4.3 源自：陈如龙，1997。
图 4.4 源自：《上海住宅(1949—2009)》。
图 4.5 源自：刘建军，2000。
图 5.3 源自：华揽洪，2006；代莹，等，2016；Google earth。
图 5.4 源自：李德华，等，1958。
图 5.5 源自：董光器，2006。
图 5.6 源自：张艳，等，2009。
图 5.7 源自：华揽洪，2006。
图 5.8 源自：《中华造船厂志》。
图 5.9 源自：张艳，等，2009。
图 5.10 源自：华揽洪，2006。
图 5.11 源自：华揽洪，2006。
图 5.12 源自：曹洪涛，等，1990。
图 5.13 源自：董光器，2006；薛凤旋，2009。
图 6.1 源自：《中国统计年鉴 2012》。
图 6.2 源自：《中国工业经济统计年鉴 2002》。
图 7.3 源自：《北京市统计年鉴 2012》。
图 7.4 源自：杜春兰，2012。
图 7.5 源自：Google earth 及实地调查和访谈。
图 7.6 源自：笔者拍摄。
图 7.7 源自：毛子丹，2013。
图 7.8 源自：海淀档案馆和笔者拍摄。
图 8.2 源自：杨晓民，周翼虎，2002。
另：图 1.1、图 3.1、图 4.1、图 4.6、图 4.7、图 4.8、图 5.1、图 5.2、图 5.14、图 5.15、图 5.16、图 6.3、图 6.4、图 6.5、图 7.1、图 7.2、图 7.9、图 7.10、图 7.11、图 8.1 全来自笔者绘制。

表格来源

表 3.1 源自:笔者绘制。

表 4.1 源自：袁志刚，1998，经调整。

表 4.2 源自:《伟大的十年:中华人民共和国经济和文化建设成就的统计》。

表 4.3 源自：根据王素善，2002,经整理。

表 4.4 源自：李唯一，1991。

表 5.1 源自:《中华造船厂志》,经调整和合并计算。

表 5.2 源自：于一凡,2010。

表 7.1 源自：仇保兴,2003，经整理。

表 8.1、表 8.2 源自:笔者绘制。